福建省科技厅2015年度软科学研究项目
《我省医疗科技发展保障制度建设中的医疗责任保险研究》（2015R0034）资助

福建省教育厅2016年中青年教师教育科研项目《医疗责任保险法律制度研究》
（2016年度"福建省高校新世纪优秀人才支持计划"）资助

Research on the Legal System of
Medical Liability Insurance

医疗责任保险法律制度研究

杨春治◎著

中国政法大学出版社

2021·北京

声　明　　1. 版权所有，侵权必究。

　　　　　　2. 如有缺页、倒装问题，由出版社负责退换。

图书在版编目（CIP）数据

医疗责任保险法律制度研究/杨春治著.—北京：中国政法大学出版社，2021.4
ISBN 978-7-5620-9919-2

Ⅰ.①医… Ⅱ.①杨… Ⅲ.①医疗保险－责任保险－保险制度－研究－中国 Ⅳ.①D922.284.1

中国版本图书馆CIP数据核字(2021)第067106号

出 版 者	中国政法大学出版社
地　　址	北京市海淀区西土城路25号
邮寄地址	北京100088信箱8034分箱　邮编100088
网　　址	http://www.cuplpress.com（网络实名：中国政法大学出版社）
电　　话	010-58908285（总编室）58908433（编辑部）58908334（邮购部）
承　　印	固安华明印业有限公司
开　　本	720mm×960mm　1/16
印　　张	17.25
字　　数	280千字
版　　次	2021年4月第1版
印　　次	2021年4月第1次印刷
定　　价	75.00元

前言 PREFACE

当代医疗事业的发展在为患者带来福音之时，也为医疗工作者带来了更多的、难以预料的职业风险。医疗责任保险作为现代责任保险的重要表现形式，对于医疗风险的管理与控制、医疗损害赔偿责任的社会分担发挥着至关重要的作用。美国、英国和德国等发达国家业已建立了较为完善的医疗责任保险法律制度。作为缓解医患矛盾、缓和医患纠纷的一剂良药，我国于20世纪末开始在部分城市试点推广医疗责任保险。受经济发展水平和社会文明程度的制约，我国保险意识匮乏，保险法律制度相对落后，医疗责任保险起步较晚。从20世纪80年代末至今，医疗责任保险经历了起起伏伏的坎坷历程，既有全国视域下的整体推进，又有地方视野下的局部探索。其间，在取得一定成就的同时，还存在很多亟需解决的现实问题。

我国的医疗责任保险制度仍然是初级的，处于探索阶段。然而，社会对于医疗责任保险的需求随着医患冲突事件的不断曝光、医患矛盾的不断加剧而与日俱增。医疗责任保险的发展亟需进行制度性破解。在"法治中国"的建设背景下，社会治理的法治化是提高治理能力的应然图景，通过法律治理的社会运行是实现"法理型治理模式"的重要路径。医疗责任保险力求通过法律制度的建设，化解因医疗风险引发的社会责任不公平，平衡医患双方的利益。医疗责任保险法律制度的建立有赖于立法、执法与司法三位一体的法律机制保障。有鉴于此，医疗责任保险法律制度的研究与探索立基于我国医疗责任保险制度的发展实情，在借鉴国际现代保险业发达国家制度运作的基础上，思考我国医疗责任保险法律制度的总体建构与保障机制。

全书按照"理论界定—发展问题—域外借鉴—改进路径"的研究思路，共分为六章。

第一章为"医疗责任保险的理论蕴涵",主要对与医疗责任保险相关的基本概念进行理论界定,共分为三节,具体包括医疗风险的界定、产生原因、医疗风险责任及其控制与管理,责任保险的界定与类型、责任保险制度的本质,医疗责任保险的界定与合理性分析以及医疗责任保险的法治化需求。

第二章为"医疗责任保险的法律制度框架",主要对医疗责任保险法律关系进行理论界定,共分为三节,具体包括医疗责任保险法律关系的主体与客体界定,医疗责任保险法律关系的权利义务系属以及医疗责任保险法律文本构造。

第三章为"医疗责任保险法律制度的中国演进",主要对我国医疗责任保险发展过程中的现实问题进行梳理,共分为四节,具体包括我国医疗责任保险的总体探索与地方尝试,当下我国医疗责任保险发展中的实体性问题与程序性问题,从医疗执业风险、法律因素和经济发展等方面的医疗责任保险需求性分析以及发展医疗责任保险法律制度的必要性。

第四章为"医疗责任保险法律制度的域外借鉴",主要梳理保险制度发达国家有关医疗责任保险法律制度的发展经验,共分为八节,具体包括对美国、英国、德国、日本、瑞典和新西兰等国医疗责任保险法律制度的介绍,主要从保障能力、医师激励、可持续性以及社会效果等四个方面进行制度借鉴。

第五章为"我国医疗责任保险法律制度的建构思考",主要勾画我国医疗责任保险法律制度的整体框架,共分为三节,具体包括医疗责任保险法律制度的构建思路,医疗责任保险主体推进体系的探讨以及区分一般医疗行为、医学临床试验和药品临床试验的客体推进机制的提出。

第六章为"医疗责任保险法律制度的保障机制",主要探讨与医疗责任保险密切相关的配套制度的完善,共分为六节,首先探讨医疗责任保险法律制度整体构建的必要性,并分别从医疗损害赔偿责任承担、特殊体质受害人的救济、医疗意外损害补偿基金、医疗专业化解决机制、医疗受害人对保险人的直接诉讼制度方面进行个别探讨。

目 录

前　言	001
绪　论	001
第一章　医疗责任保险的理论蕴涵	009
第一节　医疗风险	009
一、医疗风险的界定	010
二、医疗风险的归因分析	012
三、医疗风险的控制与管理	014
第二节　责任保险	016
一、责任保险的界定	016
二、责任保险的种类、功能和发展	017
第三节　医疗责任保险	021
一、医疗责任保险的界定与缘起	022
二、医疗责任保险的可行性分析：基于法经济学视角的分析	027
三、我国医疗责任保险的法治化需求	029
第二章　医疗责任保险的法律制度框架	032
第一节　医疗责任保险法律关系之主客体构造	032
一、医疗责任保险法律关系主体的界定	032
二、医疗责任保险法律关系客体的外延	035

第二节 医疗责任保险法律关系之权利义务系属 ……………………… 036
一、权利义务设计 ……………………………………………………… 037
二、权利救济逻辑 ……………………………………………………… 039
第三节 医疗责任保险法律制度之法律文本构造 ……………………… 040
一、制度的立法层级 …………………………………………………… 040
二、制度的基本原则 …………………………………………………… 041

第三章 医疗责任保险法律制度的中国演进 ……………………… 043
第一节 医疗责任保险的现实探索 ……………………………………… 043
一、全国视域下的医疗责任保险探索 ………………………………… 043
二、地方视域下的医疗责任保险探索 ………………………………… 047
第二节 我国医疗责任保险的发展问题 ………………………………… 051
一、实体性问题 ………………………………………………………… 052
二、程序性问题 ………………………………………………………… 055
第三节 我国医疗责任保险市场的需求分析 …………………………… 058
一、医疗风险视角下的医疗责任保险需求分析 ……………………… 058
二、法律和政策因素对医疗责任保险需求的影响 …………………… 060
三、经济发展水平对医疗责任保险需求的影响 ……………………… 062
四、社会文化因素对医疗责任保险需求的影响 ……………………… 063
第四节 我国医疗责任保险的法治演进 ………………………………… 065
一、医疗责任保险法治化的模式选择 ………………………………… 065
二、医疗责任保险法治化的具体构想 ………………………………… 067

第四章 医疗责任保险法律制度的域外借鉴 ……………………… 072
第一节 美国医疗责任保险法律制度 …………………………………… 072
一、美国医疗责任保险法律制度的模式选择 ………………………… 072
二、美国医疗责任保险法律制度的历史演进 ………………………… 074
三、美国医疗责任保险法律制度的主要内容 ………………………… 077

四、美国医疗责任保险法律制度的特色及评价 …………… 079
第二节　英国医疗责任保险法律制度 …………………………… 084
一、英国医疗责任保险法律制度的模式选择 ………………… 084
二、英国医疗责任保险法律制度的历史演进 ………………… 085
三、英国医疗责任保险法律制度的主要内容 ………………… 087
四、英国医疗责任保险法律制度的特点及评价 ……………… 090
第三节　德国医疗责任保险法律制度 …………………………… 094
一、德国医疗责任保险法律制度的模式选择 ………………… 094
二、德国医疗责任保险法律制度的历史演进 ………………… 094
三、德国医疗责任保险法律制度的主要内容 ………………… 096
四、德国医疗责任保险法律制度的特色及评价 ……………… 097
第四节　日本医疗责任保险法律制度 …………………………… 100
一、日本医疗责任保险法律制度的模式选择 ………………… 100
二、日本医疗责任保险法律制度的历史演进 ………………… 100
三、日本医疗责任保险法律制度的主要内容 ………………… 102
四、日本医疗责任保险法律制度的特色及评价 ……………… 105
第五节　瑞典医疗责任保险法律制度 …………………………… 108
一、瑞典医疗责任保险法律制度的模式选择 ………………… 108
二、瑞典医疗责任保险法律制度的历史演进 ………………… 108
三、瑞典医疗责任保险法律制度的主要内容 ………………… 108
四、瑞典医疗责任保险法律制度的特色及评价 ……………… 111
第六节　新西兰医疗责任保险法律制度 ………………………… 113
一、新西兰医疗责任保险法律制度的模式选择 ……………… 113
二、新西兰医疗责任保险法律制度的历史演进 ……………… 114
三、新西兰医疗责任保险法律制度的主要内容 ……………… 115
四、新西兰医疗责任保险法律制度的特色及评价 …………… 117

第七节 其他典型国家医疗责任保险制度情况简介 …………… 117
一、澳大利亚医疗责任保险制度 ………………………………… 118
二、法国医疗责任保险制度 ……………………………………… 119
三、新加坡医疗责任保险制度 …………………………………… 120
第八节 域外医疗责任保险法律制度综合比较及经验借鉴 …… 121
一、各国医疗责任保险法律制度综合比较 ……………………… 121
二、各国医疗责任保险法律制度的经验借鉴 …………………… 123

第五章 我国医疗责任保险法律制度的建构思考 127
第一节 我国医疗责任保险法律制度的建构思路 …………… 127
一、现阶段发展困境的归因分析 ………………………………… 127
二、构架医疗责任保险制度的基本原则 ………………………… 132
三、我国医疗责任保险制度的发展方向 ………………………… 137
第二节 我国医疗责任保险法律制度的主体推进 …………… 140
一、政府方面 ……………………………………………………… 140
二、医方层面 ……………………………………………………… 146
三、保险公司层面 ………………………………………………… 149
四、患者方面 ……………………………………………………… 153
第三节 我国医疗责任保险法律制度的客体 ………………… 154
一、医疗行为的法律界定 ………………………………………… 154
二、一般医疗行为 ………………………………………………… 160
三、医学临床试验行为 …………………………………………… 161
四、药品临床试验行为 …………………………………………… 183

第六章 医疗责任保险法律制度的保障机制 …………………… 196
第一节 医疗责任保险制度的价值取向及立法原则 ………… 196
一、价值取向 ……………………………………………………… 196
二、立法原则 ……………………………………………………… 201

第二节　医疗损害赔偿责任承担机制 …… 202
一、医疗损害责任语言学考究及社会化承担 …… 203
二、医疗损害赔偿责任承担的现状考量及缺陷透视 …… 205
三、医疗损害赔偿责任承担制度重构 …… 207
四、结论 …… 211

第三节　特殊体质受害人的救济 …… 211
一、问题的缘起：最高人民法院第24号指导性案例引发的思考 …… 212
二、受害人特殊体质之于侵权责任的理论辨难 …… 213
三、侵权责任下受害人特殊体质问题的司法裁判 …… 216
四、侵权责任下受害人特殊体质司法裁判的理性建构 …… 219
五、结论 …… 220

第四节　医疗意外损害补偿基金 …… 221
一、问题的缘起 …… 221
二、相关概念思辨 …… 222
三、医疗意外损害补偿基金设立之理论缘起 …… 225
四、医疗意外损害补偿基金设立之路径探索 …… 228
五、结语 …… 230

第五节　医疗纠纷专业化解决机制 …… 230
一、问题的提出 …… 231
二、医疗纠纷专业化解决的比较考察 …… 232
三、我国医疗纠纷专业化解决的现实逻辑 …… 234
四、我国医疗纠纷专业化解决的路径设计 …… 237
五、结论 …… 240

第六节　医疗受害人对保险人的直接诉讼制度 …… 240
一、医疗受害人直接诉讼医疗责任保险公司的理论缘起 …… 241
二、医疗责任保险制度的域外考评：保险纠纷处理程序之维度 …… 243
三、医疗受害人直接诉讼医疗责任保险公司的现实驱动和利好环境 … 244

四、构建医疗受害人直接诉讼医疗责任保险公司制度的路径探索 …… 246
　　五、结论 ………………………………………………………… 248
结　论 ……………………………………………………………… 249
参考文献 …………………………………………………………… 256
致　谢 ……………………………………………………………… 267

绪 论

一、选题的缘起

2014年10月，国务院办公厅印发《关于加快发展商业健康保险的若干意见》[1]，在理性认知商业健康保险的基础上，全面布局我国商业健康保险事业的发展。商业健康保险制度体系的完善对于我国医疗服务水平的提升有至关重要的影响。医疗责任保险作为商业健康保险的重要组成部分，[2]得到了我国政府的高度重视。该意见明确指出，"加快发展医疗责任保险……探索发展多种形式的医疗执业保险"。[3]对于医疗责任保险的关注，具有较为鲜明的理论意义与现实意义。

医疗责任保险制度的探索对于医患关系难题的破解具有重要的现实意义。引发医患关系紧张的原因比较复杂，比如医疗卫生资源供给不足、价格高昂，等等。而缺乏一套健全而完善的医疗责任保险制度，亦是其制度性诱因之一。医疗责任保险制度一方面使得医务人员避免因为医疗损害责任而陷于高额的赔付风险，另一方面也为患者的损害赔偿请求权实现提供了一份更为可靠的债务担保，成为现代医疗卫生事业发展不可或缺的制度性配套措施之一。然而就目前而言，我国尚未建立起一套健全的医疗责任保险制度，全国参保的医疗机构与医务人员数目非常有限，各地的做法与模式五花八门，商业性保险公司介入严重不足。与医疗责任保险制度的付之阙如相对的是，现实中患者及其家属向医疗机构索赔事件频频上演，甚至因此引发暴力性冲突而影响医疗机构的正常工作和医务人员的从业积极性。因此，在我国尽快建立起一

---

[1] 国办发〔2014〕50号。
[2] 商业健康保险依照保险责任的不同可以分为疾病保险、医疗保险、护理保险、失能收入损失保险、医疗意外保险以及医疗责任保险。
[3] 详见《关于加快发展商业健康保险的若干意见》第3条第2款。

套健全的医疗责任保险制度势在必行。

医疗责任保险制度的建设是分散医疗风险、提高国家治理能力现代化的重要方面。2013年,党的十八届三中全会明确将"推进国家治理体系和治理能力现代化"提升到全面深化改革的总目标高度。国家治理能力现代化探索的重要方面在于有效分散风险,实现社会范围内的共进共退。保险业作为为现代社会提供风险保障的重要行业,势必为国家治理能力现代化的提升提供支撑。据统计,"截至2014年10月月底,保险行业总资产达96 477.08亿元,净资产达10 880.61亿元,我国正从保险大国向保险强国迈进"。[1]新时期保险行业的发展不仅仅在于对金融资产的客观占有,更重要的在于对实体经济的有效服务以及对社会治理的有效支撑。医师属于公认的专业人士,医师责任从本质上来说属于专业人士责任的一种。[2]因为医师职业与人们的生命健康休戚相关,所以医师从理论上来讲需要对他者的生命健康承担一种职业性的专业责任。然而,过高的医师责任配置又会使得其为避免发生医疗风险而对患者采取过于保守的治疗方式,这一方面无法使患者得到及时而充分的救治,另一方面也不利于整个国家医疗卫生事业的进一步创新发展。[3]为了将医师从繁重的医疗责任中释放出来,世界各国逐步建立了医疗责任保险制度,由专门的保险公司、医师协会或者政府部门负责对医疗损害进行赔付。

当代医疗卫生事业的发展在为患者带来福音时,也为医务工作者带来了更多的、难以预料的职业风险。医疗责任保险作为现代职业责任保险的突出代表,力求通过法律机制的建设,化解因医疗风险引发的社会矛盾,平衡医患双方的利益。医疗责任保险法律制度的建立有赖于立法、执法与司法三位一体的法律机制保障。医疗责任保险法律制度的研究与探索立基于我国医疗保险制度的发展实情,在借鉴国际现代保险业发达国家制度运作的基础上,思考我国医疗责任保险法律制度的总体建构与保障机制。

---

〔1〕 吴焰:"保险服务业助推国家治理体系现代化",载《东方早报》2014年12月15日。

〔2〕 参见罗熙、何国强:"论医疗责任保险——从法律经济学的角度切入",载《政法学刊》2010年第3期。

〔3〕 参见林暧暧:"美国无过错医疗责任改革:制度缘起与法理启示",载《中国社会科学》2010年第2期。

二、国内外研究现状

（一）国内相关研究概述

医疗责任保险的理论阐释与制度探索应当是我国学者并不陌生的一个命题。在纷繁的研究资料中，相关领域的学术专著与博士学位论文可以全景式地展现当下我国学者对于医疗责任保险法律制度命题的研究现状，而权威期刊与权威学者的新近著述更能透露医疗责任保险法律制度研究的最新方向。除此之外，与医疗责任保险法律制度发展息息相关的命题，例如，医疗损害责任认定机制以及责任保险制度研究的发展也为我们开展研究提供了丰富的素材。

在既有的学术专著中。谭湘渝从医疗执业责任保险既有的制度困境出发，综合运用法学和经济学方法对与医疗责任保险相关的法律问题、医疗责任保险的制度内涵进行梳理和界定，对医疗责任保险的经济绩效进行了客观的评价，肯定了医疗责任保险存在的合理性与必要性，并对医疗责任保险费率等技术性难题进行了较为系统的探索。[1]曾言、李祖全从现有医患关系不当处理及医疗纠纷处理机制的局限性入手，通过医疗纠纷的合同责任与侵权责任的多维审视，证成了医疗责任强制保险制度对于医患关系缓解，尤其是医疗纠纷妥当处理的重要意义，并通过美国、新西兰、瑞典等国医疗责任保险制度发展的制度借鉴，通过医疗责任保险制度的完善，探索我国医疗责任保险制度下的医疗纠纷替代性解决方案（Alternative Dispute Resolution，ADR）。[2]

在既有的博士学位论文中。张慧姝从医方权利命题入手，对执业保障权、特殊干预权、医疗裁量权以及医疗行为豁免权等典型医方权利分析后，认为应当借鉴国外的有益实践，通过医疗责任保险制度的构建，维护医务工作者的合法权益。[3]梁研较为系统地明晰了医疗责任保险法律制度的法律价值，剖析了医疗责任保险的法律关系，在借鉴英美等保险业发达国家医疗责任保险实践的基础上，提出了医疗责任保险法律制度构建的要点。[4]

---

[1] 参见谭湘渝：《医疗责任保险研究》，上海财经大学出版社2008年版。
[2] 参见曾言、李祖全：《医疗责任强制保险制度研究》，湖南师范大学出版社2009年版。
[3] 参见张慧姝："关于我国医方权利的法学研究"，北京中医药大学2010年博士学位论文。
[4] 参见梁研："医疗责任保险法律制度研究"，吉林大学2010年博士学位论文。

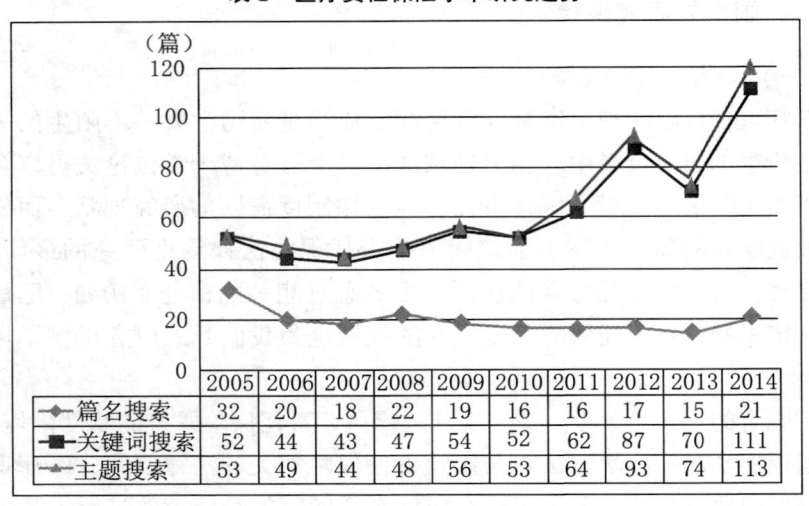

表 1　医疗责任保险学术研究趋势

	2005	2006	2007	2008	2009	2010	2011	2012	2013	2014
篇名搜索	32	20	18	22	19	16	16	17	15	21
关键词搜索	52	44	43	47	54	52	62	87	70	111
主题搜索	53	49	44	48	56	53	64	93	74	113

在既有的学术论文中，近十年我国学者一直对医疗责任保险命题保有持续的研究热情（参见表 1 医疗责任保险学术研究趋势），这一研究与探讨始终伴随着我国医患纠纷产生的每一个时间节点。以中国知网为例，截至 2015 年 1 月，以"医疗责任保险"为主题的期刊文献有 781 篇，关键词文献 750 篇以及篇名文献 252 篇。这些文献关注的主要问题在于：（1）有关医疗责任保险的基础理论探讨。医疗责任保险机制的构建对于医患关系的缓和、医患矛盾问题的解决具有根本性作用。[1]既往通过加重医方审慎责任的方式不能完全预防医疗事故，并且，医方责任的加重还有可能导致患者利益的减损。[2]医疗风险的多元性亟需多层次医疗风险分担机制的构建，由政府、社会和市场各方共同分担，商业保险为医疗风险的分担与控制提供了路径。[3]医疗责任保险的发展受制于经济发展水平、制度环境以及社会意识等多方面因素。[4]我国社会中存

---

〔1〕 参见瞿琨："完善医疗责任保险机制与重建和谐医患关系"，载《探索与争鸣》2012 年第 8 期。

〔2〕 参见李霞、王斐："医疗事故责任的法经济学考量"，载《山东大学学报》（哲学社会科学版）2008 年第 4 期。

〔3〕 参见王琬："商业保险参与多层次医疗风险分担机制的构建"，载《中国人民大学学报》2013 年第 1 期。

〔4〕 参见李松："论开发医疗责任保险的障碍与意义"，载《保险研究》2003 年第 1 期。

在着巨大的医疗责任保险抑或医疗风险管理的需求。[1](2) 有关医疗责任保险的域外经验借鉴。无论是医疗责任保险制度还是医疗风险分担机制，美欧等国外保险制度发达国家的发展历程都为我国提供了镜鉴。[2]学者们对于医疗责任保险条款的设置[3]、美国医疗责任保险制度的发展[4]、美国医疗过失诉讼制度的完善[5]以及无过错医疗责任改革[6]等进行了针对性探索。(3) 有关我国医疗责任保险的发展模式分析。从我国国情出发，通过立法确立医疗责任保险在我国的强制责任保险地位，对于医患纠纷的解决有着重要作用。[7]除此之外，也有学者指出建设互助性医疗责任保险，强化医师协会在医患纠纷解决中的重要作用。[8](4) 有关医疗责任保险法律制度的构建思考。依靠法治思维解决医疗责任保险发展中的现实问题是学者们的共识。现有医疗责任保险制度保费的承担主体不明确[9]、强制性与服务性缺乏[10]，

---

[1] 参见郭丽军："论医疗责任保险的发展"，载《保险研究》2002年第10期；韦松："论医疗责任保险的发展"，载《保险研究》2003年第7期；胡海滨："对医疗责任保险的分析与建议"，载《保险研究》2002年第8期。

[2] 参见朱铭来、焦峰："医疗责任保险制度的国际比较研究"，载《保险研究》2008年第7期；王琬、孙纽云："医疗风险分担机制的国际比较与经验借鉴"，载《湖北大学学报》（哲学社会科学版）2012年第6期。

[3] 参见谭湘渝："医疗责任保险若干重要条款的比较评析——基于美国、我国台湾和大陆地区相关条款的比较"，载《保险研究》2010年第10期。

[4] 参见吕群蓉："美国医疗责任保险制度困境的破解之道及其启示"，载《法商研究》2014年第3期。

[5] 参见肖柳珍："美国医疗过失诉讼制度改革及其借鉴"，载《法商研究》2012年第5期。

[6] 参见林暖暖："美国无过错医疗责任改革：制度缘起与法理启示"，载《中国社会科学》2010年第2期。

[7] 参见陈玉明、顾爱英："医院人事制度改革的实践与体会"，载《现代医药卫生》2002年第6期；罗向明："建立强制医疗责任保险适应医疗体制改革"，载《经济导刊》2005年第10期；沈庆劼："信息不对称视角：我国医疗责任保险实施强制立法之管见"，载《现代财经（天津财经大学学报）》2011年第2期。

[8] 参见乔世明："我国医疗责任保险模式之探讨"，载《中南民族大学学报》（人文社会科学版）2006年第3期。

[9] 参见吕群蓉、蔡川子："论医疗责任保险保费的承担主体"，载《福州大学学报》（哲学社会科学版）2013年第3期。

[10] 参见董文勇："我国医疗责任保险法律制度构建的问题与方案"，载《河北法学》2014年第6期。

应当通过立法的改善,革新现有的法律制度,为医疗责任保险的发展提供制度环境[1]。

(二) 国外相关研究概述

鉴于医疗责任保险法律制度对一国医疗卫生事业发展的意义重大,国外有很多学者都对其本国或者其他国家的医疗责任保险制度进行了深入的研究,提出了很多值得我们借鉴的观点。这些研究关注的主要问题:一是对本国医疗责任保险发展历程的介绍。对美国三次医疗责任保险危机的介绍,对三次危机中所呈现的不同特点与政府的应对措施进行分析;[2]对英国三大医疗责任保险机构的演变历程进行介绍,解释了英国形成现有医疗责任保险体制的历史原因。[3]二是从本国医疗责任保险制度的各个机制出发,分析该制度存在的问题,提出解决之道。如提出商业保险之外还应有互助式保险以及政府提供的保险作为辅助;[4]通过对医疗责任保险市场的分析,要求丰富保险产品,提供更加可靠的保险服务;[5]对保险费率进行调整,保障更多人的就医权利。[6]三是对本国医疗责任保险管理结构进行研究,从政府机关设立的合理性与管理效率上对医疗责任保险制度的发展提出改善建议。如对瑞典的医疗责任保险机构进行介绍,分析其运作方式。[7]四是立足宏观的角度,从发展模式等问题上,提出本国医疗责任保险制度持续发展上所存在的问题。如认为应避免过度的商业化,因为这会使得医疗责任保险法律制度的发展缺乏

---

[1] 参见袁晓晶、骆绪刚:"医疗责任保险及其法律问题研究",载《兰州学刊》2004年第2期;田雨、杨永发、施宇箭:"医疗责任保险实务之法律研究",载《保险研究》2000年第5期。

[2] See Robinson GO, "The Medical Malpractice Crisis of the 1970's: a Retrospective", *Law and Contemporary Problems*, 1986, Vol. 2, p. 49.

[3] See Roy N. Palmer, Naomi Selvadurai, "The UK Medical Protection and Defence Organisations", in *Clinical Negligence*, Michael Powers, Nigel Harris, 3rd. ed., London: Butterworths, 2000.

[4] See James C., "American Medical Malpractice Litigation in Historical Perspective", *JAMA*, Vol. 283, No. 13, 2000.

[5] See Nordman E., Cermak D., McDaniel K., "Medical Malpractice Insurance Report: A Study of Market Conditions and Potential Solutions to the Recent Crisis", *Kansas City*, MO: National Association of Insurance Commissioners, 2004.

[6] See Clifford Hawkins, "Mishap or Malpractice?", *Plastic & Recontructive Surgery*, Vol. 80, No. 5, 1987.

[7] See Carl, Oldertz, "Security Insurance, Patient Insurance, and Pharmaceutical Insurance in Sweden", *The American Journal of Comparative Law*, 1986.

持续性。[1]

在既有关于医疗责任保险问题的研究中,学界对于发展医疗责任保险的现实必要性与紧迫性达成了共识,并对医疗责任保险的基本理论内涵、域外发展经验进行了较为充分、详实的梳理与介绍,这些都为本书研究的开展奠定了基础。值得一提的是,虽然对于我国医疗责任保险的发展模式存在争论,但是通过法律制度的完善推动医疗责任保险的运行是学界的共识。就目前研究成果而言,对医疗责任保险法律制度问题的研究集中于保费承担主体和保费费率等较为形式、具体、微观的技术性问题。相对而言,对于医疗责任保险法律制度的宏观制度建构,尤其是医疗责任保险法律制度及其配套制度的研究仍然显得非常薄弱。

三、本书的研究思路

本书依照"理论界定—发展问题—域外借鉴—改进路径"的研究思路,从医疗责任保险的理论蕴含、医疗责任保险的法律制度框架、医疗责任保险法律制度的中国演进、医疗责任保险法律制度的域外借鉴、我国医疗责任保险法律制度的建构思考以及医疗责任保险法律制度的保障机制等六个方面着手进行研究探讨。

具体而言,首先,本书对医疗责任保险制度进行理论界定。一方面对于医疗风险、责任保险以及医疗责任保险三个基本概念的个别特征与内在逻辑进行界定;另一方面从医疗责任保险法律关系的主体和客体入手,分析医疗责任保险法律制度中的权利义务系属与法律文本构造问题。从基础理论到法律制度,由内而外两方面的理论界定力求为后面论述奠定基础。其次,对目前我国医疗责任保险发展过程中的现实困境进行梳理。本书从实体与程序、需求与供给等方面入手,针对医疗责任保险的市场需求、我国医疗责任保险立法的必要性与紧迫性等问题进行了深入的探讨。再其次,详细梳理了医疗责任保险在美国、英国、德国、新西兰、日本等保险制度发达国家的演进历程。国外有关医疗责任保险法律制度的发展经验为我国的路径探索提供了借鉴范本。最后,本书从基本制度与辅助制度两个方面提出了关于医疗责任保

---

[1] See Christopher Zinn, "Australian Government Forced to Bail out Medical Malpractice Insurer", *BMJ: British Medical Journal*, Vol. 324, No. 7341, 2002.

险法律制度建构的宏观设想与微观进路。

四、本书可能存在的创新之处

本书在既往研究的基础上，力求以下几个方面的创新：

第一，本书从理论到实践，从宏观到微观，力求对医疗责任保险法律制度进行较为系统地梳理。本书从医疗风险管理和责任风险趋势的逻辑起点出发，聚焦医疗责任保险法律制度运行中的关键要素，针对性地提出我国现有问题的解决思路。

第二，本书对于我国医疗责任保险法律制度的建构主张从主体和客体两方面进行定向探讨。从主体方面而言，应当重新定位政府、医方、患方以及社会在医疗责任分担中应有的作用。从客体方面而言，本书基于笔者多年的医疗工作经验以及医事纠纷处理经验，提出区分一般诊疗行为、临床试验医疗行为以及药品临床试验行为，针对三类行为的不同特征，设置医疗责任保险制度，以期提高医疗责任保险法律制度的专业性与可操作性。

第三，本书对于医疗责任保险法律制度运行需要的保障机制进行了详实的探索。在结合前期研究的基础上，本书对医疗意外损害补偿基金、医疗损害赔偿责任承担机制、医疗专业审判机构等与医疗责任保险法律制度密切相关的配套制度与关键问题都进行了针对性探索，以期较为完整地展现医疗责任保险法律制度的全貌。

第一章
医疗责任保险的理论蕴涵

医本仁术,古往今来,医者都以救死扶伤为己任,履行佑护社会大众生命和健康的历史使命。世人眼中,医生作为一个崇高的职业,享有悬壶济世的诸多美誉。但是,随着社会进步步伐的加快,医疗科技的不确定性骤然增加,近年来医疗损害事件时有发生,医患关系趋于紧张。

医患关系的转变,加深了医方的戒备心理,促使医疗行为趋于保守,甚至产生所谓的"防御型医疗"。如此一来,势必会导致医疗技术和医疗水平裹足不前,甚至不利于患者疾病的治愈。长此以往,将会对整个社会产生不可估量的消极影响。因此,我国在探索建立全民医疗保障和提升医疗技术水平的同时,建立一整套科学完善的医疗纠纷解决机制,促进医患关系的缓和,营造良好的医疗环境,消弭医患双方的对峙心理,实为刻不容缓之要务。

在现代风险社会的语境中,人们面临前所未有的社会风险,风险种类之多、威胁之大已然达致前所未有之高度,人们迫切需要寻求分散社会风险的有效之道,保险制度就是在此背景之下产生的。责任保险作为一种特殊的保险形式,对于稳定生产经营、安定日常生活,都具有十分重要的现实意义。具体到医疗责任领域,我们也可以试图引入责任保险机制,用以分散医疗风险,其不仅有利于减轻患者负担、保障生命和健康,还有利于缓解医疗机构和医务人员的心理压力和讼累。建立适合我国国情的医疗责任保险制度,可能会成为突破时下医疗纠纷乱象之局面、构建和谐稳定之医疗秩序的有效途径。

第一节 医疗风险

近年来,"医闹"事件、医疗纠纷,还有因医疗纠纷引起的伤人事件屡见报端,一旦发生诸如此类损害医疗秩序的事件,不仅使原本处于弱势一方的患者遭受财产损失、身心抑或是生命的威胁,而且还会使医疗机构和医务人员在媒体的曝光和患者的抗争下倍感压力，扰乱正常的医疗秩序，甚至成为贻害社会的毒瘤。但是，医疗行业作为一个科学技术性较强的行业，其本身就具有很强的不确定性，充满了很多不可避免的医疗风险。因此，正确认识和界定医疗风险，加强和完善对医疗风险的管理，降低风险的损失程度，便成为缓解这一局面的应然路径。全面认识医疗风险的内涵和特征、种类和后果，剖析引致医疗风险的诸多缘由，是划清医疗风险责任、加强对医疗风险控制和管理的前提和基础。

一、医疗风险的界定

风险意味着一种损失可能，是一种客观存在的、具有一定程度不确定性的状态，虽然其发生与否不以人的主观意志为转移，但是可以通过人的主观能动性降低风险的损害程度。因此，风险的典型特征是客观性、损失性和不确定性。[1] 作为风险的一种特殊形式，医疗风险特指医疗实践领域中客观存在的一种风险状态。一方面，医疗风险具有风险的一般特征，具有客观性、损失性和不确定性；另一方面，医疗风险发生在特定的领域——医疗实践领域中，受该领域诸多因素的影响，具有其特殊性。

（一）医疗风险的定义

就何谓医疗风险而言，学界观点莫衷一是，概括而言，有广义和狭义之分。广义上的医疗风险泛指发生在医疗领域的一切具有不确定性的不安全事件，既包括客观存在的医疗意外和难以避免的并发症，也包括因主观过错导致的医疗损害。狭义上的医疗风险排除了主观过错因素，专指那些客观存在的医疗意外和难以避免的并发症导致的损害，以此区别于广义上的医疗风险。

在现代科学技术迅猛发展的宏观背景下，层出不穷的高新技术不断应用于医疗领域，科学技术固有的不确定性使医疗风险的可能性骤然增加；加之医疗风险的发生受很多人为因素的影响，医师职业道德和医疗技术水平是两个很难界定和控制的因素，原因比较复杂多变，因此，医疗风险的控制和防范存在很大困难。全面认识医疗风险的特征，进行类型化分析，准确预见医疗风险的后果显得尤为必要。

---

[1] 参见孙祁祥：《保险学》，北京大学出版社 1996 年版，第 3 页。

(二) 医疗风险的特征

医疗风险作为风险的一种特殊形式，具有一般风险所具有的共性特征。一方面，医疗风险是客观存在的，不以人的主观意志和医疗技术先进与否为转移，无论医疗技术如何发展和进步，都无法完全避免医疗风险的发生；另一方面，医疗风险的发生具有不确定性和损害性，人类无法通过任何技术手段准确预见医疗风险的发生概率和损害程度。

医疗风险专指发生在医疗实践领域的风险类型，具有独特性。其一，医疗风险的发生机理十分复杂，影响因素包括但不限于医疗科技的不确定性、医务人员的主观因素、患者体质的特殊性、病理之间的微妙联系，等等；其二，医疗风险的后果十分严重，医疗实践的服务对象是人的生命和健康，一旦发生医疗风险，会危及人的生命安全和身心健康，甚至会扰乱正常的社会秩序，影响社会稳定。

(三) 医疗风险的种类

根据前述关于医疗风险的概念界定可知，广义上的医疗风险和狭义上的医疗风险的主要区别在于是否考虑主观因素的影响。以此为依据，可将医疗风险划分为主观原因引起的医疗风险和非主观原因引起的医疗风险。

主观原因引起的医疗风险主要为医疗过错损害。医疗过错损害是指医疗机构和医务人员在为患者诊疗过程中，主观上存在过失，对患者的身心健康造成了损伤。直言之，这是一种医疗侵权损害。

非主观原因引起的医疗风险主要包括医疗意外和难以避免的并发症。医疗意外是指因为一些不可预见或者不可抗拒的原因，致使难以预测的不良后果出现。在医疗意外中，医疗机构和医务人员一般不存在主观上的过错，与医疗技术的固有风险性、患者体质的特殊性有关系，所以医方一般不承担责任。所谓并发症是指在某一种疾病的诊疗过程中，发生了与这种疾病诊疗行为有关的另一种或几种疾病。而难以避免的并发症，是指由于客观情况或医疗技术水平的限制，医务人员已经尽到了注意义务，但仍无法避免发生的并发症，医疗机构和医务人员主观上不存在过错。

(四) 医疗风险的后果

医疗风险是发生在医疗实践领域内的特有风险，因为医疗风险关乎患者的生命安全和身心健康，一旦发生，其损害后果十分严重。具体而言，医疗风险的后果具有以下几点：

第一，对患者而言，医疗风险的危害后果主要体现在两个方面。一方面，作为医疗服务的对象，一旦发生医疗风险，患者的器官机能和身心健康就会受到直接或间接的损害，甚至危及生命，造成难以挽回的损失，给患者自身及其家属带来难以抚平的精神伤害；另一方面，医疗风险的发生还会给患者及其家属带来不同程度的经济损失，"从目前已有的报道看，国内外医疗事故或医疗意外造成的经济赔偿少则几万元，多则上百万元"，[1]对于患方而言，很难承担起如此沉重的经济负担。

第二，对医疗机构和医务人员而言，医疗风险的发生也会给其造成诸多不利影响。一般而言，医疗风险的发生会或多或少地与医疗机构和医务人员的医疗技术水平和职业道德相关，但现实中，一旦发生医疗风险，很少有人能够理性地认识事件的真正原因，而将大部分责任归咎于医方。这无疑会大大损害医方的社会形象，若处理不当，引致患方的强烈不满，医疗机构就会成为其宣泄情绪的场所，进而扰乱正常的医疗环境。更有甚者，丧失理性的患方还会与医方发生冲突，造成一些伤人事件。

第三，对医学发展和医疗技术水平提高而言，医疗风险弊病颇多。其一，出于对医疗风险的规避，具有不确定性的高新医疗科技难以被应用到医疗实践领域，容易使医疗技术裹足不前，难以跟上时代进步的步伐，使医疗技术滞后于科技发展的整体境况；其二，医疗风险的发生对医疗机构技术水平和医务人员临床能力而言，是一种打击和挫败，难以预料和控制的医疗风险会严重影响医务人员的积极性和主动性。因此，医疗风险会阻滞医学的发展和医疗技术水平的提高。

二、医疗风险的归因分析

前已述及，医疗风险的基本特征之一是形成原因的复杂性。具体而言，形成医疗风险的原因不仅包括医疗风险本身的因素（医方因素、患方因素和疾病因素），还包括医疗风险产生的其他因素（社会因素），这些因素虽然不能直接导致医疗风险的产生，但是会直接或间接地影响其后续范围的扩大，比如医患沟通因素和社会矛盾解决机制因素。由此可见，医疗风险与医疗科

---

[1] 参见袁晓晶、骆绪刚："医疗责任保险及其法律问题研究"，载《兰州学刊》2004年第2期。

技的进步和社会体制的变革息息相关，医疗风险在具有风险专业属性的同时，其社会属性也愈加浓厚。但是，原因的复杂性并非意味着我们无法正确认识医疗风险的发生机理，如果对医疗风险的肇因进行类型化划分，我们可以总结出以下几点。

（一）医疗机构和医务人员方面的因素

医疗技术和医疗设备的落后或不均等分布，医务人员的专业水平、责任心和职业道德状况参差不齐，都是医疗风险产生的直接因素。医疗机构和医务人员是医疗实践的主体，是医疗服务的提供者，其医疗水平的高低直接关系着医疗服务的质量和对患者身心健康的影响。因此，医疗机构和医务人员方面的因素是医疗风险产生的关键因素。

（二）患者方面的因素

患者自身的特殊体质也可能成为医疗风险的重要起因。所谓患者特殊体质，是因为患者客观存在的、无论其自身知晓与否的某些身体上的特殊体质或疾病，与医方的侵权行为相结合，致使最终的损害后果大大超出可预期的正常范围。该问题的复杂性在于它超越了传统侵权责任四要件的理论范围，容易曲解原因力理论，滥用公平责任原则。实践中，很难认定侵权行为和患者特殊体质之间的关系和责任范围，因为患者的特殊体质引致的医疗风险也是很难控制的重要因素。

（三）疾病本身的因素

医疗风险无处不在，每个机体的组织结构和生理病理都有其特殊性，这就使得任何一种医疗方案都存在达到医疗效果和造成损害两种可能性。[1]很多情况下，患者的病理机制是很难预测和控制的，器官机体之间的相互联系给疾病转化带来很大的可能性。一旦多变性的疾病发生转化，无疑就大大增加治愈的难度。虽然随着医疗技术的进步，我们对患者的病理机制会有更进一步的掌握，但不可否认的是，疾病本身的因素也是导致医疗风险发生的重要因素。

（四）社会因素

由医疗风险引发的纠纷是近年来影响医疗秩序的重要方面，其虽是医疗风险所引起的，但是其并非肇始于医疗机制本身，而是和社会矛盾解决机制、

---

[1] 参见古津贤主编：《医疗侵权法论》，吉林大学出版社2008年版，第14页。

医患矛盾解决路径等因素密切相关。医务人员的情绪、行为、心理素质和患者的不信任感都会给医患关系蒙上一层阴影，一旦发生医疗纠纷，行之有效的解决机制的失位又扩大了医疗风险的影响范围。

三、医疗风险的控制与管理

如前所述，医疗风险具有客观性和不确定性，其存在与否不以人的主观意志为转移，人类永远无法彻底避免医疗风险的发生。但是，我们可以通过采取一定的措施和手段加强对医疗风险的控制和管理，进而降低其损失程度。针对医疗风险产生的原因，可以考虑从以下几个方面强化对医疗风险的控制和管理。

（一）健全医疗法律规范

医疗风险的发生导致医疗秩序的混乱，势必会严重损害人民群众和国家的利益，影响卫生事业的发展。在建设法治社会的时代背景下，强调把法律作为进行社会治理的重要路径和依托，已然成为社会之共识，是人们行为规范的准则，医疗领域也不例外。医疗法律规范是医学和法律的杂糅体，兼具法律的稳定性、权威性和医学的特殊性、专业性。因此，健全医疗法律规范对防范和控制医疗风险具有重大作用。

医疗法律规范对医疗行为具有规制作用。法律的作用主要体现在引导、评价、预测和惩戒四个维度，在医疗风险控制语境下也是如此。医疗法律规范明确规定了法律所允许医疗机构和医务人员实施的行为，同时也明确了其所禁止从事的行为，这就为医疗行为指明了方向；法律是客观评价行为的角度和标准，是社会所容许的底线所在，医疗法律规范为医疗行为的合法性和违法性提供了评价依据；在一个医疗法制比较健全的社会中，医疗法律对医疗行为的规范比较明确，相关主体可以此为依据，对自己的行为及其后果进行预测；医疗法律规范的惩戒作用是法律顺利实施的重要保障，是维护社会整体利益、保障法律权威的屏障。

（二）完善医疗技术规范

所谓医疗技术规范，是指在医疗实践领域所必须遵守的技术性准则，它形成于长期的医疗实践中，具有客观性，是医疗规范体系的重要组成部分，是规范医疗机构和医务人员行为的重要指南。时下，医疗科技飞速发展，高新技术以前所未有的速度应用于医疗实践，医疗行为的不确定性呈指数增长；

医疗技术的进步给医疗行为模式带来巨大变革，疾病的诊疗方式也发生了重大变化；医疗法律规范日趋完善，给规范医疗行为和技术提出了更高的要求。因此，更新医疗技术规范，确保相关的诊疗行为符合技术性要求，是新形势下加强医疗风险管理的重要举措。

相较于医疗法律规范，医疗技术规范并不强调稳定性，它具有较强的时效性，随着医疗科学技术的进步，医疗技术规范是人们对医疗实践和行为之客观规律的尊重和认同。众所周知，医疗技术的兴起和发展是一个不断进步的过程，在疾病的挑战下，人们不断寻求新的治疗方法和技术，然而各种新的疾病却又不断出现，督促着人们去发展更新的医疗技术，如此周而复始、不断循环。在此过程中，关于如何应用新技术、如何避免和解决技术应用中诸多问题的规则，就是医疗技术规范。因此，医疗技术和医疗技术规范紧密联系，医疗技术是医疗技术规范不断发展更新的依托，医疗技术规范的完善依赖于医疗技术的进步，而医疗技术规范是医疗技术正确应用的前提和保障。

（三）制定医疗道德规范

法律与道德同为规定人的行为准则和依据，二者的范畴却不尽相同。前者是国家意志的表现，区别于后者最典型的特征在于由国家强制力保证实施，是对社会成员行为的最低要求；后者则是对社会成员行为的较高要求，其实现与否取决于医务人员自身的道德修养和社会风气。二者相辅相成，共同构成了社会行为准则体系。在医疗实践领域，医疗道德规范往往发挥更大的作用，因为对医务人员的道德约束能够取得更好的社会效果，而且还会规避相关的法律风险。因此，作为医疗行为规范的主体部分，要对医疗道德规范给予重视。

医疗道德规范的作用主要体现于为医德评价提供了标准和依据。其一，适当的医疗道德规范有利于对医务人员进行深刻的教育和指导。医疗道德规范为医疗机构对医务人员进行道德教育提供了很好的素材和指南，这种自上而下的教育氛围和风气能够给予医务人员巨大的精神力量；同时，医疗道德规范还是医务人员进行自我教育的蓝本，是进行自我教育的有效形式，其自发性和内在性的特点势必会使这种道德教育取得良好效果。其二，医疗道德规范的贯彻执行在规范医务人员医疗行为的同时，还能够调节、优化医患关系。医疗道德教育的结果是医务人员责任感的提升，进而规范自身的医疗行为，不断提升医疗技术，并且强调以患者为中心，增强医患之间的信任感，有利于减少医疗纠纷、缓和医患冲突，维护良好的医疗秩序。

第二节 责任保险

在社会进步、科技发展、法治完善的宏观背景下，责任风险[1]愈发引起人们的重视。纵观责任风险的发生机制、演变趋势和对企业、个人带来的损失，其业已成为社会应予以普遍关注的重大风险之一。在风险的社会化分担思想的指引下，保险制度成为规避社会风险的重要途径。因此，责任保险越来越成为分散风险和减轻损失的首选举措，也已经成为一项具有很大发展潜力的保险业务，随着我国法治环境的不断优化，责任保险制度也会取得巨大发展。

一、责任保险的界定

责任保险是一项重要的保险业务，尤其是在时下保险已成为人们规避风险的重要选择的背景下，寻求责任保险来应对责任风险是需要直接面对的问题。然而需要予以澄清的是，正确认识责任保险是运用责任保险并对其加以发展的前提。

（一）责任保险的含义

关于责任保险的定义，《中华人民共和国保险法》第65条第1款给出了较为权威的规定："保险人对责任保险的被保险人给第三者造成的损害，可以依照法律的规定或者合同的约定，直接向该第三者赔偿保险金。"由此可以看出，责任保险并非为特定的个体利益而设，其设定的主旨和要义是将保险范围拓展至保险合同双方以外的第三方，给第三人利益损失予以保障。因此，责任保险实质上来讲是一种责任的转嫁，被保险人签订保险合同的目的是将其可能要承担的责任转嫁给保险人。此举不管是对被保险人还是对第三人都有重要意义：一方面，维护了被保险人的利益，减轻了其可能因承担赔偿责任而担负的经济压力；另一方面，从根本上保护了第三人的利益，确保其在受到被保险人侵害时能够获得有保证的赔偿。因此，考虑到责任保险是为了

---

[1] 所谓责任风险，是指由于疏忽或过失行为致使第三人受损害，而须由行为人对受害人负损害赔偿责任，属于对第三人发生的损害赔偿责任风险。

保护第三人利益，有时也称之为第三者责任保险。

（二）责任保险的特征

根据上述关于责任保险定义的描述，可以推知责任保险具有以下特征：

首先，责任保险的最终负担需要以法律规定为基础。意即作为保险标的的责任，须以国家法律法规的规定为基础，否则不构成保险标的。因此，唯有现行有效的国家法律、行政法规和地方性法规才能成为责任承担的基础和依据，其他任何组织或企业的内部规定都不能成为承担法定责任的基础，妄论成为责任保险之依据。

其次，责任保险的赔付对象具有双重性。一般而言，保险的赔付对象为被保险人或者其指定的受益人。但是，在责任保险中，赔付对象有直接和间接之分。直接赔付对象即保险合同中的被保险人，间接赔付对象是不确定的第三方。因此，如果被保险人需要承担对第三方的赔偿责任，其可以根据保险合同要求保险人直接向第三方承担赔付责任；如果被保险人怠于行使此项权利，受损害的第三方可以直接要求保险人承担赔偿责任。

最后，责任保险的赔付处理程序具有复杂性。因为责任保险涉及对第三方受害者的赔偿责任，要求以被保险人需要承担对第三方的赔偿责任为前提，比一般的保险赔付程序更为复杂。前已述及，责任保险的承担需要以法律规定为基础，要求对相关的法律规定有较为明确的了解和掌握；保险利益最后往往并非归被保险人所有，而是由保险人直接给予第三方，这也使得责任保险具有区别于一般保险的特征。

二、责任保险的种类、功能和发展

责任风险的客观存在是现如今责任保险方兴未艾的重要条件，责任保险的设计也是以现实中存在的诸多不同种类的责任风险为基础。因此，不同的责任风险产生了不同的责任保险。这些特殊的责任保险本身具有分散风险的社会功能，对于增强被保险人的赔偿能力、维护受损第三人的基本利益大有裨益。责任保险在国外已经发展得较为成熟，但是，基于我国特殊的社会和制度环境，我国责任保险的发展仍然存在一些障碍。随着我国市场经济的逐步推进、法治建设的日臻完善，责任保险在我国势必会取得长足发展。

（一）责任保险的种类

毋庸讳言，责任保险发展至今已成为社会经济活动中必不可少的重要组成部分，尤其是在欧美等发达国家，责任保险的覆盖领域十分广泛，囊括了社会生活的方方面面。对责任保险进行类型化分析具有重要意义，有利于加深人们对责任保险的认识，掌握其产生和发展的基本规律；有利于优化对责任保险的管理，健全责任保险法律制度；可以根据不同类别的责任保险制定相应的管理策略和规范，有利于改进责任保险经营。对责任保险的类型划分而言，从不同的标准出发会有不同的划分，主要有以下几种类型：

首先，按实施的形式以及责任保险的效力和基础划分，责任保险可以分为自愿责任保险和强制责任保险两种。前者是指保险人和被保险人之间的保险关系完全建立在平等自愿的基础之上。其一，投保人有权决定是否参加、参加何种责任保险，特殊情况下有权解除保险合同；其二，保险人有权选择被保险人，并决定保险合同内容。后者是指国家法律要求被保险人必须选择责任保险的保险形式。这种责任保险是国家法律对意思自治的某种限制，一般是基于社会公共利益的需要进行选择，比如机动车交通事故责任强制保险。

其次，按责任保险的内容不同，可以将其划分为公众责任保险、产品责任保险、雇主责任保险、职业责任保险。[1]公众责任保险所指向的责任领域主要包括场所责任、承包人责任、承运人责任、供电责任等，主要针对的承保对象是被保险人在特定的经营领域内从事活动致使第三人受损害的经济赔偿责任；产品责任保险，顾名思义，针对的对象是有质量缺陷的产品，并且该种产品会给消费者或者使用者造成人身伤害或经济损失，由此引发被保险人的经济赔偿责任；雇主责任保险中，雇主作为被保险人与保险人签订保险协议，雇主的雇员因在从事保险协议所规定的职业或行为时遭受意外、患有国家规定的职业病而致伤残或死亡，由此引发的经济责任由保险人承担；职业责任保险，主要承保对象是特殊的专业技术人员因为工作的过失造成他人损害而承担的经济责任，比较常见的有律师职业保险、会计师职业保险和医疗责任保险等。

再其次，按照引发保险赔偿责任的原因划分，责任保险可以分为索赔型责任保险和事故型责任保险。二者的区别在于对是否承担保险责任的判断时间点不同。索赔型责任保险的判断基点是受损害的第三人请求被保险人承担赔偿责任的时间，即要求其发生在保险单的有效期间以内；事故型责任保险

---

[1] 参见刘金章、刘连生、张晔：《责任保险》，西南财经大学出版社2007年版，第52页。

的判断基点是被保险人致使第三人受损害的行为和事实,即要求该行为和事实发生在保险单的有效期间内。由此可知,在索赔型责任保险中,责任保险具有溯及力,可以溯及保险单生效以前的侵权行为和事实;而事故型责任保险仅仅是以损害行为和事实的发生时间为判定依据,因此不具有溯及力。

最后,除了上述主要的分类方法以外,学界和实务界还有很多其他的分类。比如:因为责任风险具有较强的民法属性,责任保险可以划分为合同责任保险和侵权责任保险;依据保险协议的独立性大小,可以将责任保险划分为独立的责任保险和附加的责任保险;按照保险责任的大小,可以将责任保险划分为基本的责任保险和超额的责任保险。

(二) 责任保险的功能分析

责任保险是现代风险社会语境下风险社会化承担的有效之道,其对于减轻经济损失具有重要意义。具体而言,责任保险的重要作用和功能主要体现在以下几个层面:

第一,责任保险具有分散社会风险、优化风险管理的重要功能。保险公司作为专业的风险应对和管理机构,在风险危机的处理方面具有十分丰富的经验。在保险合同签订之后,保险人有责任和义务督促被保险人加强自身的风险管理。由于保险合同中存在关于被保险人责任和义务的条款,这些条款有利于防止被保险人放松警惕、玩忽职守,进而强化风险意识,积极地减少危害的发生。此外,责任保险的重要功能是实现了风险的社会化分担。责任保险的赔付涉及多方当事人,尤其是对第三人的直接赔偿显示出其强大的作用和功能,突破了一般合同的相对性局限,风险主体的增加和突破正是风险社会化分担的有力表征。

第二,责任保险增强了被保险人的赔付能力,同时保障了受害第三人的利益。当发生损害时,责任主体受制于不同的经济能力,对其所应承担的经济赔偿责任的担负能力有所区别。对于那些经济担负能力较弱的责任主体,一方面经济赔偿责任的承担会加大其经济负担,甚至会陷入诉讼泥潭,妨碍其正常的生活和生产经营;另一方面,如果责任主体承担经济赔偿责任的能力有限,对于受损害一方的利益也是极大的损害,无法保障其基本利益。责任保险制度引入后,保险人拥有强大的理赔能力和专业的服务态度,无疑会大大提高民事主体的责任承担能力,从而减轻了被保险人的经济负担;与此同时,这种保险制度也是对受损害第三人利益的尊重和维护,体现了对弱者利益进行倾斜保护的设计初衷。

第三，责任保险有利于推进法制建设，改善投资环境，促进社会进步。责任保险的基础是国家的法律规定，只有法律明文规定应当承担责任的行为，才能构成责任保险的标的。因此，责任保险的实际运行需要较为完善的法律设计。这从一个侧面也反映出，责任保险的推行势必会推进社会主义法制建设的步伐，唯有在一个法制完善的社会，责任保险才有推广的可能和意义。纵观国外，责任保险制度已成为大势所趋，成为保险业务的重要组成。我国实行改革开放的基本国策，要吸引外资、扩大开放，就要在制度环境上与国际接轨，推行责任保险制度，扩展责任保险的服务领域和范围，有利于改善投资环境、吸引外资；同时，考虑到责任保险中受损害的第三人一般都是我国当事人，完善责任保险也是保护国民利益的重要举措之一，体现出强烈的人文关怀色彩。

（三）我国责任保险的发展

在我国，责任保险的最初形态是汽车责任保险，受制于特殊的历史环境曾经一度中断。现代意义上的责任保险制度兴起于1979年，虽然取得了一定的成果，但是与国外发达国家相比仍然存在发展不足的现象，这与我国的特定国情有密切关联。导致我国责任保险发展相对滞后的原因有很多，概括而言大致可以从以下几个方面理解：

第一，我国经济发展水平不能为责任保险的发展提供动力和基础。就保险业的发展轨迹而言，保险制度基本遵循"财产保险—人身保险—责任保险"的进化路径，责任保险被视为保险制度的最高形式和阶段，同时责任保险的发展水平也被视为衡量一个国家保险业发达程度高低的重要指标。众所周知，影响保险业发展水平的重要因素是城市化水平和居民的受教育程度。但是，作为一个发展中国家，我国的城市化发展相对不足，农业和农村的发展相对滞后，居民的受教育水平相对较低，这些因素都大大限制了包含责任保险在内的保险业的整体发展。另外，在我国国民经济结构的构成中，民营经济和国有企业占有非常大的比例，理应成为责任保险的主体。但是，二者均未能实现这一使命。一方面，民营经济虽然面临较高的市场风险，但是迫于成本的压力趋于选择较为严格的控制标准，对责任保险的承保率较低；另一方面，国有企业受制于效率低下、效益状况较低等困境，也大大限制了责任保险的发展。

第二，目前我国尚未建立健全符合责任保险发展的法制环境。责任保险理赔责任的承担是以法律规定的责任为基础的，法制的完善是责任保险赖以生存的前提和基础，法律的匮乏无疑会制约责任保险的发展。就此而言，我国责任保险发展的法制困境主要体现在以下两个方面。其一，相关法律的失位。相较于责任保险较为完善的发达国家，我国关于责任保险的法律体系尚未建立。以产品责任为例，我国没有专门的产品责任法，现行法律中，我国产品责任的立法较为分散，内容不够完整，表述不够准确，严重制约了产品责任保险的发展。其二，我国民众的法治意识淡薄，保险意识不强。现如今，我国社会中尚未培育出适合保险业发展的意识环境，民众对保险业的理解仍然存在很大的误区，对责任保险也缺乏信任。这些非正式制度因素的存在可以视为责任保险健康发展的软性约束和障碍。

第三，我国责任保险自身发展的阶段性限制。在我国，保险在家庭投资中排在储蓄、住房、教育和证券之后，保险业整体发展并不景气。而在保险业内部结构中，财产保险和人寿保险的发展较为成熟，而责任保险处于保险业的末端，其自身发展规律和阶段的特征决定了我国责任保险发展不成熟的现状，主要体现在两个方面。其一，现有责任保险的产品不能适应市场的需要。对处于高速发展的我国来说，社会风险日渐增多，社会对于风险分担的需求高涨，一般的财产保障已然不能适应这一发展趋势，更迫切的是对于责任转嫁和分担的要求。而保险公司推出的责任保险产品与消费者的市场需求还存在一定的差距，难以满足消费者需求是责任保险进一步发展的市场障碍。其二，责任保险相关的专业人才缺乏。在保险业内，精算师队伍几乎可以代表一个公司的产品开发和风险管理水平，进而决定了保险公司的市场地位和竞争能力。我国精算师制度历史较短，具有实务经验的高水准精算师极为缺乏，保险公司的产品开发能力较弱，风险较大。另外，保险代理人和经纪人队伍建设也较为滞后，尤其是那些在保险和专业知识领域都有所长的代理人和经纪人。

第三节　医疗责任保险

近年来，我国的医患关系不断恶化，医疗纠纷不断发生，由此引发的医患冲突悲剧频频上演，尤其是一些"医闹"事件，损及医疗机构正常的工作秩序和医务人员的人身权益，成为影响社会秩序的一大因素，引起人们的广泛关注。其实，导致医患关系如此局面的原因很复杂，包括了很多层面的因素，既有社会总体的医疗卫生资源供给不足的原因，也有医疗体制滞后导致的医疗服务定价机制不合理的因素。但是，我国目前极不完善的医疗责任保险制度也难辞其咎，也被视为引发医患关系紧张的一大肇因。作为实施医疗行为的主体，医务人员具有很强的专业性；同时，由于医疗行为关乎患者的生命安全和身心健康，医疗执业过程中又具有极大的风险性。如果不能建立一套纾解医务人员责任的制度机制，很容易诱发保守医疗等不利于患者病愈的行为。这不仅有损患者的切身利益，还阻滞我国医疗卫生事业的进步和发展。由此，为了保障受害患者的权益，将医务人员从繁重的压力中解放出来，需要借鉴国外实践，建立医疗责任保险制度。医疗责任保险制度具有重要的现实意义，其制度归旨不仅是保障医患双方的利益，还能促进我国医疗卫生事业的健康发展。

然而，我国的医疗责任保险制度发展较为滞后。主要表现在缺乏必要的法律规制，很多地方虽然已经有实践探索，但是做法较为混乱，没有统一的指导；保险费率的厘定和赔偿金额的给付缺乏科学性，不能很好地适应市场需要，导致投保积极性不高，保险产品较为短缺；保费的承担主体机制不完善，商业保险的参与度不足；等等。反观医疗实践，在发生医疗损害后，患者及其家属往往因得不到及时赔付而与医疗机构和医务人员发生冲突，甚至引发一系列的恶性伤人事件，严重危及我国医疗秩序的稳定，不利于医疗科学技术的进步。因此，我们需要对医疗责任保险进行理性地认知和思辨，实现医疗责任保险的法治化。

一、医疗责任保险的界定与缘起

在医疗责任领域引入责任保险形式，旨在实现责任风险的社会化分担，减轻责任主体的经济负担和思想负担，从而对社会风险进行有效的规制。就医疗责任保险的界定而言，可以从其内容和性质予以解读，保险标的的特殊性、制度功能的双重性等都可以为该保险形式的界定提供线索资源；就医疗责任保险的缘起而论，可以从其具体实施的可行性、医疗责任的社会化分担来阐释，医疗责任保险制度的兴起是医疗风险下的责任社会化分担形式。

（一）界定

医疗责任保险实质上是责任保险的具体表现形式，有时也被称为医疗职业保险，意指在一定的约定期限内，作为医疗机构和医务人员的被保险人在从事特定类型的医疗活动时，由于主观上的过失而引致医疗损害，依照相关法律或规定应当由被保险人承担赔偿责任的保险类型。[1]

前已述及，责任保险实质上是把特定的法律赔偿风险作为承保对象，该种保险形式存在的基础是被保险人在约定保险期限内对第三者造成的利益损害。[2]在此语境下，医疗责任保险的承保对象是医疗机构和医务人员在从事与其职业资格相符的特定医疗行为时可能对患者造成的医疗损害。易言之，如果医疗机构或者医务人员在事先购买医疗责任保险的前提下，因自身的主观过失给患者造成了医疗损害，按照法律或者规定应当承担法律赔偿责任时，由保险机构代替医疗机构和医务人员承担损害赔偿责任。质言之，医疗责任保险意味着医疗机构和医务人员把自身的赔偿责任转嫁给了保险公司，在允许的情况下作为受害方的患者可以直接向保险公司行使求偿权。这无疑就提高了损害赔偿的效率，实现了责任承担的优化。

医疗责任保险和其他保险形式类似，一般包含三方当事人，即保险人、投保人和被保险人。医疗责任保险的保险人是指经过国家保监会批准成立的，经营医疗责任保险业务的保险公司；投保人，与保险人相对应，是指与保险人签订医疗责任保险合同并按照合同规定缴纳保险费用，一般情况下医疗责任保险的投保人都是医疗机构和医务人员；[3]被保险人是指当保险合同约定的损害情形发生时，遭受利益损害并因此享有损害赔偿请求权的一方主体。在医疗责任保险主体体系中，存在着相互之间的权利义务关系。就被保险人而言，一方面，被保险人享有向保险人请求支付损害赔偿金的权利，当发生保险合同约定的保险事由后，被保险人可以就此向保险人主张损害赔偿请求权；另一方面，被保险人可以请求保险人行使抗辩参与权，即如果被保险人就损害赔偿事项与第三人发生纠纷或者诉讼时，保险人应当参与到该过程中

---

[1] 参见谭湘渝编著：《医疗责任保险研究》，上海财经大学出版社2008年版，第17页。

[2] 参见邹海林：《责任保险论》，法律出版社1999年版，第30页。

[3] 参见陈玉玲："强制责任保险：我国医疗责任险发展取向"，载《上海金融》2002年第1期。

并行使抗辩权。就保险人而言，主要享有请求投保人按期足额缴纳保费的权利、参与抗辩的权利、请求医疗机构和医务人员采取适当措施以减少医疗损害的权利等，诸多权利的享有和行使既减轻了医方的责任压力，同时又不断督促医方审慎执业，减少因主观过失导致的损害赔偿。

（二）缘起

医疗责任保险的兴起与发展是其内在的生成逻辑使然。在风险社会的背景下，医疗责任保险不仅顺应了责任和风险的社会化分担趋势，还是对医疗风险的有效应对，从而分散了医疗责任的损害赔偿责任，减轻了医疗机构和医务人员的诉讼压力。需要指出的是，医疗责任保险在性质上具有商业保险的属性，在医疗责任领域引入商业保险制度，也彰显出商业保险对医患关系的改造和缓和。

1. 医疗责任保险是一种责任的社会化分担机制

正所谓"正义是社会制度的首要价值"[1]，如何通过合理的制度设计实现社会的正义是一个历久弥新的话题。在古希腊思想家亚里士多德看来，正义可以分为矫正正义和分配正义。前者侧重于通过法律制裁来实现对不轨行为的约束，后者侧重于通过对社会主体权利义务的重置来实现社会的正义。传统的治理路径倾向于矫正正义的逻辑思路，如《中华人民共和国侵权责任法》对医疗侵权行为的规制，主要为受害人提供了诉讼的救济途径，通过法院的生效判决来要求医方承担一定的损害赔偿责任。

从利益平衡的角度来看，医疗责任涉及多方主体的利益，既不能忽视某一方主体的利益，也不能过于强调对一方主体的利益保护。在中国的社会转型中，纵使患者的利益保护被提到顶层设计的高度予以表达，但是医疗机构和医务人员的积极性也要给予足够的重视。如果过于片面地强调对患者利益的保护，无疑会加大医方的经济责任和负担，限制其进行积极治疗和医疗创新的积极性。对于医疗行业这一高风险的领域，通过保险的方式实现风险的分散和转移，是对社会正义理念的实践和落实，[2]也是对社会财富的统筹安排和二次分配。因为医方通过投保，把自身财富的一部分转移给从事医疗责

---

[1] [美]约翰·罗尔斯：《正义论》，何怀宏、何包钢、廖申白译，中国社会科学出版社2010年版，第2页。

[2] 参见梁研："医疗责任保险法律制度研究"，吉林大学2010年博士学位论文。

任保险的保险机构,由其承担受害患者的损害赔偿责任。这一逻辑路径符合对社会弱势群体进行倾斜保护的主旨,也体现了社会风险的分散化承担,也进一步对社会资源和财富进行合理分配,彰显了社会正义。

2. 医疗责任保险是一种医疗风险的有效应对方式

伴随着医疗科技的进步,医疗领域的不确定性增加,医疗风险系数也随之增大。新形势下的医疗风险具有客观性、成因的复杂性和表现形式的多样化等特点,同时还会对患者生命健康权、医疗机构的正常运营、医疗秩序的维护和医疗技术的进步造成不当影响。[1]因此,寻求适当的路径以规制医疗风险成为新时期医疗界域内的新任务。

加强对医疗风险的控制,当然离不开一些非正式制度的建立。比如,加强对医务人员的道德教育,不断提高医德水准;将医务人员的素质水平纳入考核体系,为其适当医疗提供行为激励;提高岗位的准入门槛,并加强对在职人员的继续教育和专业培训,从源头上保证医务人员的素质水平,等等。除此之外,尤其重要的还有要建立行之有效的风险资本体系,典型的代表就是医疗责任保险制度。医疗责任保险的核心思路是资本的转移与责任的分担,是妥善解决医疗侵权事件的重要方法。一方面,医疗责任保险可以减轻医疗风险对受害患者的损害。发生医疗侵权事件后,医疗责任保险使得多方主体进行赔付成为可能,受害患者甚至可以直接请求保险人进行损害赔偿。如此一来,可以最大限度地保护受害患者的合法权益,显示出对弱势群体一方的人文关怀。另一方面,可以通过医疗责任保险建立一套较为完善的医疗纠纷解决机制。医疗责任保险集结了大量的医疗机构,给了保险机构运用大数法则[2]和概率论原理进行风险管理的契机,[3]大大提高了社会对医疗风险的抵御能力和经济赔偿能力。

3. 医疗责任保险体现了商业保险对医患关系的改造

前已述及,医疗责任保险是应对医疗风险的一种具体举措,实质上是一种风险控制与管理的技术。其实,医疗风险在表现形式上具有多样化的特征,

---

[1] 参见郭永松、华淑芳:"医疗风险、责任与对策",载《医学与哲学》2003年第4期。

[2] 大数法则是保险机构经营的重要原则,意即保险机构在运营过程中,并不要求每一单项交易都能够获利,只要求其在整体上能够获利即可。

[3] 参见余艳莉、朱少铭:"医疗风险防范与化解新趋向",载《医学与哲学》2003年第4期。

需要根据不同的外在形式和承担主体来确定不同的风险应对措施，也就是说，我们在处理医疗风险时，要确立"多层次、立体化的医疗风险分担机制"。[1]所谓"多层次、立体化的医疗风险分担机制"，就是要发挥政府、社会和市场等多个主体的积极作用，形成一套完整的协调机制，建立全社会应对医疗风险的一种缓冲机制，实现医疗风险的"软着陆"。[2]其中，商业保险在多层次分担机制中扮演着重要的角色，因为商业保险提供的不仅仅是产品，更重要的是它可以凭借专业的技术向医疗机构、医务人员和患者提供增值服务，提供管理风险的专业意见。[3]虽然商业保险并不适用于所有的医疗风险管理，但是我们仍然不能忽视其保险产品的供给者和风险管理服务的提供者这一双重角色。

医疗责任保险主要是以商业保险的形式出现，是商业保险的重要表现。长久以来，因医疗侵权引发的损害不断发生，使得医患关系日趋紧张，医患矛盾不断升级，这种异质化的医患关系严重降低了医患双方的信任度，成为保守医疗、"医闹"等现象的深层次原因。寻求一种顾及双方利益、全面稳妥的解决医疗侵权事件的新形式，[4]是重塑医患关系、促进医疗事业发展的当务之急。以商业保险形式呈现的医疗责任保险制度，对于维护医患双方的利益、顺利解决医疗损害问题有着积极的意义。一方面，医疗机构和医务人员通过投保转嫁了责任风险，减轻了潜在的经济负担，可以切实站在患者的立场适当地从事医疗活动；另一方面，医疗责任保险提高了医疗损害的赔偿效率和力度，真正维护了受害患者的经济利益，这从根本上增加了对医疗机构和医务人员的心理依赖和信任感。因此，商业保险的引入，使得医疗责任保险进一步规范化运行和普及，切实改善了医患双方的关系。

---

[1] 参见王琬："商业保险参与多层次医疗风险分担机制的构建"，载《中国人民大学学报》2013年第1期。

[2] 参见肖柳珍：《中国医疗损害责任制度改革研究》，中国政法大学出版社2014年版，第65页。

[3] 在"风险社会"这一概念不断强化的背景下，风险管理理论也在不断地进化，目前已经完成了从"危害风险管理理论向全面风险管理理论的嬗变"，商业保险的职能也随之发生改变，不再仅仅是提供损失的补偿，更重要的是提供资本的运营、保护资产等增值服务。因此，商业保险在现代风险管理体系中的作用越来越重要。参见刘新立：《风险管理》，北京大学出版社2006年版，第32页。

[4] 参见王琬："医疗责任保险需求分析"，载《湖北社会科学》2008年第11期。

二、医疗责任保险的可行性分析：基于法经济学视角的分析

医疗责任保险的可行性，主要取决于其经济效益的理性分析。就医疗责任保险所涉及的主体来看，主要包括医疗机构和医务人员、受损害的患者一方、保险机构、医疗事业本身和受其影响的社会公共秩序，对医疗责任保险的经济效益分析也要从以上几个视角分别进行认识。具体而言，医疗责任保险具有很强的正外部性，对医疗机构和医务人员、患者和社会都有着非常重要的积极意义；从医疗机构和医务人员对风险的态度和医疗事业本身来看，医疗责任保险也有着其内在的发展驱动力；从保险费用和保险金额的配置来看，如果二者搭配得当、设计合理，对于医疗责任保险的规模化推广也大有裨益。

（一）外部性语境下的医疗责任保险制度

从时间上来看，我国医疗纠纷增加有着时代性的特征，进入20世纪90年代以后医疗纠纷和医患关系开始恶化。这是因为之前医患双方在信息的占有上极不对称，患者对医疗机构和医务人员极为信赖，医疗纠纷的发生概率比较小，即使发生医疗损害结果大部分也由患者来承担。但是，进入新时期以来我国医疗技术不断进步，医疗风险不断增大，患者对医疗机构和医务人员的信任度不断降低，[1]医疗纠纷的发生概率急剧增加。在此背景下，医疗责任保险作为解决医疗纠纷的有效之道进入社会公众的视野。

医疗责任保险制度的正外部性主要体现在以下几个方面：第一，就保险的购买方而言，如果不存在信息分配的不均，由患者一方自行购买医疗责任保险和医疗机构投保在结果上没有实质性的差别。但是，如果考虑到医疗信息的不对称性，就应该由医疗机构和医务人员购买医疗责任保险，因为如果由患者投保，很可能会出现保险不足或者保险过度的情形，[2]无形中加大了保险运作的成本，降低了其效率。第二，就医疗纠纷的解决来看，医疗责任保险降低了纠纷解决的成本，提高了纠纷解决的效率。如果没有医疗责任保险，一旦发生医患纠纷并且患者提出赔偿请求或者诉至法院，医疗机构都需

---

[1] 参见董兴建："医患关系的法律调整原则研究"，载《法律与医学杂志》2001年第2期。

[2] 参见罗熙、何国强："论医疗责任保险——从法律经济学的角度切入"，载《政法学刊》2010年第3期。

要耗费大量的人力、物力和财力去解决，不管通过何种途径都会导致资源的大量浪费。但是，医疗责任保险的出现可以使受损害的患者顺利地得到赔偿，理顺了纠纷解决的渠道，为患者提供了多元化的权益救济途径，[1]大大降低了纠纷的处理成本。第三，对整个社会来说，医疗责任保险也有着积极的作用。一方面，医疗服务一直是政府基本公共服务的重要组成部分，医疗纠纷也是政府近年来着力解决的重要社会问题，由医疗责任保险来解决医疗纠纷引发的赔偿问题，避免了私主体风险的社会化，减轻了政府的社会管理负担；另一方面，由医患关系的紧张而引发的一系列事件被视为影响社会稳定的重要因素，医疗责任保险通过妥善解决医疗纠纷，缓和了紧张的医患关系，从而节约了大量的"维稳"成本，[2]促进了社会的和谐稳定。

（二）医疗责任保险的买方心理驱动

纵使医疗责任保险有着上述诸多优势，但是如何提升医方对医疗责任保险的认可度，如何引导其对医疗责任保险购买的积极性呢？医疗机构大多为实体经营者，以组织的形式存在，追求长久的制度生命和组织生命，为了规避潜在的医疗风险和经济赔偿风险，医疗机构往往会倾向于购买一定的责任保险，以应对不确定的医疗纠纷所引发的经济赔偿责任。其实，医疗资源在数量上是有限的，要在数量有限的资源范围内提高运营的经济效益和社会效益，必须提高医疗资源分配的合理性和运行效率。[3]适当的医疗责任保险费用设计，可以促使医方提高注意水平，督促其合理医疗，在成本收益的边界上从事医疗行为，进而合理控制医疗损害事件的发生。医方以适当的经济支出换取了保险机构对其行为的注意和监督，同时提高了医疗行为的注意意识，也是对医方所占有资源的有效利用。

实际上，医疗责任保险的可行性还可以从医疗事业本身的性质得以印证。如前所述，医疗行为的对象是患者的生命和健康，本身就充满了风险，医方在从事医疗行为时会面临较大的精神压力和经济压力，即使付出再多的注意也难以避免医疗损害事件的发生。通过购买医疗责任保险，可以减轻医方的负担，为其医疗创新提供适当的行为激励，促进医学事业的发展。这其中有

---

[1] 参见姜国和："医疗风险与风险转移"，载《中国医院》2002年第3期。

[2] 参见陈玉玲："强制责任保险：我国医疗责任险发展取向"，载《上海金融》2002年第1期。

[3] 参见史羊栓："医疗责任保险的法律构筑"，载《中国卫生事业管理》2001年第7期。

着比较明晰的逻辑关系。其一，各种高新科技不断应用于医疗领域，新的医疗科技发明不断面世并应用于医疗实践中，在提高治疗水平、改善治疗局面的同时，也存在着很大的不确定性，医疗风险随之加大，[1]医疗纠纷也不断增加，医方面临着越来越多的医疗损害赔偿。[2]其二，医疗科技的发展，无形中增大了患者对医方的信任程度和依赖性，这就要求医务人员要以更高的注意水平从事医疗行为，社会对于医务人员医疗过失的容忍度越来越小，医方的压力与负担不断升级。这些情形的出现都会促使医方寻求风险转移的新路径，"医疗责任保险的生存空间愈发增大"，[3]具有很强的可行性。

三、我国医疗责任保险的法治化需求

医疗责任保险虽然有前述的诸多优势和现实的可行性，但是医疗责任保险是一个系统性工程，需要各方面社会因素的配合。在我国建设"法治中国"的现实环境下，医疗责任保险的法治化不仅是中国社会现代化进程的一部分，而且还承载着实现民生目标和法治目标的双重使命。对于医疗责任保险的法治化需求而言，首先要厘清我国目前医疗责任保险法治实践的困境，然后再结合医疗责任保险的影响因素进行系统整合，以探寻其法治化需求。

（一）医疗责任保险的现实困境

相比而言，我国医疗责任保险在发展时间和发展水平上都存在较大的差距。[4]究其原因，主要有以下两个方面：

一方面，从文化传统和保险意识来看，我国历来对保险业存有偏见，社会保险意识的匮乏成为阻滞医疗责任保险发展的深层次制约因素。比如，医疗机构对于医疗责任保险的需求超出了该保险的覆盖边界，其想得到的不仅仅是经济赔偿金的转嫁，而是想"从医疗纠纷中彻底解脱，不再投注精力和时间于医疗纠纷的解决上"[5]，这就说明医疗机构本身缺乏对医疗责任保险的正确认识。

---

[1] 参见吴崇其主编：《卫生法学》，法律出版社2005年版，第356页。

[2] 参见张云林等："我国医疗责任保险发展现状"，载《中国医院》2007年第9期。

[3] 参见范贞："医疗责任保险的思考"，载《法律与医学杂志》2007年第3期。

[4] 参见乔世明："我国医疗责任保险模式之探讨"，载《中南民族大学学报》（人文社会科学版）2006年第3期。

[5] 参见杨静毅：《医疗侵权的经济分析》，法律出版社2013年版，第218页。

另一方面，我国的医疗责任保险起步较晚，在保险技术和专业人才上存在较大的缺口。医疗责任保险兼具医学和保险学的双重属性，专业性极强的医学对医疗责任保险的设计提出了很高的技术性要求，而我国目前缺乏精通医学、法学和保险学专业知识的综合性人才，大大限制了我国医疗责任保险的深入发展。[1]比如，前述保险费用和保险金额是影响医疗责任保险的重要因素，如果保险费用和保险金额不合理，要么打击医方的投保积极性，要么会引发道德风险。我国目前对保险费用和保险金额的规定是根据医疗机构的规模计算的，而非出自对风险的预测和管理，显示出保险技术的落后，限制了医疗责任保险的发展。

（二）我国医疗责任保险的法治化需求

医疗责任保险关涉多方主体的根本利益，对社会的稳定和医学事业的进步影响较大。要实现医疗责任保险的法治化，需要从不同的视角加以认识。

第一，加强宣传教育，引领社会公众走出对保险业的认识误区，在全社会形成有助于保险业发展的意识环境。这就要求相关政府部门和保险机构加大宣传力度，向民众灌输风险意识和保险意识，[2]使民众真正认识到医疗责任保险的重要性和有益性。但是，要让医患双方积极参与到医疗责任保险中，必须让其在此过程中真正受益，只有减轻了患者的经济负担和提升了理赔效率，医患双方才会认识到医疗责任保险的益处。因此，根本措施在于通过合理的保险制度设计，实现多方主体的共赢局面。另外，要推进医疗责任保险的法制化，提高医疗责任保险法律表达的层面。只有从法律上对医疗责任保险的运行和地位予以确认，才能使所涉主体的权利义务关系得以明确，减少行政部门和政府政策性因素的不当干预，确保医疗责任保险运营的独立性，降低由于政策的不确定性带来的系统风险。

第二，建立多种模式相配合的医疗责任保险，实现优势互补、协调发展。医疗责任保险根据需求主要有三种模式，即商业保险型、行业互助型和政府主导型，三种模式各有优劣、不可替代。根据我国医疗责任保险的发展现状和现实国情，我国医疗责任保险的模式应当以政府主导型为主，即推行强制医疗责任保险。该模式以卫生行政机关为依托，借助于政府的公权力和保险

---

[1] 参见彭华："对医疗责任保险的几点思考"，载《中国医院》2005年第6期。
[2] 参见魏华林、林宝清主编：《保险学》，高等教育出版社1999年版，第34页。

商业联盟，可以促进医疗责任保险的推广速度，提高医方的投保率，形成规模效应，降低医疗纠纷的处理成本。与此同时，为了克服强制性医疗责任保险限制竞争、限制选择权的缺陷，还应当适当引入互助型保险和商业型保险模式。对于互助型医疗责任保险而言，由于我国尚未形成行业自我约束的传统，[1]可以考虑在局部进行试点，建立地区性的互助型医疗责任保险机构，积累经验、慢慢推广；对于商业型医疗责任保险而言，由于其符合市场原则，可以为医方提供更自由的选择权，较前两者更有活力，其较高的保险金额可以在外科、产科等风险较高的医疗领域内得以发展。

---

[1] 参见戴庆康："英国医生互助性责任保险述评"，载《南京医科大学学报》（社会科学版）2003年第1期。

第二章
医疗责任保险的法律制度框架

在"法治中国"的宏观语境下，社会治理的法治化是提高治理能力的应然图景，通过法律治理的社会运行是实现"法理型治理模式"的重要路径。[1]按照法律分析的理路，构建医疗责任保险的法律制度框架，首先要明确其法律关系的主客体构造，并对主体之间的权利义务关系进行明晰的界定，包括明确对其权利和义务的归属、设计必要的权利救济机制；同时，还要从多个维度构建医疗责任保险的法律文本体系，涵盖多层次的立法层级、制度的指导理念和原则、制度的内容概要等方面。

第一节 医疗责任保险法律关系之主客体构造

主体和客体的关系与界定是一对基本的哲学范畴，也是一对基本的法学问题。法律上的主体，是权利的享有者和义务的承担者，是抽象法益目标的承载；法律上的客体，是主体所指向的特定利益的寄托，是对社会关系和利益的升华。[2]医疗责任保险在性质上属于保险的范畴，同时也有着其自身的独特性，在对其主体、客体及其关系进行构造时，既要遵循保险和责任保险的一般规律，又要考虑到医疗责任保险的特殊性。

一、医疗责任保险法律关系主体的界定

按照保险合同的一般理论，根据主体与保险合同之间发生关系的方式，

---

[1] 所谓"法理型治理"是德国思想家马克斯·韦伯对社会治理的主要观点，在治理手段上，强调对法律途径的依赖；在治理模式上，注重治理态势的"常规化和制度化"。简言之，法律是促进社会运行的规范化、改善治理能力的重要维度。参见[德]马克斯·韦伯：《支配社会学》，康乐、简惠美译，广西师范大学出版社2004年版，第45页。

[2] 参见文正邦："论主客体统一———法律实践的一个中心问题"，载《华东政法学院学报》2000年第2期。

保险合同的主体可以分为直接主体和间接主体。直接主体是指保险合同的直接关系方，即签订保险合同的双方当事人，包括保险的投保人（购买方）和保险人（出售方）；相应地，间接主体是指保险合同的间接关系方，虽没有直接参与保险合同的签订，但是与其利益有着密切关联，包括被保险人和受益人。[1]医疗责任保险法律关系的确定也是通过医疗责任保险合同来完成的，医疗责任保险法律关系的主体也要在保险合同的一般框架内进行界定。具体而言，医疗责任保险法律关系的主体主要包括保险人、投保人、被保险人和受益人，前两者是直接关系方，后两者是间接关系方。

（一）投保人

关于医疗责任保险投保人的范围与界定，需要从事实和法律的视角对医疗行为的实施主体和收益归属进行分析。[2]一方面，从事实上来看，从事医疗行为的主体是医务人员，专指那些具有专业知识和资质的医生、护士，还包括对患者发生直接医疗关系的其他人员。虽然患者直接到医疗机构就医，但是具体的医疗行为是由医务人员来实施的，医疗责任保险界域内的医疗损害行为也是由于医务人员的医疗过失所引发的。因此，医务人员是事实上的实施主体。另一方面，从法律上来看，医务人员的医疗行为并不能脱离医疗机构而独立存在，医务人员与医疗机构构成法律上的雇佣关系，医务人员所从事的医疗行为实际上是职务行为。按照国际通行的做法[3]结合我国的实践，医疗机构应该承担医务人员的职务行为所引发的责任。[4]但是，根据我

---

[1] 参见李玉泉编：《保险法》，法律出版社2003年版，第48~63页。

[2] 从不同的立场对同一行为进行分析会有不同的结论，一般而言，事实和法律是考虑问题的常用视角。就医疗行为而言，事实上的行为主体与法律上的结果承担主体并非完全一致，一旦不能全面地分析容易造成主体界定的不明晰，造成投保人的责任界限不清，不利于医疗责任保险的推广。

[3] 英美法认为，雇主应该对雇员的职务行为负责，在此理论的指导下，英美法国家认为医疗机构是医疗责任的承担者；德国法在此问题上曾持有异议，曾经一度认为由医疗机构承担损害责任会加大其负担，遂主张医务人员对其自身的医疗行为负责，但是这种做法的实际效果并不理想，反而不利于患者利益和社会公共利益的维护，也实现了责任主体的转变。因此，目前国际上对此问题的实践做法趋于一致，即都认为应该由医疗机构作为责任的承担主体。参见梁研："医疗责任保险法律制度研究"，吉林大学2010年博士学位论文。

[4] 对此，我国民法对雇主与雇员的责任承担问题有着明确的规定。比如，《中华人民共和国民法典》第62条第1款规定："法定代表人因执行职务造成他人损害的，由法人承担民事责任。"另外，在学界的研究中，对"雇主对其雇员的职务行为应当承担责任"也已达成共识。参见柳经纬、李茂年：《医患关系法论》，中信出版社2002年版，第161~162页。

国目前的实际情况,并考虑到保险的行为激励作用,我国应当建立多元化的投保人主体制度。具体而言,由医疗机构承担大部分的保险费用,国家出于社会公共利益的考量也应当承担部分保费,医务人员承担一定程度的职业责任保险费用可以为其适当行为提高行为激励。就此,形成了由政府、医疗机构和医务人员组成的投保人体制框架。

（二）保险人

医疗责任保险的保险人,也被称为承保人,是与投保人相对应而存在的主体,收取投保人的保费并承担保险责任,如果发生法定或约定事项需要承担给付保险金责任的保险机构。由保险机构作为医疗责任保险的承保人是有着事实上的支撑的。首先,医疗责任保险有着较大的市场需求。如前所述,医疗责任保险的施行,有助于保障受害患者的切身利益,从根本上缓解紧张的医患关系；有助于减轻医疗机构和医务人员的心理负担,维持医疗秩序。鉴于医疗责任保险的现实意义,医疗责任保险作为一种保险产品具有广阔的市场前景。其次,保险机构有着专业的保险技术。保险机构拥有专业知识的人员,能够合理地运用大数法则,对于医疗责任保险这一新兴产品的研究和运用更为专业,由其作为承保人更为稳妥。最后,保险机构开设医疗责任保险有着诸多现实意义。综观国际领域的通行做法,医疗责任保险已趋成熟,而我国受制于保险市场机制的不完善和保险观念的落后,医疗责任保险的发展态势并不乐观。因此,通过专业的保险机构推行医疗责任保险,无疑会提升我国保险企业的国际竞争力。同时,还释放了医疗责任保险的正外部性,维护社会公共利益。

（三）被保险人

被保险人是保险利益的继受人,一旦因其行为要对第三人承担损害赔偿责任,有权向保险人请求支付赔偿金。由此可见,被保险人的利益受到保险合同的有效保障,不论是保险事故的受害者,还是保险事故的引发者,都可以向保险人主张请求权。我国相关法律和规定也都对被保险人作出过具体的规定,[1]医疗责任保险的被保险人界定为医疗机构和医务人员。但是,我国

---

[1]《中华人民共和国保险法》第12条第5款规定:"被保险人是指其财产或者人身受保险合同保障,享有保险金请求权的人。"就医疗责任保险的被保险人而言,我国现有的几大保险公司都有明确的规定,内容和范围上大同小异,比如,中国人寿保险公司曾经出台过《医疗责任保险条款》,其中规定"凡是依法设立、有固定场所的医疗机构及经国家有关部门认定合格的医务人员,均可作为本保险的被保险人"。

目前的实际国情决定了医务人员并不适合作为医疗责任保险的被保险人。这主要是因为我国民事法律规定的限制。发生医疗侵权事件后，替代赔偿责任是主要的承担方式，即医务人员虽然为事实上的侵权主体，但是赔偿责任由医疗机构来承担。[1]这是因为医务人员和医疗机构之间形成的是一种雇佣关系，根据我国民事诉讼相关司法解释，雇员的职务行为应视为雇主的行为，由雇主来承担责任。因此，医务人员并不是法律上的责任主体，不宜将其作为被保险人。

（四）第三受益人

医疗责任保险实际上是第三人保险，即第三受益人有权依照法律或者保险合同约定，向保险人请求给付赔偿金的受害人。医疗责任保险的第三受益人和其他保险合同中的第三受益人有很大区别，其中之一就是界定的时间不同。一般保险中，第三受益人在保险合同签订时就已经被指定了；而医疗责任保险的第三受益人，只有当发生医疗侵权事件时，才能界定。第三受益人的设立有着明显的"倾斜保护"的立法意图，在医疗侵权事件中，受害患者在信息、经济实力等方面都处于明显的劣势，属于典型的弱势群体。通过医疗责任保险的第三受益人，可以迅速有效地弥补受害患者的利益损失，体现了法律的人文关怀，彰显医疗责任保险的权利维护。[2]

二、医疗责任保险法律关系客体的外延

医疗责任保险的保险责任，专指在合同约定的医疗侵权事件发生后，保险人所应承担的经济赔偿责任。保险责任是医疗责任保险法律关系的客体，是连接各个主体的核心要素，是保险人对被保险人或者第三受益人进行经济赔偿的依据，同时也界定了被保险人或者第三受益人进行保险理赔的范围。因此，保险责任的界定离不开以下条件的限制：其一，强调保险合同的重要性，即引发责任的损失和事件在合同约定的范围以内，属于保险责任的范围；其二，在时间上，要求保险事故发生在合同约定的保险期限以内；其三，在

---

[1] 参见曾言、李祖全：《医疗责任强制保险制度研究》，湖南师范大学出版社2009年版，第130页。

[2] 参见吕群蓉、蔡川子："论医疗责任保险保费的承担主体"，载《福州大学学报》（哲学社会科学版）2013年第3期。

保险金额上，经济赔偿金的承担要以既定的保险金额为限度。具体而言，医疗责任保险保险责任的认定要符合以下条件：

首先，在主观态度方面，医疗责任保险的保险责任是因医务人员的医疗过失所引发的民事赔偿责任。医疗责任保险的承保范围仅限于因医疗机构或医务人员的医疗过失所引发的人身或者财产损失，对于因主观故意所造成的损害责任则在所不论。因为对于被保险人来说，引发保险责任的事件一般都是其主观意愿以外的事件，正是因为该事件的发生，会给被保险人造成经济上的不利损失。[1] 如果把因主观故意的医疗侵权也纳入医疗责任保险的范围以内，会增加医疗机构和医务人员的道德风险，对患者的生命安全和身心健康构成威胁，不利于社会秩序的稳定。[2] 因此，因主观故意所造成的医疗损害属于刑事责任的范畴，超出了医疗责任保险所要保障的利益范围。

其次，在损失结果方面，医疗责任保险的保险责任之形成要以受害患者人身损害的事实为要件。医疗责任保险的损害事实，主要是指因医疗机构或医务人员的主观过失给患者一方的生命安全和身心健康造成的损害，包括器官损害、残疾、死亡等不利的事实后果。如果没有事实上的人身损害后果，受害患者就不会遭受经济损失，被保险人也就不存在所谓的经济赔偿责任，保险人自然就不会收到理赔请求，保险责任便不复存在。

最后，在保险范围方面，医疗责任保险的保险责任需要明确保险金的涵盖范围。医疗责任保险所认可的保险金包括受害患者的医疗费、误工费、住院伙食补助费、护理费、死亡或残疾赔偿金、交通费、精神损害抚慰金、被扶养人生活费、营养费、住宿费、丧葬费等一系列费用。除此之外，还应包括因医疗纠纷所引发的诉讼费、仲裁费、律师代理费等事件的法律成本。

第二节 医疗责任保险法律关系之权利义务系属

法律权利是指社会主体享有的法律确认和保障，法律权利的设定给了社会主体追求某种正当利益的行为自由；法律义务是指，"社会主体根据法律的

---

[1] 参见梁宇贤：《保险法新论》，中国人民大学出版社2004年版，第205页。
[2] 参见李玉泉编：《保险法》，法律出版社2003年版，第180~185页。

规定必须作为或者不作为"[1]。法律权利和法律义务是对应而存在的，共同处于法律关系的统一体中。"没有无义务的权利，也没有无权利的义务。"[2]在特定的法律关系中，法律权利的享有要以法律义务的履行为前提，法律义务的履行要以法律权利的享有为基础。因此，社会中的权利和义务是对等设置的。为了保障权利所指向的利益得以实现，除了设置相应的义务之外，还要求具备权利救济机制，没有救济的权利是没有保障性可言的。在医疗责任保险法律关系中，需要以权利义务的设置为核心，明确各个法律关系主体的权利义务范畴；同时，厘清权利主体的权利救济逻辑，提供多样化的救济途径。

一、权利义务设计

法律关系主体是权利的享有者，同时也是义务的履行者，在对医疗责任保险法律关系的权利和义务范畴进行界定时，要以法律关系主体为核心，对各主体分别进行诠释。

（一）投保人的权利和义务

作为医疗责任保险合同的主体之一，投保人的角色主要由医疗机构来扮演，其权利主要体现在两个方面：第一，要求保险人支付医疗损害经济赔偿金。一旦发生合同约定或者法律规定的医疗侵权事件，第三人（受害患方）会向医疗机构索取经济赔偿，医疗机构垫付以后有权要求保险人支付相应数额的赔偿金。需要说明的是，在请求支付的时间上比较灵活，即使在投保人支付给第三人赔偿金之前，投保人仍然享有请求给付权。第二，有权要求保险人参与针对第三人的抗辩。抗辩参与权是指当第三人与被保险人就医疗损害侵权发生诉讼时，保险人应当为被保险人的利益参与抗辩。为投保人设置该权利减轻了其应对受害患方索赔时的压力，一定程度上维护了投保人的利益。[3]

在享有权利的同时，投保人还需履行以下相应的义务，主要体现在以下

---

[1] 付子堂主编：《法理学进阶》，法律出版社 2010 年版，第 25~29 页。

[2] 中共中央马克思恩格斯列宁斯大林著作编译局编译：《马克思恩格斯选集》（第 2 卷），人民出版社 1995 年版，第 610 页。

[3] 参见邹海林：《责任保险论》，法律出版社 1999 年版，第 290~299 页。

三个方面：第一，按照合同规定的期限交付保费的义务。投保人是保险合同的订立方，如期交付保费是其最基本的义务。第二，说明和告知义务。说明义务是医疗机构和医务人员在实施医疗行为时的基本义务，需要对所实施的行为及其可能的后果进行充分的说明；告知义务要求投保人在接到第三人的赔偿请求之后，务必在一定期限内通知保险人。第三，合理的注意义务。医疗机构和医务人员在实施医疗行为时，要尽到谨慎的注意义务，尽量避免医疗侵权事件的发生；同时，制定应急处理预案，将侵权损失降至最低，以防范因医疗责任保险所引发的道德风险。

（二）保险人的权利和义务

保险人与投保人相对应而存在，二者共同构成医疗责任保险合同的主体。就保险人的权利而言，主要体现在以下三个方面：第一，请求投保人按期支付保费的权利。此乃保险合同所赋予保险人的最基本的权利，投保人按期缴纳保费的义务正是对应了保险人如期收取保费的权利。第二，保险人有权参与第三人和投保人的侵权纠纷处理程序。如前关于投保人权利的阐述，投保人有权要求保险人履行抗辩义务，此为对该义务的进一步解读，参与纠纷处理和抗辩，既是保险人的义务，也是保险人的权利。通过对纠纷处理程序的全程参与，可以防止被保险人实施欺诈行为以骗取保险金，从而维护保险人的自身利益。[1]第三，有权要求投保人积极履行注意义务。医疗责任保险的保险范围是主观过失所导致的医疗损害，通过医疗机构和医务人员的合理注意，该种医疗损害的发生概率可以降低。因此，保险人有权利督促投保人进行合理行为，以降低医疗损害的发生概率。

就保险人的义务而言，主要体现在以下两个方面：其一，签订合同时的说明义务。保险合同具有很强的专业性和技术性，非专业人员很难完全理解其深意；加上很多条款都具有格式条款性质，如不给予明确、清晰的解释，很容易侵犯投保人的知情权。因此，保险人在签订保险合同时，要对合同中所包含的专业术语、除外责任负有说明义务。其二，一旦发生约定或者法定的医疗损害事件，保险人要及时理赔。对所发生的损害进行赔偿是保险人最主要的义务，既可以向投保人理赔，也可以向第三人理赔。但是在理赔过程中，都要求对方出具相应的单据，如保险合同、索赔申请、医疗损害责任鉴

---

〔1〕 参见刘宇："关于医疗责任保险的探讨"，载《中华医院管理杂志》2005年第5期。

定报告、生效的法律文书等。

(三) 被保险人和第三受益人的权利和义务

在医疗责任保险中，被保险人是指投保的医疗机构，并不包括医疗机构的医务人员在内。因为我国的医疗损害赔偿责任的承担者是医疗机构，医务人员虽然是事实上的行为主体，但是并不直接参与医疗责任保险合同，没有保险金的请求权。因此，关于被保险人在医疗责任保险中的权利和义务，具体可以参见前述关于投保人的权利和义务之阐述，在此只探讨第三受益人的权利和义务。

医疗责任保险在转移医疗机构的损害赔偿责任的同时，还加强了对第三受益人利益之保障。通过被保险人和保险人双重赔付机制的制度设计，使受害患者的利益损害得到最大化的弥补。但是，如果被保险人拒绝赔偿或者失去了赔偿能力，第三受益人的利益保护途径便会受阻。因此有必要疏通权利救济渠道，允许第三受益人享有对保险人的直接请求权。具体而言，在医疗损害事件发生后，可以赋予第三受益人针对保险人的直接给付赔偿金的请求权，第三受益人也有权直接从保险人处受领经济赔偿金，而不必经过投保人，提高其维权的效率，降低其维权的成本；如果保险人拒绝给付，第三受益人可以通过法律途径解决，即第三受益人的给付请求权是受司法保护的。这样可以实现在医疗机构购买医疗责任保险后，医疗机构所期待的医疗纠纷的外部化解决。

在承认第三受益人诸多权利的同时，还需要求其承担相应的义务。比如，发生医疗损害事件以后，首先要积极地配合医疗机构和保险人进行相应的医疗损害责任鉴定，准确地界定医方是否存在医疗过错、医方的医疗过错与患方的损害后果是否存在因果关系及参与度，以为后续的理赔提供必要的证据；向保险人行使直接给付请求权时，要出具必要的单据和证据，包括病历资料、医疗损害责任鉴定意见书等。

二、权利救济逻辑

一般而言，公力救济和私力救济是权利救济的基本途径和逻辑，但是从多功能主义的视角出发，要实现权利救济的有效性，需要对包括公力救济和私力救济在内的多种定分止争的方式进行整合，这无形之中也提升了社会权利救济的法治化。[1]医疗责任保险关乎多方主体的根本利益，实际效用的有效发挥有助于维护社会稳定，因此尤其要注重对权利的救济和保障，以最大限度地释放其正外部性。

权利救济的多元化要求纠纷解决方式的合理化配置。在医疗损害领域可以引入 ADR（Alternative Dispute Resolution）的概念，直译为"替代性纠纷解决方式"，泛指诉讼制度以外的非诉讼纠纷解决机制。[2]我国"无讼"的法律文化基础、医疗纠纷的特殊性都使得 ADR 成为解决医疗纠纷的捷径。具体而言，可以通过以下途径进行制度的构建。首先，法院等司法机关可以附设 ADR，形成与原有调解、诉讼制度相辅相成的协调机制，可以将其视为医疗纠纷案件的前置程序，对一些利益冲突复杂的医疗纠纷强制适用 ADR，为医疗纠纷的妥善解决提供缓冲；其次，发挥第三方调解委员会、医事或卫生法学研究机构的作用，如各地成立的医疗纠纷第三方调解委员会、医事或卫生法学会等，这些组织具有行政性组织所不可比拟的优势，包括利益判断的中立性、纠纷解决方式的多样化、人员队伍的专业性、解决成效的公信力高等，如果应用得当，可以促成纠纷的有效解决，节约司法成本。

第三节 医疗责任保险法律制度之法律文本构造

毋庸讳言，医疗责任保险制度具有很强的正外部性，对于医患双方和社会公益都具有现实意义，践行了风险的社会化分担机制。为了实现医疗风险转移的高效和便捷，有必要加强对医疗责任保险的法律规制，[3]明确基本原则、健全法律体系，使其沿着经济、理性的轨道运行。

一、制度的立法层级

目前，医疗责任保险主要受《中华人民共和国保险法》和地方性法规及规章规制，《中华人民共和国保险法》只适用于"商业保险行为"，使医疗责

---

[1] 参见贺海仁："从私力救济到公力救济——权利救济的现代性话语"，载《法商研究》2004年第1期。

[2] 参见范愉："当代中国非诉讼纠纷解决机制的完善与发展"，载《学海》2003年第1期。

[3] 参见申曙光、肖尚福："对我国实行强制医疗责任保险的思考"，载《上海保险》2006年第2期。

任保险的适用性受到限制；地方性法规及规章的规定不一，内容很难统一，同一地方的立法主体也不尽相同，难免会引起冲突。[1]因此，国内的立法现状很可能成为制约医疗责任保险发展的制度性因素，需要在更高效力层级上进行法律表达，制定"医疗责任基本法"，对医疗责任保险进行统一规范。

具体而言，可以从以下几个方面完善法律的规定：第一，明确医疗损害的责任承担主体。医疗机构是法律意义上的责任承担者，医务人员虽然因过失导致医疗损害，但是其职务行为的后果却由所在的医疗机构承担。因此，为了提高医务人员的注意义务，在加强内部纪律约束的同时，还应该引入事后追偿机制，医疗机构承担经济赔偿责任以后，可以向当事的医务人员进行追偿。一方面，督促医务人员合理行为，提高注意义务，减少医疗损害事件的发生；另一方面，完善了损害赔偿机制，分散医疗机构的经济负担。第二，明确规定医疗损害责任鉴定制度。[2]医疗损害责任鉴定是划分医疗责任保险各主体责任的重要依据，是被保险人和第三受益人进行保险理赔的重要证据。因此，需要进一步地完善医疗损害责任鉴定制度，实现鉴定主体的单一化和专业化，确保医疗损害责任鉴定的权威性。第三，完善对医疗责任保险具体内容的规定。对医疗责任保险的赔偿标准问题进行统一，包括医疗损害的赔偿范围、数额和方式，限制精神损害赔偿的适用，实现医疗损害赔偿的客观性和可视化。

二、制度的基本原则

医疗责任保险制度是医疗法规体系的重要组成部分，在确定立法的基本原则时，不仅要遵守宪法、保险法、医事法等上位法的要求，也要体现医疗责任保险本身的规律和目标。

首先，要坚持与上位法保持一致的原则，实现与法律体系的整体协调。宪法是我国的根本大法，规定了公民和法人的基本权利，决定着其他法律法规的制定与执行，医疗责任保险是对宪法抽象规定的细化，其立法自然也要受宪法的约束；同时，医疗责任保险立法还应与民法、民事诉讼法等基本法保持一致，实现与部门法的有效衔接，避免因规定不一样所引起的法律执行

---

[1] 参见陈绍辉："医疗责任保险的潜在缺陷及其弥补"，载《法律与医学杂志》2004年第4期。

[2] 参见龚赛红：《医疗损害赔偿立法研究》，法律出版社2001年版，第68~83页。

困境。

其次，要立足于对公民生命健康权的保护，将此理念贯穿于医疗责任保险立法的始终。公民的生命健康权是我国宪法所赋予的公民的基本权利，公民有权享受医疗服务和保障，确保生命安全和身心健康。医疗责任保险可以为因医疗损害受到损失的公民提供救济，在维护公民财产权的同时，根本上保障了公民的生命健康权，理应作为医疗责任保险立法所要坚持的基本原则之一。

最后，要坚持缓和医患关系、推进医疗卫生事业发展的基本原则。医生救死扶伤本应获得患者的赞誉，但是频发的医疗损害事件给医患关系蒙上了一层阴影。究其原因，是缺乏有效的医疗纠纷解决机制，双方的利益存在冲突与矛盾。其后果不仅使二者两败俱伤，还严重阻滞了医疗卫生事业的健康发展。医疗责任保险是针对此问题的新举措，在其立法过程中，应该兼顾医患双方的根本利益，不能顾此失彼，在利益调和的同时，促进医疗卫生事业的健康发展。

第三章
医疗责任保险法律制度的中国演进

在医疗风险不断增大，医患关系日趋紧张的背景下，医疗责任保险维护了受害患者的利益，缓解了医疗机构和医务人员的经济压力，化解了社会不稳定因素，医疗责任保险可谓是医治社会沉疴的一剂良方。从20世纪80年代末至今，医疗责任保险在我国已经有20多年的发展历史，[1]从全国到地方的实践探索都推进了医疗责任保险的法治化演进，虽然对保险发展和社会进步起到了推动作用，但同时也不可避免地存在一些现实的问题。随着新医改的不断深化，患者的权利意识和维权意识不断增强，医疗责任保险的市场需求会不断加大，需要不断增加市场供给，强化法律规制。因为医疗责任保险法治化的贻阻不畅，对医患双方的利益维护和社会治理能力的提高都有很大的反作用。

第一节 医疗责任保险的现实探索

受我国经济发展水平和社会文明程度的制约，保险意识匮乏，保险法律制度相对落后，我国的医疗责任保险起步较晚。从20世纪80年代末至今，医疗责任保险经历了起起伏伏的坎坷历程，既有全国视域下的整体推进，又有地方视野下的局部探索，其间，在取得一定成就的同时，还存在很多亟需解决的现实问题。

一、全国视域下的医疗责任保险探索

早在1987年，国务院就颁行了《医疗事故处理办法》，为医疗责任保险的实施提供了依据。1989年第一份医疗责任保险诞生于中国人民保险公司，此后，多个地方纷纷制定了针对医疗责任保险的规范性文件。第一个推行全省

---

[1] 参见董文勇："我国医疗责任保险法律制度构建的问题与方案"，载《河北法学》2014年第6期。

医疗责任保险的省份是云南省，掀开了医疗责任保险实践的新篇章。在此影响下，北京、上海、深圳等发达地区相继展开医疗责任保险的实践探索。中国人民保险公司也于 2000 年推行全国统一的医疗责任保险产品，引发了各大保险公司尝试医疗责任保险的热潮。

目前，我国的医疗纠纷数量呈级数增长，医患矛盾被提升到了新的高度，新的医疗科技给患者带来的损害也日益增大，患者所要求的经济赔偿数额愈发加大，医疗责任保险是解决此类问题较好的制度安排。就全国而言，医疗责任保险法治化探索的推进，主要得益于法律环境的完善和社会环境的优化。前者表现为一系列相关法规的出台，对医疗损害责任的承担、举证责任的分配、赔偿主体和方式都给予了愈来愈细化的规定，为医疗责任保险制度提供了配套的基础制度设施；[1]后者表征为社会的进步，具体包括新医改的深化、保险意识的增强和权利意识的强化，孕育了利于医疗责任保险的社会土壤。

（一）法律环境的完善：正式制度的健全

在"依法治国"的宏观语境下，一方面是可视化的法律制度愈发完善，法律体制越来越健全，为社会治理提供了更多地法律资源；另一方面法律所体现的人文色彩和理性色彩愈加浓厚，更加注重对个体的终极关怀，尤其是对损害赔偿的规定更加细化。具体到医疗损害方面，日趋完善的法律环境为医疗责任保险的发展提供了越来越多的配套设施。比如《中华人民共和国民法典》《中华人民共和国民事诉讼法》及相关司法解释提供了解决民事纠纷的基本原则和程序；《医疗事故处理条例》《中华人民共和国侵权责任法》更是针对医疗损害责任进行专门界定，为医疗损害的责任归属及承担方式提供了更加明确的法律依据。

首先，《医疗事故处理条例》的施行为医疗责任保险的发展提供了更加合理的法律依据。1987 年的《医疗事故处理办法》是医疗责任保险最早的依据，但是随着我国经济的发展和社会的进步，《医疗事故处理办法》逐渐显现出理论的滞后性和条款的不适性。直至 2002 年，新的《医疗事故处理条例》开始生效，同时宣告《医疗事故处理办法》被废止。相较于《医疗事故处理

---

〔1〕 参见田雨、杨永发、施宇箭："医疗责任保险实务之法律研究"，载《保险研究》2000 年第 5 期。

办法》,《医疗事故处理条例》在很多方面实现了突破。比如,它延展了医疗事故的内涵和外延,将医疗事故的主体扩大至医疗机构,明确了医疗事故的判断标准;[1]医疗事故判断标准的重置,使医疗事故的界定更具结果导向,重新划分了医疗事故的等级,取消了责任事故和技术事故的划分,降低了事故的鉴定难度,有利于维护患者利益;科学规定了医疗事故技术鉴定,取消了《医疗事故处理办法》时代由医院自行鉴定的荒谬规定,改由医学会负责医疗事故鉴定,扭转了医院既当裁判员又当运动员的不合理局面。

其次,2010年开始施行的《中华人民共和国侵权责任法》对于医疗责任保险的发展具有里程碑式的意义。"作为一种保护民事主体的合法权利、维护社会经济和生活秩序的法律形式"[2],《中华人民共和国侵权责任法》对医疗损害赔偿进行了统一界定,势必会对医疗损害责任纠纷产生深远影响,助推医疗责任保险的进一步发展。其一,《中华人民共和国侵权责任法》统一了医疗损害赔偿的标准,终结了法律适用的选择冲突。随着经济发展水平的提高和医疗损害后果的日趋加重,原有的医疗损害赔偿标准和方式明显滞后,就算《医疗事故处理条例》也与相关的司法解释相互冲突。《中华人民共和国侵权责任法》首度将医疗损害赔偿纳入法制轨道,实现了更高效力层级上的法律表达。其二,《中华人民共和国侵权责任法》实现了对医疗损害诉讼案由和赔偿标准的统一,结束了医疗损害赔偿领域内的混乱局面。《中华人民共和国侵权责任法》之前,医疗损害纠纷的诉讼理由分为医疗事故和医疗过错,不同的案由会适用不同的判断标准,还会在赔偿的标准上显露殊异,这就为掌握话语权的医疗机构提供了逃避责任的漏洞,《中华人民共和国侵权责任法》统一了"医疗损害赔偿纠纷"的案由表述;《医疗事故处理条例》规定了"限额赔偿制"与《中华人民共和国民法通则》的"全额赔偿标准"相左,[3]造

---

[1] 《医疗事故处理办法》中对医疗事故的规定相当模糊,将"因医务人员诊疗护理过失,直接造成病员死亡、残废、组织器官损伤导致功能障碍的"界定为医疗事故,对医疗事故的主体范畴界定过于狭窄,如何行为才可视为诊疗护理过失也未予以明确。新《医疗事故处理条例》对此问题给予了明确的答复,规定将"违反医疗卫生管理法律、行政法规、部门规章和诊疗护理规范、常规"的行为,视为过失。

[2] 谢青松:"《侵权责任法》:开启医疗损害赔偿新纪元",载《医学与哲学》(人文社会医学版) 2010年第7期。

[3] 参见韦松:"论医疗责任保险的发展",载《保险研究》2003年第7期。

成法律适用的困境,《中华人民共和国侵权责任法》视医疗损害为人身侵权,与其他类型的损害赔偿责任并轨,一律实行全额赔偿制。

总而言之,法制的完善为医疗责任保险的推行铺垫了道路。一系列法律制度的实施实现了医疗责任保险的有法可依,为医疗责任保险提供了完善的配套制度;近年来的立法越来越具有权利保护向度,旨在对作为弱势一方的患者进行倾斜保护,法制的人文关怀色彩愈加显著。

(二) 社会环境的优化:非正式制度的孕育

在我国,包括医疗责任保险在内的保险业的发展,离不开经济发展提速所造就的社会环境的优化。概括而言,体现在宏观和微观两个方面。就宏观层面而言,在"以人为本"的主旨渲染下,服务和保障民生已经成为保险业发展的一大理念,社会上对民生的广泛关注,为医疗责任保险的产生和发展营造了良好的背景,因为医疗卫生事业关乎公众的生命健康权,医疗责任保险可以有效地维护人们的合法权益;就微观层面而言,"风险社会"下人们的风险意识不断增强,促使人们不断寻求对风险的管理和应对途径,逐渐开始正视保险业的社会意义,为医疗责任保险的发展提供了社会观念基础。

其一,医疗责任保险在全国范围内的推广得益于对民生福祉的重视。就社会层面来看,民生是指"民众的基本生活和生存状态,其外延涉及到民众的发展机会和权利保护等状况"[1]。现代社会,民生的样态呈现出多元化的属性,不仅仅追求生产和生活资料,更是上升为生活形态、主体精神等意识形态领域。然而,社会经济的转型滋生出许多风险,对民生的保障构成威胁,作为市场化的风险分散机制,保险业与民生福祉具有高度一致性。具体到医疗责任保险领域,一方面是全国自上而下对民生福祉的向往,国家不断推出新举措改善医疗卫生状况;另一方面高新医疗科技具有诸多不确定性风险,人们处于医疗风险的高发期,媒体的社会宣传效应更是加大了民众对医疗风险的畏惧。如此之吊诡现实,为医疗责任保险的产生和发展营造了充分的社会条件。

其二,个体风险意识的加强,扭转了整个社会对保险业的舆论导向,为医疗责任保险的发展提供了思想意识基础。受人们思想观念的束缚,保险业在中国发展初期并不顺利,保险专业人才较为缺乏,使得保险人才队伍鱼龙混杂,给社会留下了不好的印象。但是,近年来人们对保险业的认识有了新

---

[1] 刘新立:"服务民生:保险业发展的基石",载《中国保险报》2012年3月6日,第7版。

的改观。这不仅得益于保险业整体的规范运行，培养了大批的保险专业人员，使保险市场得以健康运行；难能可贵的是，保险业的规范化激发了民众对于保险行业的信心，重塑了人们对于保险的认识，保险意识也随之加强。医疗风险的加剧促使人们不断寻求风险的分散机制，[1]这便使医疗责任保险获得了难得的发展机遇。

二、地方视域下的医疗责任保险探索

事实上，地方医疗责任保险的法治化探索要早于全国的整体规划。最初的医疗责任保险试点，都是由地方性的规范性文件推动的，而非源自全国的宏观安排。这是因为，一方面，我国地域辽阔，各地方经济发展水平差异很明显，思想意识开化程度也存在很大的差异，很难在全国推行统一的医疗责任保险制度；另一方面，各地方保险发展状况和法治化水平不平衡，在条件成熟的发达地区可以根据地方实际情况，尝试实行医疗责任保险。个别地区的医疗责任保险实践，在推进当地医疗纠纷顺利解决的同时，还为其他地方甚至是全国统一的医疗责任保险制度的施行提供有益的借鉴。

然而，医疗责任保险在我国多年的实践效果并不理想，一直处于供求双方观望的尴尬境地。作为需求方的医疗机构认为保费太高、保险金额过低、理赔困难、保险服务差，投保积极性不高；作为供给方的保险公司出台的条款极为谨慎，难以满足医患双方的需求。1999年开始，医疗责任保险业务大规模的开展，云南、上海、北京、深圳等多地制定政府规范性文件，借助于政府强力强制要求行政区域范围内的公立医疗机构必须投保。这些有益的尝试虽然还存在很多弊端，效果可能也不尽如人意，但是构建了我国医疗责任保险的基本框架，为医疗责任保险在我国的法治化提供了有益指向。[2]

(一) 代表地区医疗责任保险实践探索

1. 云南模式

我国最早在省级范围内推广医疗责任保险的是云南省，1999年开始生效的《云南省医疗损害实践处理规定》标志着医疗责任保险的正式实施。该医

---

[1] 参见张音等："医疗责任保险在医疗损害处理中的作用、局限以及发展方向"，载《中国卫生质量管理》2005年第6期。

[2] 参见苗娣："论医疗责任保险的现状与发展"，载《保险研究》2005年第10期。

疗责任保险是由云南省卫生厅统筹组织，具体的承保机构为中国人民保险公司（云南省分公司）和太平洋保险公司（昆明分公司），在县级以上卫生行政部门的具体组织下，省内各医疗机构积极投保医疗责任保险。

具体而言，云南省的医疗责任保险主要内容包括保费的承担主体和保险责任的范围两个方面。其一，就保费承担主体而言，包括医疗机构和医务人员。前者缴纳保费的金额主要取决于医疗机构的规模和性质，包括科室的设置、病床的数量、国有还是私营等考量因素，具体的数额从1000元至30万元不等；后者缴纳保费的金额有两个特点，即影响因素较为复杂、数额较低。具体的影响因素包括所在医疗机构的性质和规模、所在科室所面临的医疗风险的大小、所从事的具体职务等；具体的数额从1元至20元不等。其二，就保险责任的范围而言，云南省将医疗损害事件分为医疗事故、医疗差错和医疗意外，医疗责任保险只针对医务人员有过失的医疗事故和医疗差错进行承保。具体的赔偿金额视医疗机构和医疗损害事件而定，医疗事故的赔偿金额要高于医疗差错的赔偿金额。

2. 上海模式

2002年9月1日，上海市出台的《医疗事故责任保险实施方案（试行）》（以下简称《方案》）正式生效，意味着医疗责任保险在上海正式实施。该《方案》所针对的投保对象可分为两类：非盈利医疗机构和其他医疗机构。前者要求强制投保，后者可视情况自愿参保；具体将医疗责任保险划分为两类：医疗事故责任保险和医疗意外责任保险，前者主要的赔偿对象是医疗机构，后者具有补偿性质，补偿的对象是受害患者。

上海的医疗责任保险在内容上主要包括保险费用、保险范围、纠纷处理三方面内容。首先，上海市医疗责任保险的保险费用承担主体和云南省类似，即由医疗机构和医务人员分别缴纳。[1]医疗责任保险实行每次事故的限额赔偿制，从10万元至20万元不等，保险年度内实行累积限额制，不同赔偿额度对应不同的保费金额，医疗机构可以自行选择。具体的保费金额取决于医疗机构所参保的医疗责任保险类型和其自身的规模等因素，医务人员的保费金额取决于所在的单位和具体科室、职责。第二，就保险范围而论，主要围绕医疗事故展开，主要包括对患者的人身损害赔偿、医疗机构采取适当措施防止损失扩

---

[1] 参见张云林："我国医疗责任保险发展现状"，载《中国医院》2007年第9期。

大的费用、法律费用等三个模块,其中法律费用包含了鉴定费、诉讼费等。第三,为了更好地处理医疗纠纷,提高处理结果的中立性和权威性,《方案》规定由上海市医疗事故责任保险处理中心统一负责对医疗事故的鉴定,同时聘请医学界和法律界的专业人士组成专业化的处理团队;同时,该处理中心还负责对医疗纠纷进行调解,若患者对鉴定结论有异议,可以诉至法院或卫生行政机关。

3. 深圳模式

继上海之后,2004年1月深圳市发布了《深圳市医疗执业风险保险管理办法》(以下简称《管理办法》),由此,医疗责任保险开始在深圳市正式实施。需要说明的是,深圳市的医疗责任保险具体为"医疗执业责任保险",这也是深圳模式的特色所在,在此只对"医疗执业责任保险"的特殊性进行分析。另外,深圳市卫生行政部门退出了医疗责任保险合同的具体事宜,医疗责任保险合同"由医疗机构和保险公司直接签订"。[1]

其一,承保范围较广。《管理办法》规定,深圳市内的非营利性医疗机构必须投保医疗执业责任保险,其他医疗机构可自愿参保。与其他地区的医疗责任保险的不同之处在于,不再区分医疗事故、医疗意外和医疗差错,规定凡是因医务人员过失造成的医疗损害,都由保险公司承担损害赔偿责任,对传统的医疗责任保险的承保范围是一个很大的突破。其二,打破了限额赔偿制,对患者的赔偿最高不封顶。医疗机构和医务人员所造成的承保范围以内的医疗损害事件,给患者造成人身损害的,均属于医疗执业责任保险的责任范围;还赋予了受害患者及其家属的直接请求权,要求由保险公司直接向其支付赔偿费用,赔偿数额不设定最高限制。其三,在医务人员的保费缴纳上进行创新,引入了激励机制。"医疗执业责任保险"的保费由医疗机构的固定保费和医务人员的个人风险储备金共同构成,其中个人风险储备金与医务人员的个人利益挂钩,形成激励机制。[2]如果医务人员所导致的医疗损害赔偿到达一定数额,其个人缴纳的风险储备金将会用于经济赔偿,甚至会取消其从业资格;如果执业过程中未造成任何医疗损害,在其因正当理由离开单位时,可以将其从业期间缴纳的个人风险储备金一次性返还给医务人员本人。

---

[1] 参见芮琳等:"国内医疗责任保险统保模式比较分析",载《中国医院》2006年第1期。
[2] 参见乔世明:"我国医疗责任保险模式之探讨",载《中南民族大学学报》(人文社会科学版)2006年第3期。

由此，形成了一种激励机制，促使医务人员谨慎执业，履行注意义务。

4. 北京模式

2005年1月1日，《关于北京市实施医疗责任保险的意见》正式生效，医疗责任保险在北京全面启动。相较而言，北京医疗责任保险推出较晚，可以借鉴其他地方医疗责任保险模式的有益经验，制度更具有可操作性。至2005年年底，全市"405家公立医疗机构、6.5万名医务人员投保医疗责任保险，收取保费2 915.2万元，承保的责任限额为5.2亿元，医疗纠纷的调解率大为提高，累计调解纠纷数量919件，成功调解328件"。[1]相较于其他地方，北京市的医疗责任保险具有以下特点：

其一，在保险公司的产生上，引入了市场机制，组织专家对保险公司进行招标予以确定。由医疗卫生、保险、法律等专业领域内的专家对投标的保险公司进行选择，目的是选择出市场上最优竞争力的保险公司，提供最优质的服务，最终获得承保资格的是中国太平洋财产保险股份有限公司北京市分公司和中国人民财产保险股份有限公司北京市分公司。这种情况下，既保证了医疗机构投保的数量和规模，又避免了保险公司间的价格竞争，推进了保险公司经营医疗责任保险的长效机制。其二，在医疗纠纷的处理上，北京模式给予了足够的重视，两家保险公司分别与相关专业机构进行合作，建立了专门的医疗纠纷调解中心。其中，中国太平洋财产保险股份有限公司北京市分公司与北京市医学教育协会合作统一调解医疗纠纷，调解不成的由北京市医学教育协会参与到医疗纠纷诉讼中，提供专家意见；还依托雄厚的教育资源，对医疗机构进行医疗法律法规的培训，尽量减少医疗侵权事件的发生。中国人民财产保险股份有限公司北京市分公司与北京市卫生法学会合作，对医疗责任纠纷进行调解处理，调解不成的由其出具专家意见，作为保险赔付的重要依据。

（二）地方医疗责任保险的实践分析

综上所述，全国各地方对医疗责任保险的实践模式已经日趋成熟，在很多方面都有规律可循，这些都是各地对医疗责任保险进行不断探索的结果。比如，政府在医疗责任保险的实施中发挥了不可忽视的重要作用，各地的医疗责任保险都是由政府的规范性文件宣告开始的；投保的主体可分为两类，

---

[1] "北京医疗责任保险初见成效"，载http://www.circ.gov.cn/web/site0/tab5267/info27939.htm.

公益性的医疗机构强制投保医疗责任保险，其他性质的医疗机构可以自愿参保；保险公司不断进行行业研究，推出更符合医疗机构需求的保险产品，这是医疗责任保险的范围不断扩大的根本所在。具体而言，地方性的医疗责任保险实践在内容上有以下共同点：

首先，在保费的承担主体上，各地规定基本相同，都是由医疗机构和医务人员共同承担。其中，医疗机构承担大部分保费，直接从其业务收入中扣除即可；医务人员的医疗行为是其职务行为，不是法律上的责任承担主体，但为了防止道德风险，需要对其收取一定的保费，以提供正向的行为激励。其次，在保险责任的范围上，医疗责任保险经历了一个从小到大的蜕变过程。开始阶段只对医疗行为造成的人身损害进行赔偿，扩大到后来将鉴定费用、法律费用、医疗机构因采取防止损失扩大的措施所花费的费用都包括在内；[1]医疗责任保险不仅具有赔偿功能，还应赋予其补偿功能，对医疗意外造成的损害也应该给予受害者一定的经济补偿。最后，在医疗纠纷的处理机制上，医疗责任保险经历了一个从无到有、从主观到客观专业的过程。最开始，云南模式下的医疗纠纷是由医院自身对医疗损害进行鉴定，对受害患者明显不公；从上海模式到北京模式，医疗纠纷的处理机制不断趋向专业化，一旦出现医疗纠纷，先由法律、医疗专业的机构进行调解，调解不成再由其出具专家意见，作为保险理赔的重要依据，从而保障了纠纷处理机制的专业性、客观性和权威性。

第二节 我国医疗责任保险的发展问题

法治语境下的医疗责任保险，是法治中国宏伟愿景的重要板块，要解决医疗责任保险的法治发展问题，需要沿循法治建设的一般逻辑径路，即"科学立法、严格执法、公正司法、全民守法"。[2]概言之，在医疗责任保险的法

---

[1] 参见曾言、李祖全：《医疗责任强制保险制度研究》，湖南师范大学出版社2009年版，第144页。

[2] 十八届四中全会，首度把"依法治国"作为全会的主题，标志着法治已被置于顶层设计的场域内予以表达，中国法治建设的转型与突破面临着难得的历史机遇。会上提出了新时期"依法治国"的十六字方针，即"科学立法、严格执法、公正司法、全民守法"，这不仅是全国整体法治建设的方针，也是各领域内推进法治化的指导原则。

治化进程中，要着重解决两个层面的问题：实体性问题和程序性问题。所谓实体性问题，着重解决"有法可依"的问题，不断地完善立法，为医疗责任保险的法治化发展奠定法制基础，使其沿着既定的制度轨道运行；所谓程序性问题，意在促进执法、司法和守法的衔接与统一，旨在提高医疗责任保险的实效，确保其在实践中切实得到执行。同时需要说明的是，二者并非独立运转的，实体性问题的解决是程序性问题的前提和基础，程序性问题的解决是实体性问题的落实和保障。然而，我国医疗责任保险在实体和程序层面都面临着诸多现实的困境，限制了二者联动效应的发挥，阻碍了医疗责任保险的积极意义。

一、实体性问题

医疗责任保险制度在我国的发展时间不长，尚未形成一套完整的运营体系，在实践中面临很多障碍；加上医疗责任保险的推行实施需要由多个部门的相互配合，涉及多方部门的利益，加大了医疗责任保险在实践中的运行难度。

第一，就国家立法而言，我国目前缺乏关于医疗责任保险的统一立法，使得医疗责任保险在实践中的推广倍受阻碍。《中华人民共和国保险法》确立了从事保险活动的基本原则，即自愿原则，要求双方当事人在自愿、平等的基础上订立保险合同；另外，也规定了自愿原则的例外，即强制性保险，其限制了当事人的意思自治，只要在某一领域从事活动，就应该购买该类保险，如机动车交通事故责任强制保险，但是该类保险只有基于法律的特殊规定才能开办。反观我国各地方推行的医疗责任保险，大多为政府主导下的强制性保险，如北京、深圳等地，均是通过政府的规范性文件推动了医疗责任保险的实施。很显然，这种以地方性政府规章来将特定保险纳入强制性保险序列的行为违反了《中华人民共和国保险法》所规定的基本原则。但是，我国幅员辽阔，各地经济社会发展水平差异较大，由省级单位推动实施医疗责任保险，既能够减少因地区差异带来的实施不便，又便于加强对医疗责任保险实施的管理。因此，有必要对《中华人民共和国保险法》的基本原则进行适当的修正，赋予"地方性法规和规章"以强制性保险的设定权，使其有权根据本地实际实施强制性医疗责任保险。

由上述可知，我国医疗责任保险的法律环境尚不完善，各地实践中，医疗责任保险条款的设计和强制推行也缺乏上位法的支持，处于违法操作的尴尬境地，弱化了医疗责任保险的法律权威性。[1]

　　第二，就保险人而言，保险公司在医疗责任保险领域内缺乏相应的专门技术和专业人才，阻碍了医疗责任保险的深入开展。客观而论，我国的医疗责任保险尚处于起步阶段，短暂的发展历史使得行业经验严重不足，产品分析所依赖的数据也捉襟见肘，医疗责任保险难免会存在很多不足之处。首先，我国目前缺乏医疗责任保险的相关专业人才。医疗责任保险需要精通医学、法学和保险学等多方面专业的综合性人才，而受制于保险业的发展阶段，我国目前缺乏相关的专业人才，尤其是在精算方面，人才的供求严重失衡，难以满足我国越来越大的保险市场的需求。而这需要教育体制的人才培养机制的转向，在短期内难以实现突破，这对医疗责任保险的开展造成极大的限制。其次，医疗责任保险的相关产品较为单一，不能满足投保人和受益人的实际需求。多数保险公司为了防止诱发投保人的道德风险，推出的保险产品只承保因医务人员主观过失导致的患者人身损害，对于因医疗意外所致使的医疗损害和就医过程中引致的其他损害则在所不论。而医疗过失和医疗意外的界定并不明确，并且多数医疗损害事件所引发的医疗纠纷都和医疗意外等承保范围以外的事故有关。因此，现阶段的保险产品很难满足医疗机构和医务人员规避医疗风险的多元化需求。再其次，保险人在提供医疗责任保险的同时，所提供的增值服务价值较低，很难激发投保人的积极性。医疗机构投保医疗责任保险的真正诉求在于转移医疗风险，这其中不仅仅包括医疗损害的经济赔偿，还涵盖医疗纠纷的处理事务，在减轻经济负担的同时，维持医疗机构正常的医疗秩序，维护医务人员的切身利益。[2]而目前保险公司能够提供的服务范围较窄，大多数保险公司的经营管理能力较低，不能为医疗机构提供有益的内部控制建议，从而提升其对医疗风险的管理和控制水平。另外，保险公司作为商业性的企业法人，还不具备独立解决医疗纠纷的能力和资质。这些因素都制约了保险人的服务质量和范围，不利于提高投保人的市场满意度。最后，保险公司制定的保费过高，制定保费所依据的标准不科学。由于缺乏专业技术、精算人才和历史数据，我国医疗责任保险的保费制定基本靠

---

[1] 参见罗向明："建立强制医疗责任保险适应医疗体制改革"，载《经济导刊》2005年第10期。

[2] 参见张泽洪："新医疗责任保险的公信力分析"，载《中国卫生经济》2013年第8期。

行业经验，不是依据医疗机构的风险管理水平和技术水平进行综合考量，而是仅仅依据医院的规模大小、床位数多少等外在因素。保险人为了降低自身的经营风险和实际操作难度，制定了较高的费率标准，并且费率的弹性不高，不能满足有着不同需求的投保人的实际需要，因而导致医疗机构的投保率较低。

因此，就医疗责任保险的保险人而言，其在行业经验、专业技术和人才等方面所受到的阶段性限制，成为制约其提升经营管理水平的重要因素；对附加性增值服务的忽略，大大降低了医疗责任保险对于投保人的吸引力，这些都是我国医疗责任保险未能得到有效进展的制约性因素。

第三，就投保人而言，医疗机构和医务人员对医疗责任保险缺乏正确的理解和认识，加上该保险的局限性，使其投保积极性不高。医疗机构和医务人员作为投保人，是医疗责任保险的主体之一，其对医疗责任保险的认识是影响投保率的关键因素，能否形成理性的风险意识和保险意识，成为医疗责任保险能否顺利贯彻至实践的重要原因。[1]从投保人的视角来看，影响医疗责任保险的重要问题主要体现在以下几个方面：首先，医疗机构和医务人员对医疗风险的认识不足，风险意识不强。很多医院认为自己拥有较高的医疗技术水平，并依赖于公立医院的背景，很少发生医疗损害事件，医疗纠纷的发生概率很小；即使发生医疗纠纷，凭借自身的强势地位，被判定承担损害赔偿责任的几率也不大。由此，医疗机构对医疗风险和医疗纠纷并未形成正确的认识，导致保险意识不强，虽然随着医疗责任保险的不断发展，很多医疗机构开始认识到其积极作用，但是更多的医疗机构还是持观望态度。其次，前述保险人的原因是导致投保人投保积极性不高的重要肇因。单一的保险产品、低价值的增值服务、硬性的费率机制和较低的赔偿限额，使得医疗责任保险难以满足医疗机构的预期，很难发挥其分散风险、分担损失的应然效应。因此，保险产品本身的不足对医疗机构和医务人员的投保积极性造成一种挫伤，降低了参与度，同时限制了其对医疗责任保险的认识。最后，保险合同的单方性使得投保人处于不利地位，限制了其表达诉求的渠道，不利于保障投保人的权利。按照保险业的行业惯例，"保险合同一般都是由保险人自行拟

---

[1] 参见刘宇："关于医疗责任保险的探讨"，载《中华医院管理杂志》2005年第5期。

定,然后交由保监会备案,"[1]医疗责任保险合同也是如此。因此,医疗责任保险保险合同一般都是单方拟定的格式合同,不符合市场经济下的自愿平等原则,结果是投保人的利益未予以充分考虑,很容易出现保险人单方排除投保人权利的情形,对投保人而言有失公平。

综上,投保人方面的诸多因素也是医疗责任保险裹足不前的重要原因。必须对此予以重视,加强对医疗风险和医疗责任保险的宣传教育,引导其形成正确的风险意识和保险意识;正视医疗机构和医务人员的投保人地位,切实从其立场出发,保护其利益,不断开发能够满足其多层次需求的医疗责任保险产品,在弹性制保费、增值性服务等方面实现突破;建立医疗责任保险的沟通协调机制,为投保人提供表达利益诉求的平台和渠道。

二、程序性问题

医疗责任保险在我国的发展,除了受上述实体性问题的限制以外,还受到很多程序性问题的束缚。这一层面的障碍主要是指影响医疗责任保险开展的程序性问题,包括实践中信息分配的失衡、医疗损害责任鉴定程序设计的不科学、医疗纠纷处理程序不完善等。

第一,医疗活动双方信息分配不对称,无形中加大了解决医疗纠纷、划清责任归属的难度,构成医疗责任保险顺利开展的阻力。医疗活动领域具有很强的专业性,如果没有专业的医学知识和执业经验,很难掌握或理解相关的诊断和治疗信息。因此,在医疗活动中,医患双方在信息分配上存在严重的不对称性,这给医疗责任保险的实施造成很大的阻力。其一,信息分配的失衡不利于医疗纠纷的有效解决,难以为医疗责任保险提供专业依据。在医疗实践中,医疗机构和医务人员往往凭借其专业知识处于强势地位,掌握着医疗过程中的关键证据,而患者由于专业壁垒的限制,往往处于弱势地位,难以提供合理的证据证明医疗机构和医务人员存在主观过错。[2]虽然法律上采取了部分医疗损害责任过错推定原则,实行举证责任倒置;但是如果医方提出证据证明自己的行为是合法的,患者也很难去证明医方的主张不成立,

---

[1] 潘登、郑振佺:"完善医疗责任保险运行模式的探讨",载《中国卫生事业管理》2011年第2期。

[2] 参见艾尔肯:《医疗损害赔偿研究》,中国法制出版社2005年版,第223~228页。

所以这种倾斜式的保护并未从根本上改变患者的弱势地位，在医疗责任的划定上仍然面临着不可回避的现实问题。其二，医疗行为的专业性也加大了医疗责任保险机构提高经营效益的难度。医疗责任保险顺利实施的关键，是科学预测医疗风险，综合考量投保人的技术水平、管理水平，从而对医疗损害的发生概率进行评估，厘定合理的费率标准。但是，受医疗信息专业性壁垒的影响，医疗责任保险机构难以对医疗机构的风险管理水平进行准确判定，影响其对医疗损害事件发生概率的科学预测，降低了医疗责任保险的科学性水平。

医疗信息的专业性无疑降低了医疗信息的渗透性，导致信息分配的严重不对称，这不仅使得患者在与医方的对峙和博弈中处于弱势一方，使其利益保护徘徊于法律的边缘，加大了维权的成本和难度；[1]而且还对保险机构的科学管理和经营形成挑战，加大了制定保险费率、开发医疗责任保险产品的难度。

第二，我国医疗损害责任鉴定程序缺乏权威性，不利于医疗责任保险理赔程序的顺利进行。医疗损害责任鉴定是解决医疗纠纷的核心环节，只有通过权威合理的医疗损害责任鉴定，出具说服力较高的鉴定报告，才能使医患双方的责任承担明晰化。医疗损害责任鉴定制度的重要性随着《中华人民共和国侵权责任法》的出台不断强化，其制度建设的滞后逐渐变成《中华人民共和国侵权责任法》实施的一大障碍。首先，医疗损害鉴定制度与医疗责任保险制度具有相同的意旨导向，都是为了合理解决医疗纠纷，缓和医患矛盾，保护患者利益。二者相互配合，互为补充，前者是后者顺利进行的前提和基础，后者是前者的延伸和补充，一方的滞后势必会影响另一方的制度功能的发挥。由此，医疗损害鉴定制度对医疗责任保险制度的意义可想而知，如果没有设计科学的医疗损害鉴定制度，医疗责任保险制度就无法顺利实施。其次，医疗损害鉴定制度自身的特点使得医疗损害鉴定制度的完善并非易事。比如，我国"医疗损害鉴定十分复杂，名目繁多的专项科室是其他司法鉴定所不可比拟的"，[2]降低了医疗损害鉴定的效率；医疗损害鉴定具有极强的专业性和经验性，专业的细分化趋势极为明显，对鉴定人员的要求非常高；医

---

[1] 参见王敬毅："医疗过失责任研究"，载《民商法论丛》（第9卷），法制出版社1998年版，第692页。

[2] 肖柳珍：《中国医疗损害责任制度改革研究》，中国政法大学出版社2014年版，第165页。

疗损害鉴定具有很高的不确定性，不同的鉴定人员受专业知识复杂性和个人水平的限制，可能会对同一个鉴定事项得出不同的结论。最后，我国医疗损害鉴定制度的缺陷形成了制约医疗责任保险制度的障碍。《中华人民共和国侵权责任法》统一规定了医疗损害责任，但是没有触及医疗损害鉴定制度的统一化，使得我国目前医疗损害鉴定存在二元化的倾向，以医学会为主导的医疗损害鉴定模式和以社会司法鉴定机构为主导的司法鉴定模式并存。

第三，我国医疗纠纷处理程序不完善，导致解决医疗纠纷的成本高、效率低，不能为医疗责任保险提供完善的配套制度设施。医疗责任保险的主要功能是对受到的损害进行有效的弥补，从而达致分散风险、分担责任的制度愿景，在其他方面的功能极为有限。易言之，医疗责任保险并不具备解决医疗纠纷的功能，其发挥作用反而要依靠权威第三方所确定的责任归属及赔偿数额，意即独立第三方所确定的医疗损害责任和赔偿数额是医疗责任保险发挥其效用的前提和基础。因此，医疗纠纷的处理和解决机制完善与否，关系着医疗责任保险能否取得理想效果。但是，就我国目前的实际情况来看，医疗纠纷解决机制难以适应医疗责任保险顺利开展的需要，主要表现在以下几个方面。首先，现有的医疗纠纷解决机制难以在效率、成本和权威性之间实现很好的平衡。我国目前的医疗纠纷解决机制主要包括双方协商和解、第三方调解和法律诉讼三种途径。一般情况下，医患双方间的协商和解缺乏必要的权威性，其所达成的经济赔偿很难获得保险人的认可；当前各地成立的医疗纠纷第三方调解委员会作为司法行政机关的下属单位，本着构建和谐社会原则调解医疗纠纷势必会影响纠纷解决的公平性和公正性，难以有效保护医患双方的切身利益；而最具权威性和公正性的法律诉讼，由于患者在举证能力、经济实力等方面处于明显劣势，"法律诉讼的成本非常高，往往不是最优的选择"。[1] 由此可见，现行的医疗纠纷解决机制有着明显的劣势和不足，使患者在医疗损害发生后难以获得医疗责任保险的有效保障，不利于培养医疗责任保险的市场基础。其次，医疗责任保险所要求的理赔申请程序十分繁琐，严重影响医疗责任保险的实效。为了保证医疗损害赔偿的真实性和准确性，保险人秉承审慎的原则，设定了严格的审核程序，要求申请人提供必要的证

---

[1] 参见曾言、李祖全：《医疗责任强制保险制度研究》，湖南师范大学出版社 2009 年版，第 159 页。

明材料。这一方面保障了医疗赔偿申请的真实性、防止骗保等道德风险的发生；另一方面也降低了医疗责任保险的运行效率，给投保人和受益人带来不必要的负担，无益于医患冲突的及时解决和利益维护。

事实上，医疗纠纷的妥善解决是医疗责任保险制度的基础制度保障，要建立健全完善的医疗纠纷解决机制，以此来促进医疗责任保险制度的实施。而目前，我国医疗纠纷解决机制的不完善，导致医疗纠纷解决的低效率，人为地设置了医疗责任保险顺利实施的障碍；而医疗责任保险理赔程序的复杂，更是不利于医疗责任保险现实意义的有效发挥。因此，诸如此类的程序性和辅助性制度设施的缺乏，成为医疗责任保险制度未能得到顺利开展的制度性制约因素。

第三节 我国医疗责任保险市场的需求分析

纵使医疗责任保险在分担医疗风险、兼顾医患双方利益等方面具有积极作用，但是我国医疗责任保险的推行并不顺利。究其原因，需求乏力是一大肇因，业已成为制约我国医疗责任保险长远发展的障碍。实质上，我国医疗责任保险的发展乏力，并非意味着医疗责任保险在我国的市场前景黯淡。相反，医疗责任保险在我国具有很强的市场优势，恰恰是受制于人为思想观念和制度性因素，其市场潜力才未被深度挖掘。因此，需要从不同视角对我国医疗责任保险的市场需求进行多维审视，包括"异质性的医疗风险、法律和政策因素、经济发展水平、社会文明程度等"。[1]在发挥市场决定性作用的同时，加强政府对医疗责任保险的引导，使潜在的医疗责任保险需求转化为现实的制度性诱因，切实推进我国医疗卫生事业的进步与发展。

一、医疗风险视角下的医疗责任保险需求分析

归根结底，保险的存在是为了分散和转移风险，风险是保险得以发展的前提和基础，没有风险，保险就无从谈起。医疗责任保险也是如此，医疗风险对其市场需求产生了不可估量的影响。人们对医疗责任保险的市场需求与医疗风险的大小呈正向变动关系，即医疗风险越大，医疗责任保险的市场需

---

[1] 参见王琬："医疗责任保险需求分析"，载《湖北社会科学》2008年第11期。

求也越大；反之亦然。因此，要分析医疗责任保险的市场需求，首先要从医疗风险谈起。现实中，医疗风险的诱发因素十分复杂，概括而言主要有以下几个方面：

第一，医疗活动本身的性质决定了医疗风险居高不下。医疗活动本身就充满了风险，医疗风险对于医患双方都是不可避免的，不仅会给患者造成难以弥补的损失，还会对医疗机构产生不利的深远影响，尤其可能会毁损其行业声誉。首先，医疗活动的对象是患者，关乎患者的生命安全和身心健康，一旦发生医疗损害，会对患者的身心造成重大影响，甚至导致生命的终结；其次，医务人员面临着巨大的心理压力，在日益紧张的医患关系下，医务人员所承受的精神负担越来越大，势必会对其医疗行为产生影响，增大了医疗风险的发生概率；最后，随着科学技术的进步，各种"高新科技不断应用于医疗实践领域，医药科技的更新在提高医疗诊断技术和治愈能力的同时，还加大了医疗行为的不确定性风险，甚至超出了人们的预期"，[1]使医疗风险不断提高。

第二，人们维权意识的不断强化从侧面加剧了医疗风险。法治中国的重要目标是法律意识的培养和公民权利意识的觉醒，这同时也是我国法治建设的重要成果。权利意识和维权意识的加强，使得人们对医疗行为提出了更高的要求，医疗机构和医务人员的医疗行为如果不能满足患者愈来愈高的心理预期，就会产生医疗纠纷，近年来频发的医疗诉讼和"医闹"事件就是最好的例证。一方面，医疗纠纷和医疗诉讼发生的数量急剧增加，患者要求的赔偿数额也越来越高，这就加大了医疗机构的经济负担，使其所面临的医疗风险产生质的改变；另一方面，医疗机构和医务人员在这般压力之下，会产生保守医疗的倾向，致使医疗行为的实际效果不佳，反过来更是激发患者的不满情绪，如此一来，便使医疗风险陷入了一个恶性循环，结果就是医疗风险随着人们维权意识的增强而不断提高。

第三，媒体的社会宣传效应也放大了民众对医疗风险的负面情绪。与以往不同，在"信息爆炸"的时代，信息的流通速度急剧加快，人类无时无刻不暴露在各类信息中，多样化的信息加大了人们的识别难度。其中，新闻媒

---

[1] 张洪涛、王和主编：《责任保险理论、实务与案例》，中国人民大学出版社2005年版，第331~333页。

体面临众多的信息与社会事件，对其辨别能力形成很大的挑战，可能会选择能够引起社会关注的方面进行着重报道，难免会出现信息失真的情形；另外，有些媒体可能会利用发达的信息网络和人们有限的甄别能力，进行虚假的信息宣传。因此，在信息时代，一旦发生医疗损害事件，就会借助于发达的信息渠道迅速传播，信息来源的多样化很难保证医疗损害事件的真实情况能够完整地展现在民众视野中。在互联网时代，基于宣传效应的社会风险是医疗风险加大的一大肇因，这加大了民众对医疗损害的认识难度，将人们引入医疗损害事件的认识误区，扩大了人们对医疗损害事件的负面情绪。[1]

综上，医疗风险呈现出逐渐增大的趋势，对医患双方形成巨大的威胁，需要建立一套合理的责任承担机制，在医疗服务的提供者和医疗服务的接受者之间谋求新的利益平衡，医疗责任保险便是分散医疗风险的有效之道。因此，越来越大的医疗风险，加大了对医疗责任保险的市场需求。

二、法律和政策因素对医疗责任保险需求的影响

医疗责任保险以医疗机构和医务人员在医疗行为时对患者造成的医疗损害责任为承保客体，旨在分散医疗风险，分担医疗机构的经济赔偿责任。然而，医疗侵权责任的厘清和界定离不开法律的规制，法律是界定医疗侵权责任的标准和依据，法律的更新和完善会对医疗损害责任的承担产生根本影响，进而间接地对医疗责任保险的推进提出新的要求。[2]因此，法律因素会对医疗责任保险的发展产生重要影响，法制体系的健全和法治理念的完善会扩大医疗责任保险的适用范围，严格的执法会强制推进医疗责任保险的覆盖范围，属于软法范畴的政府政策也会直接或间接地对医疗责任保险的市场需求产生影响。

第一，与医疗责任保险相关的法制体系的健全和完善会扩大对医疗责任保险的市场需求。医疗纠纷属于民事纠纷，与其相关的法律法规会对医疗责任保险产生影响，包括《中华人民共和国侵权责任法》《中华人民共和国民事诉讼法》《中华人民共和国保险法》以及《医疗事故处理条例》等，此类法律法规的不断颁布实施给医疗责任保险提供了生存和发展的空间。这是因为法律的完善不断扩大医疗损害侵权的范围，刺激了医疗责任保险的市场需求。

---

[1] 参见李加明编著：《财产与责任保险》，北京大学出版社2012年版，第213~217页。

[2] 参见龚赛红：《医疗损害赔偿立法研究》，法律出版社2001年版，第329~330页。

《中华人民共和国侵权责任法》明确界定了"医疗损害责任"，因医疗机构和医务人员的主观过失给患者造成损害的，都应当承担医疗损害责任，"终结了过去对医疗事故、医疗意外和医疗差错的模糊界定，为医疗侵权责任的范围划定了明确的界限",[1]从而结束了以前法律适用的混乱局面，为医疗责任保险的推广应用奠定了基础。

第二，法律的执行情况也会对医疗责任保险的市场需求产生影响。一般而言，法律的执行越严格，公民的守法意识越强，对违法行为的惩罚越严厉；否则，如果法律并未得到切实有效地执行，会使公民漠视法律的存在，给违法者可乘之机，并且事后还得不到应有的惩罚。这一逻辑同样也适用于医疗责任保险的需求分析。其一，严格的执法力度会培养出患者高度的法律意识和维权意识，医疗机构和医务人员面临更为苛刻的患者，很难满足其趋高的医疗预期，[2]发生医疗纠纷的概率大大增加，医疗机构和医务人员面临大量的索赔案件和高额的索赔额度，直接加大了医疗职业的风险，推动了医疗责任保险的市场需求；其二，目前，我国医疗责任保险的模式一般都是由政府通过出台规范性法律文件强制推进，实施强制性的医疗责任保险，如果执法严格，有利于提高医疗责任保险政策的落实与实施，督促医疗机构和医务人员投保医疗责任保险，有效扩大医疗责任保险的市场需求。

第三，医疗责任保险是一个十分复杂的问题，横跨医疗卫生、法律、保险等多个领域，需要通过多个部门的合力才能得以有效实施，同时这些部门的政策会对医疗责任保险的市场需求产生影响。首先，就医疗卫生部门而言，国家卫生健康委员会主导下的医疗卫生体制改革会对医疗责任保险产生很大影响，因为随着市场化医疗体制改革的不断深化，医疗机构所面临的医疗风险较以往有了提升，医疗责任保险在分担医疗机构风险和负担、提高医疗机构管理水平方面具有积极意义，无疑会加大医疗机构和医务人员对其的需求。其次，就法律部门而言，妥善处理医疗纠纷的关键是医疗侵权责任的明确，核心就是通过医疗损害责任鉴定确定医疗侵权的性质。在以前，往往由医疗机构自身或其上级主管部门进行医疗损害鉴定，有损鉴定意见的公正性和中立性。由司法机构参与的医疗损害鉴定，兼具专业性和权威性，有利于医疗

---

[1] 兰虹主编：《财产与责任保险》，西南财经大学出版社2010年版，第167~173页。
[2] 参见刘金章、刘连生、张晔：《责任保险》，西南财经大学出版社2007年版，第372页。

损害责任的明确化和公正化,为医疗责任保险的应用提供了基础支持,扩大了其市场需求。最后,就保险监管部门而言,中国银行保险监督管理委员会(简称银保监会)是我国保险业的监管机构,决定了医疗责任保险主体的市场准入、实施模式等事项,制定的很多政策性规定都对医疗责任保险的市场拓展有直接影响。

三、经济发展水平对医疗责任保险需求的影响

经济基础决定上层建筑,经济的发展水平自然会对作为上层建筑的保险制度产生根本影响。因为经济发展状况会影响社会对保险的市场需求,一般而言,经济发展水平越高,社会经济活动越活跃,社会主体所面临的经济风险也会越高,对保险的需求越迫切;反之亦然。因此,经济发展水平与保险需求有着明显的正相关关系,医疗责任保险也是如此。经济的发展会催生出许多新的医疗服务和医疗技术,同时也会增加人们对医疗服务的需求,"呈现出多元化的整体态势";[1]另外,现代风险社会下,食品安全、交通安全、产品安全等诸多领域蕴含着许多潜在风险,结果是人们对医疗服务的需求越来越大。具言之,经济发展水平与医疗责任保险需求的影响关系主要体现在以下几个方面:

第一,经济发展水平的提高直接改善医疗责任保险需求方的购买能力。如前所述,医疗责任保险的投保人包括医疗机构和医务人员。随着经济发展水平的提高,一方面,医疗机构自身的经济效益和接受的财政扶持力度会越来越大,经济状况会得到明显的改善,这无疑会提高其对医疗责任保险的购买力;另一方面,医务人员的收入水平会不断提高,在逐渐增大的医疗风险威胁下,医务人员对医疗责任保险的购买欲望和购买能力有了显著提高。这也正契合了市场购买力的一般规律:经济发展水平越高,人们的收入就越高,市场对正常商品和奢侈品的购买力就越强。作为规避医疗风险、减轻经济负担的有效途径,医疗责任保险更是如此。另外,购买医疗责任保险还有利于医疗机构和医务人员维持其较高的收入。因为随着法制的不断健全,对医疗损害责任的赔偿标准和赔偿数额越来越高,给医疗机构和医务人员造成很大的经济压力,投保医疗责任保险可以用较少的付出赢取更大的利益空间,具

---

[1] 参见姜凤武:《医疗损害责任制度比较研究》,法律出版社2013年版,第180页。

有很高的经济价值,从而维持其提升以后的收入水平。这刺激了医疗机构和医务人员投保医疗责任保险的积极性,扩大了医疗责任保险的市场需求。[1]

第二,经济发展水平的改善有利于增加医疗机构的数量,扩大医疗机构的规模,提高医疗责任保险的市场需求。医疗卫生服务是一国基本公共服务的重要组成部分,医疗服务水平是判断一国经济发展水平的重要指标。因此,随着经济发展水平的提升,国家会逐步加大对医疗卫生领域的财政投入,增加医疗卫生公共服务的供给,直接表现就是医疗机构的数量增加、规模扩大,医务人员的数量也不断增长。医疗责任保险在保障患者权益的同时,还对医疗机构和医务人员有着莫大的吸引力,因此,医疗服务供给者的不断扩围使医疗责任保险有了众多潜在的投保人,扩大了医疗责任保险的市场需求。

第三,医疗管理体制改革为医疗责任保险的市场扩展创造了条件。伴随着经济的发展,经济体制改革和社会体制改革不断推进,医疗管理体制改革也在不断地深化。事实上,我国的医疗管理体制改革是我国市场经济改革的一部分,以市场为导向是医疗管理体制改革的重要特点。这就说明,我国医疗机构的类型划分将发生重大转变,出现营利性与非营利性的界分,自主经营、自负盈亏的市场化运作将成为主流,商业化运作的一大后果就是医疗机构要自己承担风险。对于非营利性医疗机构而言,由于其不以营利为目的,但是要自己承担医疗责任风险,如此一来,医疗机构一方面会加强内部管理,严格执行规章制度,强化对医疗风险的控制;另一方面会"寻求风险转嫁机制,借助于专业的保险机构,对医疗风险进行科学、合理地评估判断,为医疗机构的风险管控提供合理建议",[2]还实现了医疗赔偿风险的分散和转移。对于营利性医疗机构而言,面对与日俱增的医疗纠纷和经济赔偿,必须努力降低医疗成本才能适应改革的要求,实现利润的最大化。通过购买医疗责任保险来妥善处置医疗纠纷,对患者的医疗损害进行有效的赔偿,有利于维持稳定的医疗秩序,提高经营效率。

四、社会文化因素对医疗责任保险需求的影响

保险业的发展除了受经济发展水平和医疗管理体制等正式制度的影响之

---

[1] 参见强美英:"医疗损害赔偿分担机制初探",载《河北法学》2010年第9期。

[2] 参见陈绍辉、袁杰:"医疗责任保险:强制抑或自愿——现实条件下的模式选择",载《上海保险》2005年第12期。

外，还受一些非正式制度的影响，甚至这些"非正式制度因素对保险业的发展影响更大"。[1] 医疗责任保险的市场需求同样也受社会文化因素的影响，人们对医疗责任保险的认识和接受程度、受教育水平等因素都会对医疗责任保险的深化推广产生影响。

第一，社会文化的转型为扩大医疗责任保险的市场需求创造了契机。在长达两千多年的封建时期，我国长期受儒家思想的影响，推行"重农抑商"的统治政策，工商业并未得到很好的发展，在农业为主的经济结构下，小农经济式的思维方式深入人心，形成了自给自足的国民思维，风险意识严重不足。因此，在文化传统上，中国就缺少对保险业的原始需求。新中国成立以后，国家的各项经济事业全面开展，取得了历史性的成果，但是医疗责任保险并未取得很大的改观。因为在计划经济体制下，市场活跃度极低，医疗卫生行业仍然由国家来经营，医疗风险由国家来承担。因此，医疗机构和医务人员并不存在风险意识，计划经济体制下医疗责任保险的发展空间极为渺小。改革开放以来，社会主义市场经济体制逐渐建立，医疗管理体制的市场化倾向也越来越明显，医疗机构出现了营利性和非营利性的划分，国家对公立性医疗机构的财政扶持力度也在逐渐减小，医疗机构和医务人员的风险意识大为加强。由此，人们对包括医疗责任保险在内的保险业有了认识上的转变，医疗责任保险的发育开始有了一定的社会意识基础。

第二，社会整体受教育水平的提高有利于扩大对医疗责任保险的市场需求。在保险的一般理论看来，人们对保险的认知程度与其受教育水平有直接关系，人们的受教育水平越高，对风险的认知越准确，对风险的厌恶感越强；反之亦然。[2] 这是因为，其一，随着人们受教育水平的提高，人们对风险的发生概率和后果有着更为清醒的认识，对风险的厌恶程度也随之增加，因此加强对风险的管理和控制，寻求转移风险的有效途径，医疗责任保险的市场需求不断扩大；其二，事实证明，人们的收入水平与受教育水平成正相关关系，即受教育水平较高的人群收入也较高，较高的经济实力大大提高了医疗责任保险的购买力；其三，人们受教育水平的普遍提高，社会的整体文化素质得以提升，其中一个重要体现就是公民法律意识和维权意识的强化，社会

---

[1] 参见孟强：《医疗损害责任：争点与案例》，法律出版社2010年版，第287页。
[2] 参见胡海滨："对医疗责任保险的分析与建议"，载《保险研究》2002年第8期。

整体对待保险业的态度更趋于合理,这有利于改变人们对医疗责任保险的认识和看法,为医疗责任保险营造了一个有利的社会环境。

其实,在我国经济大发展的宏观背景下,经济体制改革的深化给人们的思想观念带来巨大的冲击,使其发生巨大转变,这为我国各项事业的进步提供了重要条件,其中就包括了医疗责任保险市场需求的不断扩容。因此,我们要不断地加强对民众的宣传教育,普及医疗责任保险知识,引导人们树立正确的保险观念,不断发掘医疗责任保险的潜在市场,扩大医疗责任保险的市场需求。

第四节 我国医疗责任保险的法治演进

医疗责任保险的法治化,是医疗责任保险制度化的必然要求,是减少不确定性因素对医疗责任保险影响的应然路径,也是充分发挥其积极效应的主要途径。无需赘言,医疗责任保险具有很强的正外部性,其制度失位势必会对医患双方的利益维护造成较大冲击,加剧紧张的医患关系甚至是威胁到社会稳定;另外,如果医疗责任保险的法治化进程受阻,其应有的"联动效应就会大打折扣,实践中的可操作性骤减,制度的随意性加大",[1]随之而来的是制度权威的弱化、市场主体的萎缩和受众的转移。因此,医疗责任保险的法治化具有很强的必要性。

一、医疗责任保险法治化的模式选择

医疗活动的高风险性和医疗责任保险的正外部性,决定了在医疗领域有必要引入责任保险机制,日益升级的医疗纠纷和医患冲突也迫切地需要医疗责任保险予以缓解。有调查显示,在75%以上的医院中,患者及其家属与医务人员出现过冲突,致使很多医务人员因此对医疗行业产生抵触情绪。[2]与医疗侵权相对应的是交通安全,事实上,我国交通安全事故的发生频率及损失程度远在医疗事故之上,但是很少因为交通事故而使双方产生冲突。一个

---

[1] 参见廖晨歌:"浅议我国医疗责任保险体制",载《中国卫生事业管理》2011年第10期。
[2] 参见曾言、李祖全:《医疗责任强制保险制度研究》,湖南师范大学出版社2009年版,第173页。

很重要的原因就是"交通事故责任强制保险（交强险）"的存在，一旦发生交通事故，保险公司即介入理赔程序，根据交警的责任认定和相对健全的法律规定，事故双方都可以得到很好的利益保护。因此，在医疗责任领域也可以考虑引入强制责任保险机制，借助"国家法律、法令或条例推行医疗责任保险"。[1]

在我国，实施强制医疗责任保险有很大的必要性。由于缺乏必要的思想意识基础，单靠以自愿投保为特征的商业责任保险难以实现医疗责任保险的制度目的，而社会性的保险机制又需要雄厚的经济基础为保障。因此，根据我国的实际国情，实施强制性的医疗责任保险模式，既有利于实现其内在的制度价值，又有利于减轻制度推行的阻力。首先，按照保险法的一般原理，对于那些发生概率比较大、后果比较严重，并且责任主体就投保而言存在逆向选择的事项，有必要实施强制保险模式。医疗损害在如上几个方面体现的都比较明显，使得强制性医疗责任保险在理论上成为可能。其次，实施强制性医疗责任保险是有效运用大数法则的需要。保险的目的是实现风险的分散和分担，前提是要对社会和市场中的风险进行集结和分析，这就要求保险人要对尽可能多的同质性风险予以归结，合理预测保险事件的发生概率和损失后果，以此作为确定保险费率的依据，科学经营保险业务。如果某种保险的投保率极低，保险人就不能合理预测损失及风险，医疗责任保险的功效就会大打折扣。最后，强制性医疗责任保险有助于最大限度地保护受害人的合法权益。医疗责任保险的可贵之处在于赋予第三受益人直接请求权，可以要求保险人直接承担相应地经济赔偿金，为受害人提供了寻求救济的渠道。实施强制性医疗责任保险，将医疗机构全部纳入医疗责任保险体系中，覆盖了所有就医的患者，一旦发生医疗损害，受害人就可以获得多渠道利益保护机制的救济，保护了其合法权益。

强制性医疗责任保险对于受害人损害的弥补、医疗机构的风险转移和医患纠纷的妥善解决具有诸多实际意义，但是要发挥强制性医疗责任保险的制度功能，需要具备一定的现实条件。首先，需要有完善的医疗纠纷处理法规和健全的医疗责任认定机制。医疗责任保险的目的在于对受损害的一方当事人进行经济赔偿，以平衡医患双方的经济利益。但是，医疗责任保险本身并

---

[1] 覃有土主编：《保险法概论》，北京大学出版社2001年版，第42页。

不涉及医疗损害责任的认定，反而要依赖于既定的医疗损害责任认定机制来开展具体的保险理赔程序，医疗损害责任的认定是医疗责任保险顺利开展的基础，即只有先确定了责任的主体、损害赔偿的金额，才能进一步地论及医疗责任的承担。这不仅需要专门的医疗责任认定法律法规，还需要具备权威、中立的医疗损害鉴定机制，二者都是界定医疗责任的重要条件。[1]其次，推行强制性医疗责任保险，要具备发育完善的保险市场。强制性医疗责任保险的实质，是借助政府的公权力强制要求投保人参保，但是在市场经济体制下，仍然要发挥市场在资源配置中的决定性作用，医疗责任保险的强制实施也不能忽视保险市场的作用。只有具备了稳定的保险市场，保险人才能有效地运用大数法则，尽可能多地集结市场中存在的风险，并对其进行概率评估，进而准确地确定保险费用。医疗责任保险的科学管理与经营也有助于培育医疗责任保险市场，由此形成一种良性的循环机制。最后，强制性医疗责任保险与我国的医疗管理体制改革相辅相成。目前，实施以市场化为导向的医疗管理体制改革是我国市场经济改革的重要组成部分，医疗责任保险制度是医疗管理体制的一大模块，二者相互促进。一方面，对医疗管理体制改革的深化为强制性医疗责任保险的实施提供了宏观的制度背景，能够在风险管理、责任划定、赔偿机制等方面提供配套的制度措施，客观上要求对医疗风险进行有效地分担，医疗责任保险正是对这一改革思路的制度回应；另一方面，强制性医疗责任保险大大减轻了医疗机构的责任风险，减少了医疗纠纷和医患冲突的数量及压力，有利于其将更多的精力放在医疗技术的革新上，助推其进入市场化运行的轨道，推进了我国医疗管理体制改革的步伐。

二、医疗责任保险法治化的具体构想

承前所述，医疗责任保险有必要推行强制实施的方式，但是通过何种具体模式来实现这一愿景还需要进一步地明确，这是医疗责任保险法治化进程中一个亟需解决的问题。除此之外，法治化语境下的强制性医疗责任保险还需要进行具体的制度设计。

（一）强制性医疗责任保险法治化的路径选择

在国内外的医疗责任保险探索实践中，强制性医疗责任保险的实施主要

---

[1] 参见韦松："论医疗责任保险的发展"，载《保险研究》2003年第7期。

借助两种外在力量,依此可以将强制性医疗责任保险的路径做不同的界分:行政主导式和立法主导式。顾名思义,前者是指借助行政机关的公权力来推行医疗责任保险,通过出台政府性规范文件强制医疗机构投保医疗责任保险,主要通过行政的力量推进医疗责任保险的实施;后者是指通过立法机关的立法程序,对医疗责任保险的实施方式予以界定,规定了投保人和保险人的权利和义务,明确医疗机构和医务人员购买医疗责任保险的强制性义务,并配以一系列的辅助规定,如"违反义务的惩戒措施、医疗责任保险的实施机关和监督机关"[1]等,旨在把医疗责任保险转变为法定保险。

就行政主导路径而言,优势在于效果的即时性。推行强制性医疗责任保险的行政主体一般都是医疗行政机关,是医疗机构的主管部门,其行政命令的执行对医疗机构的运营有着直接的、不可逆的影响。在行政主导路径下,主管行政机关的部门权威得以运用,医疗机构鲜有回旋余地,出于对违反行政命令后果的畏惧往往会选择遵守,因此会在短期内有力地推进医疗责任保险的实施。但是,行政主导路径下的医疗责任保险也有着不可弥补的缺陷。首先,政府强力推行医疗责任保险弱化了市场主体的作用,使医疗责任保险的需求转移至行政干预。医疗机构参与医疗责任保险并非是内在的行为激励使然,而是出自对主管部门公权力的畏惧。这就使医疗责任保险缺乏持续发展的长效动力机制,一旦监管放松和干预不足,医疗责任保险的稳定性就会受到影响,容易出现较大的波动。其次,通过政府强力来推行医疗责任保险有违当代行政权力行使的基本理念。行政权力的行使沿循了从直接干预到间接调控的进化逻辑,行政机关行使职能的服务色彩愈发浓厚。行政主导下的医疗责任保险,与行政权力的这一演化逻辑相悖,不符合当代行政权力间接性和服务性的基本要求,如果推行不当,甚至会引起医疗机构和主管机关的冲突和矛盾。

反观立法主导下的医疗责任保险,相较而言更加契合医疗责任保险的属性。首先,从制度性质上来看,医疗责任保险在保护患者利益、分散医疗风险、缓和医患关系、促进医疗事业发展等方面有着积极作用,有助于维护社会稳定,具有一定的社会公益属性。虽然不能将其纳入基本社会保险和社会

---

[1] 董文勇:"我国医疗责任保险法律制度构建的问题与方案",载《河北法学》2014年第6期。

保障的范畴，但是不可否认的是，"医疗责任保险确实扮演着社会保障的角色"。[1]因此，一定程度上而言，医疗责任保险具有社会保障性质。通观世界主要国家的立法实践，为了建立制度实施的长效机制，对于具有社会保障性质的社会制度，通常通过国家立法的形式予以确定，借助法律的权威强制实施。其次，从实施方式上来看，在立法路径下，医疗责任保险被赋予了法律的权威性，对医疗机构而言，参与医疗责任保险变成一种法律义务，而不再是出于对主管机关权力的畏惧，进而逐步转化为医疗机构的内在驱动。实施方式的法治化使得医疗责任保险的强制性推行有了天然的合理性，克服了行政模式的弊端，有助于减轻实施中的阻力。最后，从国家治理能力的视角来看，立法路径体现了国家把法律作为社会治理的重要手段，使社会治理趋于理性化。医疗责任保险实际上是社会治理的一种重要途径，医疗风险的化解和分散降低了整个社会的风险系数，有助于改善社会治理局面。医疗责任保险的法治化，意味着医疗责任保险也被纳入"依法治国"的轨道中，国家社会治理的法治化程度不断加深，提升了社会治理能力。

（二）强制性医疗责任保险法治化的制度设计

医疗卫生事业是我国基本公共服务均等化构想的重要维度，具有一定的社会公益性质，基于其这一属性，相应的医疗风险也应当由社会来分担。推行医疗责任保险是分担与日俱增的医疗风险的有效途径，是发挥医疗卫生事业公共服务功能的重要保障，还有助于维护稳定的医疗秩序。纵使医疗责任保险有诸多重要的功能，但是其价值的实现还需要借助于具体的制度设计，具体而言，包括以下几个方面。

第一，在法律设计上，应当完善立法，不断提高公民的法律意识。对于强制性医疗责任保险的实施路径，前文已有论证，立法主导路径有着行政主导路径所不可比拟的优势，更加适合我国的实际国情。要选择实施立法主导下的强制性医疗责任保险，首先就要完善立法，制定专门针对医疗损害责任和医疗责任保险的特别法。[2]重视并完善宪法对公民生命健康权的相关规定，因为宪法是下位法围绕生命健康权进行制度保护的根本依据，所以要从立宪

---

[1] 参见陈瑶、夏兴林、赵曙："我国医疗责任保险的现状、原因及对策"，载《贵州大学学报》（社会科学版）2009年第2期。

[2] 参见郭丽军："论医疗责任保险的发展"，载《保险研究》2002年第10期。

的层面强化对公民权利的保护。在基本法层面，制定医疗损害责任法，对医疗损害责任进行统一的规范，明确医疗损害责任赔偿的范围，确立科学合理地责任承担机制；采用过错推定原则，出于平衡利益的目的对受害患者进行倾斜保护，减轻其举证责任；对医疗损害经济赔偿的范围和幅度予以明确化，以实际受到的损失为赔偿的界限，杜绝部分患者为了获取赔偿而过度地与医疗机构进行交涉。除了立法完善，还应注重公民法律意识和权利意识的培养。其一，要加大对医疗责任保险的宣传力度，使医疗机构和医务人员形成一种正确的认识，强化其风险意识，对医疗责任保险的价值功能形成一种理性的判断，并使其意识到投保医疗责任保险是不可推卸的法律义务；其二，要普及法律知识，加强法制宣传，提高公民的权利观念和维权意识，这有利于督促医疗机构增强风险意识，促使医务人员勤勉尽责，形成一种助推医疗机构和医务人员投保的动力。

第二，在保险费用上，应当加强研究，科学合理地确定费用标准。目前，医疗责任保险推行不利的重要障碍之一就是保险费用的设定不合理，因为保险费用的高低会直接影响到医疗责任保险的实施效果。保险费率的设置要综合考虑多方因素，包括风险的发生概率、损失后果的危害程度、保险期间的长短、经营费用的高低等。因此，无论是保险人一方的经营状况，还是被保险人一方的经济实力，都会对保险费用的确定产生直接影响。但是，反观我国的实际情况，医疗责任保险的发展历史短暂，行业经验不足，精算技术较为落后，缺乏对医疗责任保险的研究和认识，在经营理念和经营成本上不甚理想；同时，医疗机构大多靠国家财政扶持，经营效益不高，如果不能制定科学合理的保险费率，很可能会加大医疗机构的经济负担，阻滞其投保的积极性。对此，应当设定多层次的、灵活的保险费用机制。[1]具体而言，医疗责任保险费率的确定，要参考参保的医疗机构过去发生医疗损害的概率，对于发生医疗损害事故较多的医疗机构，应设定较高的费用标准；同时考虑医疗机构的性质和级别，对于级别较高的公立医院而言，具备先进的医疗设备、经验丰富的医务人员，前往就医的患者就会比较多，发生医疗损害的概率会比其他医院高，要设定较高的保险费率；对于医务人员的保险费用标准，要

---

[1] 参见孙纽云、陈华、金缦："我国的医疗责任风险及治理研究"，载《保险研究》2011年第3期。

参照其所处的科室和具体的职务进行确定；另外，还要考虑不同地区的经济发展水平和人均收入水准。唯有如此，才能满足不同层次的医疗机构和医务人员的多样化需求，根据其实际的承受能力确定保险费用，更有助于调动其参与医疗责任保险的积极性，推进其法治化进程。

第三，在配套制度上，应当建立健全明确的医疗损害鉴定制度。医疗损害鉴定制度是承担医疗损害责任的基础性制度，是整个医疗损害责任制度的核心和关键环节，只有通过科学合理地医疗损害鉴定，明确医患双方的责任，为进一步地适用法律提供依据，构成医疗责任保险制度运行的基础。因而，医疗责任保险制度的法治化离不开医疗损害鉴定制度的完善。首先，完善医疗损害鉴定制度应当坚持统一化原则。具体而言，一方面，医疗损害责任的鉴定必须在一个统一的法律框架内进行，要坚持《中华人民共和国民法典》侵权责任编对医疗损害责任的统一规定，克服长久以来在医疗损害责任鉴定问题上存在的二元化倾向；另一方面，国家要制定统一的准入标准和门槛，规定医疗损害鉴定主体必须具备的专业资质、专业人员等，设立医疗损害鉴定特别许可制度。[1]其次，医疗损害鉴定应当坚持专业性原则，医疗损害鉴定的主体应当具备一定医疗技术资源，同时遴选具有丰富行业经验的人员组成鉴定专家组，确保医疗损害鉴定的科学性和专业性。最后，医疗损害鉴定应当坚持标准化原则。其一，医疗损害鉴定必须依据明确、统一的标准，包括医疗行为的过错及程度、损害后果、因果关系等内容，因为我国目前医疗损害的鉴定机构包括医学会和社会司法鉴定机构，唯有确定具体、明确的鉴定标准，才能确保鉴定意见的说服力；[2]其二，还要坚持鉴定程序的标准化，这不仅要求每一个具体的医疗损害鉴定遵循统一化、标准化的程序，还意味着要给对鉴定意见不服的当事人提供救济的渠道。

---

[1] 参见肖柳珍、王慧君："医疗损害司法鉴定特别许可制度的探讨"，载《中国司法鉴定》2011年第3期。

[2] 参见尤中华："当前医疗事故技术鉴定中的问题及建议"，载《法律与医学杂志》2004年第1期。

第四章
医疗责任保险法律制度的域外借鉴

医疗责任保险法律制度的好坏，直接关乎医务人员与患者双方的利益，也会影响到我国医疗事业的进一步发展。因此，对于我国仍在发展中的医疗责任保险法律制度而言，如何保证一个正确的制度发展方向，并尽可能避免不合理的制度设计带来的损害，是一个亟需关注的问题。而这一问题的解决，一方面需要制度设计者通过细心的斟酌，设计出一个较为完善的制度；另一方面还需要我们借鉴域外的成功经验和相关教训，避免制度发展中发生问题。目前，世界上很多国家和地区均已建立起较为完善的医疗责任保险法律制度，而这一制度在这些国家或者地区中也发挥了十分积极的作用，比如美国、英国等欧美国家，均通过医疗责任保险法律制度的设立，有效地缓解了医患矛盾，保证了医疗事业的健康发展。与此同时，这些国家也在医疗责任保险法律制度的设立中遭遇了一些问题，有些问题至今没有解决。关注其他国家和地区的医疗责任保险法律制度，将为我国建设良好的医疗责任保险法律制度提供很多有益的思考与借鉴，更有助于我们将一些问题防范于未然，所以需要我们予以重视。

第一节 美国医疗责任保险法律制度

一、美国医疗责任保险法律制度的模式选择

美国是一个以自费医疗为主、公费医疗为辅的国家，私人医院在医院中占绝大多数，同时在美国，医师职业也普遍是一种自由职业，[1]他们并不必然为某个医疗机构工作。相应地，美国的医疗责任保险也并未被纳入其社会

---

[1] See Sarath B., "Uncertain Litigation and Liability Insurance", *The Journal of Economics*, Vol. 2, 1991, p. 22.

保障之内，而是采取近乎完全商业化的运作模式，不管是私人医疗机构，还是作为自由职业者的医生，均可以自行购买医疗责任保险，成为医疗责任保险的责任主体[1]。在这种高度商业化的医疗责任保险模式下，首先由保险公司根据相关医疗领域的风险程度以及医生或者医疗机构自身的业绩来制定医疗责任保险保单，再由医生或者医疗机构自行出资购买。[2]

虽然美国的医疗责任保险采取的是商业化的运作模式，但是鉴于美国医疗事故的高额赔偿金，仅凭医生个人或者医疗机构难以负担，为了保障患者的权益，维护医患关系的稳定，促进医疗事业的发展，美国约有 10 个州（如佛罗里达州、科罗拉多州等）的法律规定，参加医疗责任保险是医务人员的法定义务，医疗责任保险属于法定强制责任保险。在加利福尼亚州、密苏里州等，医疗责任保险是医疗机构取得开业执照的重要参考因素。在印第安纳州、新墨西哥州等，医疗责任保险虽然没有强制的色彩，但法案提倡医务人员参加医疗责任保险。[3]而患者为了更好地维护自身的利益，也往往会将对方是否购买了医疗责任保险作为自己择医就诊的重要衡量因素。因此，从法律规定与社会环境两个方面来看，医疗责任保险都是医生与医疗机构从业的重要前提。[4]这也是美国医疗责任保险采取商业化模式且保费昂贵，投保率却始终很高。[5]

综合以上论述可以得出，美国在医疗责任保险制度上选择的是一种商业性的运作模式，这与其自身的国情是十分契合的。但同时又通过法律的相关规定，确保医生与医疗机构投保医疗责任保险，从而使该保险制度得到广泛

---

〔1〕 参见王毓纶：“医疗责任保险制度的国际比较——兼论我国医疗保险制度的发展进程及对策”，中国海洋大学 2008 年硕士学位论文。

〔2〕 这种商业型的医疗责任保险模式，从美国本国学者对这一制度的定义中也可看出，具体可参见 "Physicians and Other Medical Professionals Pay Insurance Premiums to Cover Payments For awards Resulting From lawsuits"，载 http://www.mpmlc.com/，最后访问日期：2014 年 12 月 3 日。

〔3〕 参见任婷：“中外医疗责任保险法律制度的比较研究”，中国海洋大学 2007 年硕士学位论文。

〔4〕 See Dr. William P. Gwnnar, "Is There an Acceptabl Answer to Rising Medical Malpractice Premium", *Annal of Health Law*, Vol. 13, 2004, p. 427.

〔5〕 医生投保医疗责任保险的比率高达 100%，一般一个医生近 1/3 的收入都用来购买保险，参见乔世明：“我国医疗责任保险模式之探讨”，载《中南民族大学学报》（人文社会科学版）2006 年第 3 期。

的应用,进而充分发挥其应有的作用。

二、美国医疗责任保险法律制度的历史演进

责任保险作为一种制度最早产生于 19 世纪的欧洲,被引入美国则是在 1887 年,随后 1899 年诞生了美国第一家医疗责任保险公司。由此可见,美国医疗责任保险制度肇始于 19 世纪末期,至今已有 100 多年的历史。其中,19 世纪末至 20 世纪 50 年代美国医疗责任保险制度处在缓慢发展时期,这是因为在这段时期,医疗责任保险一直被医生与医疗机构所冷落,一些保险公司为了增加医疗责任保险的销售额,不得已只能将其与其他险种捆绑在一起进行销售。

在 20 世纪 50 年代之后,随着医疗责任保险业的快速发展,医疗责任保险制度也进入了快速发展期,至 20 世纪 70 年代已经形成了相对完善的制度体系。在保险制度形成的这段时期内,美国的医疗责任保险公司在其设立的宗旨、采用的形式以及运作模式上同一般商业保险公司无异。公司的宗旨都是实现利润的最大化,形式上多是私营公司,部分公司还是上市公司,而运作的模式上也是传统保险业的模式——投保的医生或者医疗机构每年缴纳一定数额的保险费,一旦发生医疗事故,则由保险公司负责相关的赔偿事宜。由于在上述这段时期内,美国的医疗事故诉讼比例较低,且患者胜诉的难度较大,因而商业性医疗责任保险业呈现出一种稳步上升的趋势。

在 20 世纪 70 年代之后,美国的医疗伤害案件的数量开始攀升,[1]而司法的改革使得赔偿数额增加,[2]患者胜诉的概率也有所提升,由此造成商业保险公司的承保能力很大幅度降低,部分商业保险公司还因此破产或者不再

---

[1] 据统计,在美国,1978 年每 100 名医生中就有 16 人因医疗事故被起诉,而 1965 年每 65 名医生中只有 1 人被起诉;60% 的妇科医生曾被起诉,20% 曾被起诉 3 次以上。参见 Fleming, *The American Tort Process*, Clarendon Press, 1988, pp. 16-17; Dias, Markensinis, *Tort Law*, Clarendon Press, 1989, p. 3.

[2] "一方面,由于美国侵权法体系不断的改革与完善,在改革的影响下针对医疗服务所产生事故提出的索赔金额有逐步上升的趋势,原因是完善的侵权法体系使得受害者相信他们应该获得更多的赔偿。另一方面,美国法律系统在侵权领域所使用的赔偿金体系长期以来一直包括了惩罚性赔偿金和疼痛与痛苦的补偿两部分内容,这两部分的赔偿金额的过快增长,使得侵权者需要为败诉支付大量的赔偿金。"张瑞纲、许谨良:"美国医疗责任保险危机成因剖析及启示",载《南方金融》2013 年第 6 期。

从事医疗责任保险业，而剩下的商业保险公司开始向医院和医生收取更加高昂的保险费以维持运营，致使全美众多医院与医生负担不起昂贵的保费或者根本买不到相应的保险，[1]而没有保险作为自己的后盾，这些医院与医生对于高难度的医疗服务往往选择回避，有的甚至因此而退出了医疗服务领域，造成很多患者没有办法获得及时的救治，这给美国带来了严重的社会危机，而这一社会危机也被称为美国医疗责任保险危机。

美国医疗责任保险制度在经历了前期的发展后，至20世纪70年代，危机前后共爆发了三次，分别是20世纪70年代、20世纪80年代以及21世纪初期。第一次危机爆发时，美国本土49个州拟通过颁布新的法令来降低医疗事故诉讼的花费，以此来应对危机。[2]但从之后的结果来看，这项举措并没有起到预期的效果，因此在接下来的20世纪80年代以及21世纪初期，新的医疗责任保险危机接踵而至，并且危机的严重性较70年代有过之而无不及。"据不完全统计，在2000年至2002年的短短两年间，职业过失责任保险之保险费总额增长了15%，并有数家大型保险公司相继退出了医疗职业过失责任保险市场。"[3]从表面上看，这三次危机的爆发皆因巨额的医疗事故赔付额使得保险公司纷纷提高保险费用或者退出医疗责任保险市场所致，但深入分析后可知，美国医疗责任保险危机实际是其不合理的医疗体制、法律制度、司法惯例和保险政策之间相互作用的结果。[4]

面对一次又一次的医疗责任保险危机，美国从政府到民间都采取了一系列的措施，试图解决危机。首先，在政府方面，对美国的医疗体制、法律规定以及保险制度都进行了相应的改革。具体包括：一是在医疗体制上，加强医疗审批机构对医生与医疗机构的监督，完善对医疗风险的预防以及对患者

---

[1] See Robinson GO, "The Medical Malpractice Crisis of the 1970's a Retrospective", *Law Contemporary Problems*, Vol. 2, 1986, pp. 5-35.

[2] 如加利福尼亚州1975年颁布了《医疗伤害赔偿改革法案》，对精神损害赔偿设置25万美元的上限。参见 Leopold G. K, "Compensate for Mental Suffering Medical Malpractice Reports", *Medical Practice Management*, Vol. 12, 1999, p. 503.

[3] 林暖暖："美国无过错医疗责任改革：制度缘起与法理启示"，载《中国社会科学》2010年第2期。

[4] 参见王毓纶："医疗责任保险制度的国际比较——兼论我国医疗保险制度的发展进程及对策"，中国海洋大学2008年硕士学位论文。

安全的保障机制。二是在法律制度层面，确立医疗机构责任制，促使医疗机构加强管理；对医疗事故赔偿案件的审理进行改革，鼓励双方庭外和解；专门设置医疗法庭，由医疗案件审理经验丰富的法官组成，提高办理医疗责任案件的效率；设立医疗纪律委员会，将一些不属于医疗事故的案件排除在法庭之外；开创替代性医疗纠纷解决机制，通过医疗调解和仲裁的方式解决医疗事故纠纷；对医疗事故的赔偿数额在一定程度上加以限制。[1]三是在保险制度上，加强对保险费率的管理，规定未经保监会同意，不得随意变更费率；允许患者自购医疗责任保险；要求保险费跟医生自身的行医和事故记录相符合；将传统的"过错保险"变更为"无过错保险"。

除了政府，美国的医生与医院也开始在传统商业医疗责任保险之外寻找解决途径，同一地区或者同一专业的医生开始联合起来，创设了相互保险基金，并在此基础上逐步演变成相互保险公司，这种保险公司是不具有盈利性的法人团体，其投保人与被保险人是一体的，所有投保人均有权通过决策机关参与到公司的运营中，而公司经营所产生的收益归其全体成员享有。这种相互保险公司产生后，在美国快速发展，目前在加利福尼亚州、纽约州等州均有医疗责任相互保险公司，这种保险公司也成为传统商业医疗责任保险公司的有效补充。

除了上述新类型的保险公司诞生外，美国医疗责任保险制度中还设立了一系列的第三方机构，来保证医疗责任保险制度的有效运行。这其中包括了美国保险服务局、美国医师保险协会和医疗责任监测所。其中，美国保险服务局是由保险公司所设立的服务机构，其主要职责是确定保险费率，具体操作主要是通过分析会员公司向其提供的原始材料，确定一个准确合理的保险费率；美国医师保险协会同样是由保险公司组建的医疗责任保险服务机构，其最突出的功能是为其会员公司提供再保险服务；医疗责任监测所与前面两个机构相比，其服务对象更加广泛，除了为社会公众提供权威的医疗责任保险和风险管理资讯并预测医疗责任保险的发展趋势外，还提供法律服务。上述第三方机构的存在对美国医疗责任保险制度的发展起到了十分积极的推动作用。

---

[1] See James C., "American Medical Malpractice Litigation in Historical Perspective", *JAMA*, Vol. 283, 2000, pp. 1731-1737.

三、美国医疗责任保险法律制度的主要内容

(一) 体系架构

经过了前期的发展之后,美国现已建立起以商业型医疗责任保险为主体,以医生互助组织为补充,政府、保险公司和医生等社会各方主体共同参与的医疗责任保险体系。作为世界上最早开展医疗风险管理活动的国家之一,美国的医疗风险分担机制呈现出一种十分多样化的特点,该机制中除了商业保险,还有医生自我发起的互助保险、政府创设的联合保险协会以及个别州设置的各类医疗责任基金等。同时,如果医务人员受雇于联邦或者州政府,则其医疗责任保险由所雇佣他们的政府部门负责购买。[1]虽然美国医疗责任保险模式多种多样,但从总体上说,美国医疗责任保险的主体依旧是商业型医疗责任保险。

(二) 保险主体

在美国的医疗责任保险体系中,还包括诸多的主要的保险人就是商业型医疗责任保险公司,而投保人及被保险人除了医生外,还包括超过90种职业的医疗服务从业者。[2]此外,除了上述两类主要的保险关系主体,还存在着诸如医疗责任检测所、医师保险协会以及美国保险服务局等各种组织机构。这些机构虽然没有直接参与到保险关系中,但在美国医疗责任保险体系中扮演着十分重要的角色。其中,医疗责任检测所负责提供权威的医疗责任保险和风险管理资讯、预测医疗责任保险的发展趋势,并提供法律服务。美国医师保险协会则为其会员公司提供保险教育服务。美国保险服务局负责确定保险费率。

(三) 保险关系

首先需要明确的是,虽然美国实行商业型医疗责任保险,但法律将加入

---

[1] See Michelle M. Mello, J. D., Ph. D., M. Phil, "Understanding Medical Malpractice Insurance: A Primer", *Research Synthesis Report*, Vol. 8, 2006.

[2] See "Healthcare Providers Service Organization (HPSO) offers Insurance Solutions to over 90 Healthcare Professions", 载http://www.hpso.com/professional-liability-insurance/; "Professional Liability Insurance Coverage through HPSO is Available for Individual Healthcare Professionals, Healthcare Businesses, Small Groups, and Schools of Allied Health", 载http://www.omniglot.com/om/insurance/medical_ professional_ liability_ insurance.html.

责任保险作为行医的前置条件，因此医生无权放弃购买该保险，这使得商业型医疗责任保险关系有一定的强制性。在这一关系中，医生的主要职责是交纳保险费，而保险公司则负责医疗事故的经济赔偿以及对医疗纠纷的处理。

（四）筹资渠道

美国医疗责任保险的资金主要来源于医疗服务者自身交纳的保险费。[1] 据统计，美国医生年平均收入约20万美元，其中约1.5万美元用于购买医疗责任保险，相当于其年收入的7.5%；外科系统和产科等风险较大的医生投保费用可达5万~10万美元，高达年收入的40%~50%。[2]

（五）理赔机制

在美国商业型医疗责任保险体制下，当医疗纠纷发生后，首先由医疗评审与监督委员会进行调解，调解没有达成一致意见的，可以向法院提起诉讼，由陪审团来确定医院或者医生在纠纷中是否存在过错，再由法官进行判决，一旦认定医院或者医生有过错，则由其投保的保险公司负责赔偿。

（六）产品市场

美国医疗责任保险险种丰富，市场的规模十分庞大。为了更好地适应不同地域、机构和执业类型的需求，美国保险业推出了类型多样的责任保险。[3] 但从总体而言，美国的医疗责任保险保单可以分为两种：一种是以期内发生事故为赔付基础的保单，另一种则是以期内报告赔案为基础的保单。由于医疗责任险危机的影响，为了防止"长尾事件"，目前的趋势是后者快速增加，前者迅速减少。[4]

（七）政府责任

美国医疗责任保险的发展离不开政府的扶持，政府一系列的措施成为医

---

[1] See Nordman E, Cermak D, McDaniel K., "Medical Malpractice Insurance Report: A Study of Market Conditions and Potential Solutions to the Recent Crisis", Kansas City, MO: National Association of Insurance Commissioners, 2004.

[2] 参见朱铭来、焦峰："医疗责任保险制度的国际比较研究"，载《保险研究》2008年第7期。

[3] See Nordman E, Cermak D, McDaniel K., "Medical Malpractice Insurance Report: A Study of Market Conditions and Potential Solutions to the Recent Crisis", Kansas City, MO: National Association of Insurance Commissioners, 2004.

[4] 参见朱铭来、焦峰："医疗责任保险制度的国际比较研究"，载《保险研究》2008年第7期。

疗责任保险业健康发展的保障。首先，政府在税收上对医疗责任保险给予了极大的优惠，对医疗责任保险仅征收2%的营业税，远低于其他行业。其次，美国国会还通过立法，督促相关机构建立专门分析与监控医疗事故的数据库，以对医疗责任事件进行更好地监控与预防。最后，美国一些地方的州政府为了解决一些医生无法购买商业保险的问题，还发起设立了联合承保组织，主动扮演了"保人"的角色。还有一些州政府则建立了患者赔偿基金，以保证患者获得足够的赔偿。[1]

四、美国医疗责任保险法律制度的特色及评价

（一）美国医疗责任保险法律制度的特色

具体而言，美国商业型医疗责任保险法律制度其运作与特点主要表现在以下几个方面：

1. 商业化模式运作、保费高昂

不像中国，美国的医疗卫生机构以私营为主，医疗卫生消费是一种个人意义上的消费。美国的医疗责任保险也是完全由医师与医疗机构向商业性保险公司进行购买，而医疗消费者或者说患者则普遍将是否购买医疗责任保险作为其作出就医选择的重要参考标准。[2]医师之间或者医疗机构之间为了吸引患者就要花费巨额资金向商业保险公司购买医疗责任保险。据统计数据显示，美国一名执业医师的平均年收入约为20万美元，但是每年每位医师花费在购买医疗责任保险上的平均费用就高达2万美元，近乎其年收入的1/10，并且风险较大的妇产科、外科医师每年用于购买医疗责任保险的费用会高达5万至10万美元，有些危险系数非常高的科室医师甚至无保可买。[3]美国完全商业化的医疗责任保险，使得经济效益的考量成为商业保险公司行为的第一参考指标。再加之，美国的医疗责任之司法认定采用民法上的侵权责任标准，法院普遍习惯性地对患者权利采取一种倾斜性保护的司法立场，使得保险公司面临着巨大的赔付比率和数额，因此在美国医疗责任保险中，出现保

---

[1] 参见王琬、孙纽云："医疗风险分担机制的国际比较与经验借鉴"，载《湖北大学学报》（哲学社会科学版）2012年第6期。

[2] See Weiler P. C., *Medical Malpractice on Trial*, Harvard University Press, 1991, p.62.

[3] 参见姜凤武：《医疗损害责任制度比较研究》，法律出版社2013年版，第175页。

费高昂而数量稀缺的"可获得性"危机也就不难理解了。

2. 保险范围宽泛、保险赔偿巨大

保险范围宽泛、赔付额度大是美国医疗责任保险制度的另一重要特色。其医疗责任保险的范围包括因过错医疗行为造成的损害与医师未尽职责而对患者人身所造成的损害。并且，由于考虑到有些医疗损害的发生并非是突然而直接的，而很可能是在一定时期内慢慢积累而导致的，美国医疗责任保险行业于1996年将其医疗保险责任事故由"意外事故发生基础"修改为"事故发生基础"，从而将保险范围进一步扩充，以将一定时期内连续发生的损害纳入保险范围之内。此外，美国医疗责任保险亦将医师对于患者的诽谤、羞辱以及对患者隐私权的侵犯也纳入保险范围之内。不过，对于医师所从事的与医疗行为无关的个人行为、场所责任、违约责任、其他犯罪行为或者处于麻醉、酗酒状态下的失职行为并没有被纳入保险范围。[1]

医疗责任保险的保险标的为医师的医疗行为，因为其具体价值难以估算，所以医疗责任保险的保险赔付额度也往往大小不一。而且，由于美国的医疗责任保险采取完全商业化的运作模式，医疗责任保险赔付限额一般是由保险公司与医师或者医疗机构双方约定，医师与医疗机构付出了高昂的保险费用自然会要求较大的赔付比率。并且，美国的司法机关对于医疗损害赔偿一直适用侵权责任规则，适用侵权法的"惩罚性赔偿金"。一般而言，民事责任应以补偿性责任为主，即经济赔偿以补偿对方当事人的损失为限度，[2]但是"惩罚性赔偿金"适用的目的不仅仅在于对患者的人身损害予以补偿，还在于对医师或者医疗机构的不当行为进行震慑，已经具有了公法性质的惩罚性功能，这无疑加大了医疗责任保险的赔付额度。并且，美国医疗责任保险还要对医师给患者所造成的"疼痛与痛苦"进行赔偿，这种类似于"精神损害赔偿金"的适用使一旦患者提起的诉讼获得胜诉，保险公司将付出巨额的保险赔偿金。

3. 无过错责任与司法权利的倾斜性配置

美国的医疗责任保险之司法裁判适用的是无过错责任原则。所谓无过错医疗责任，一言以蔽之即患者若遭受医疗所致的严重伤残，有权从赔偿基金

---

[1] See American Tort Reform Association, *Judicial Hellholes*, 2006, pp. 2-3.
[2] 参见张新宝、李倩："惩罚性赔偿的立法选择"，载《清华法学》2009年第4期。

或其他组织获得医疗赔偿而无需证明医疗机构或医务人员实施的行为有过失的一种责任模式。[1] 美国的无过错医疗责任制度起源于20世纪70年代的医疗危机，为了克服患者在医疗损害赔偿案件中的弱势地位，保障患者的损害赔偿请求权，司法机关自那时起逐渐对医疗损害赔偿案件适用侵权法上的无过错责任原则。

无过错责任原则的采用的确在很大程度上维护了患者一方的权益，但是在实践过程中也产生了很多棘手的问题，这些问题在一定程度上引发了美国日后的医疗责任保险危机。司法裁判中无过错责任原则的适用直接降低甚至消除了患者一方的举证责任，使得患者胜诉的几率大大增加。又加之医疗损害赔偿案件需要高额的诉讼代理费用，一旦实践中患者受到伤害或者对医师不满，在律师的怂恿与鼓励之下，即有可能提起大量的损害赔偿诉讼。当案件进入司法环节以后，主审法官与陪审团则会受到个人情感因素的影响，近乎下意识地将天平倾斜于患者一方。再加上"惩罚性赔偿金"与"疼痛与痛苦赔偿金"的适用，使得商业保险公司的处境异常艰难。而现在医疗卫生手段的日臻完善，更使得患者及其家属对于医师有着"凡病皆可医"的不切实际的幻想，一旦病患未能被医治到符合其先前预期的水平，其就有提起诉讼的充分情感与利益动机。[2] 商业保险公司因为保险赔偿金支出的巨额化，而不断增加保险费用，这无疑极大增加了医师与医疗机构的经济负担，为了减少保险费用支出，医师则会拒绝医治高危患者，[3] 这反过来最终损害的又是美国广大人民群众的医疗卫生利益。

（二）美国医疗责任保险法律制度的评价

1. 美国医疗责任保险法律制度的优点

（1）对患者保障能力强

所谓医疗责任保险的保障能力，是指医疗责任保险所能发挥的对于患者

---

[1] See Paul C. Weiler, "Case for No-Fault Medical Liability", *Maryland Law Review*, Vol. 52, 1993, pp. 919-920.

[2] See Randall R. Bovbjerg and Frank A. Solan, "No-fault for Medical Injury: Theory and Evidence", *U. Cin. L. Rev.*, Vol. 67, 1998, p. 53.

[3] 在美国，医师所缴纳的医疗责任保险费用与其的医疗事故发生率挂钩，医疗事故发生少的医师所缴纳的保险费会低与事故发生比率高的医师。因此，医师从少缴保险费用的角度考虑，会避免接收具有极大医疗风险的患者。

侵害的偿付能力。从前面对美国医疗责任保险的梳理中可以看出，商业化的医疗责任保险有着极高的赔付比率，另外对于恶意或者严重过失而引起的医疗事故，还可以适用"惩罚性赔偿金"与"疼痛与痛苦赔偿金"，使患者在医疗事故中能够获得巨额的赔偿。而在医疗事故赔偿的司法诉讼中，美国法院通常采取对患者倾斜保护的政策，使患者在发生医疗事故之后获得巨额赔付的概率大增。高额的赔付金与极高的胜诉概率，无疑对于患者是十分有利的。因此，美国的医疗责任保险有着很强的保障能力。

（2）对医生有良好激励性

按照保险学原理，保险费用的高低与差额设计，可以起到对被保险人或者投保人的激励性作用，不合理的保险费设计也容易诱发投保人或者被保险人的道德风险行为和保险市场的逆向选择问题，因此可以说保险费率的设定对于医疗责任保险的运作而言至关重要。美国商业型医疗责任保险的保险费率设定采取的是一种差异化的方式，即高风险则高费率、低风险则低费率。这种医疗责任保险费率的设定方式，可以对医师起到较好的激励性作用，如一个医师在行医的过程中，为了避免因为自己的过失而引发医疗责任事故，就会采取更为谨慎的态度与措施实施医疗救治行为，以避免因为医疗事故的发生而被克以高额的保险费用。

（3）制度自身的可持续性强

任何一项制度必须具备可持续性才能经得起实践的检验，医疗责任保险法律体系也不例外。从可持续性方面而言，美国的商业型医疗责任保险制度，就其运作模式本身而言充分具备可持续性的优势条件，因为完全商业化的保险模式，可以实现保险风险在市场层面的大范围扩散，使得单个主体所承受的风险量大幅度缩减，因此运行亦能够更加持久。

2. 美国医疗责任保险法律制度的不足

（1）增加了患者的就医成本

美国的商业型医疗责任保险采取市场化方式运作，高额的赔付款来自高额的保险费，虽然保险费的缴纳主体是医生或者医疗机构，但为了盈利，医生或医疗机构势必会将保险费通过提高医疗费用而转嫁给患者，所以保险费最终来自广大的患者。因此，从根本意义上而言是患者间接缴纳的高额医药费支撑起了医疗责任保险的强劲赔付能力。虽然高昂的保费使患者在医疗事故中能够获得巨额的赔偿，却无形中提高了患者的医疗费用，给患者就医这一行为本身带来了困难。[1]

(2) 使一些高危患者难以得到医治

虽然美国的医疗责任保险制度具备激励医生在治疗患者的过程中采取更加谨慎的态度，从而降低医疗事故发生率的功能，但这种保险费的激励性设计亦有其弊病，它会引发医师的逆向选择问题。一个医师为了避免因为发生医疗责任事故而承担高额的保险费用，就有充分的成本动机去拒绝救治一些高危患者或者比较难以应付的患者，而更乐于选择病情不太严重的患者。这就会使得医疗服务行业出现一种"大病难寻医"的现实窘境，类似于经济学上的"柠檬效应"。并且，保险公司从自身的成本估算出发，甚至会拒绝对从事高危行业的医师提供医疗责任保险，而患者又将是否购买医疗责任保险作为其选择医师的一个重要标准，这就使得部门高危行业的医师之处境异常艰难，而从长远看这对于提高全国医疗服务水平显然是十分不利的。

(3) 整个医疗责任保险体制缺乏可持续性

虽然商业化的模式使这种医疗责任保险制度具备可持续性的优势条件，但美国医疗责任保险所适用的无过错责任原则，却成为其可持续性发展的制度性障碍。对于实行了近30年的无过错责任保险制度，部分美国学者认为其弥补了传统侵权法所具有的举证责任上的重大缺陷。[2]然而，其也因为高昂的成本而饱受诟病。因为，除了制度自身变革与组织成本以外，其大幅度降低了患者的获赔难度极有可能导致本身就有限的医疗资源为此更入不敷出。不过近年来，美国各个州开始逐步对其无过错医疗责任原则进行制度改观，如将医疗责任限定为纯经济类补偿而不包含非经济性赔偿，而非经济性赔偿往往都是巨额赔偿，这样一来就使患者通过医疗责任保险获得巨额赔偿的可能性大幅降低，从而更好地节约医疗卫生资源。但是针对某些州适用无过错医疗责任原则对于赔偿范围的限定，有些学者提出了异议。如有学者指出，对于类似神经系统伤害的损害结果往往需要经过长久的时间积累才可能显现出来，无过错责任模式对类似伤害所作的狭窄的限定性界定，损害到了制度

---

[1] See George G. Allen, "Medical Malpractice Insurance in the Wake of Liability Reform", *The Journal of Legal Studies*, 1995, p. 464.

[2] See Paul C. Weiler, "Case for No-Fault Medical Liability", *Maryland Law Review*, Vol. 52, 1993, pp. 910-911.

设计之初声称所要给予帮助的人。[1]

第二节 英国医疗责任保险法律制度

一、英国医疗责任保险法律制度的模式选择

英国的医疗责任保险模式有两种，分别是非营利互助型医疗责任保险模式和商业型医疗责任保险模式。其中互助型医疗责任保险在英国医疗责任保险体系中占据主导地位，商业型医疗责任保险只是前者的一种补充，加之前者是英国责任保险法律制度中最具代表性的保险制度，因此本书接下来主要对这一制度进行介绍。

英国的互助型医疗责任保险因为完全的公益性而具有一定的社会保障职能，可以称之为一种"福利性"保险，之所以会呈现出这种特点，是因为英国同其他大多数西欧国家一样，都是高社会福利的国家，其在本国已经建立起全民免费医疗保险制度（以下简称 NHS）体系，而英国的互助型医疗责任保险制度正是 NHS 体系的一个组成部分。NHS 体系下的医疗机构包括了正规医院和社区医疗保障系统，这两类机构均属于非营利性的公立医院。为这些医疗机构提供医疗责任保险的并非为商业保险公司，而是由医生维权联合会（Medical Defence Union）、医生保护协会（Medical Protection Society）与国民医疗服务诉讼委员会（National Health Service Litigation Authority）组成的互助型责任保险组织。这些组织以加入其中的医疗机构与医生所缴纳的会费作为资金来源，一旦其会员因医疗事故需要进行赔偿，就由这些机构出面赔付。而对于一些高危的医疗领域，互助型保险机构也会与商业性的保险公司进行合作，向商业型保险公司投保，实际上相当于再保险。[2]

在上述三家机构的名称中，我们看不到"保险"的字样，这是因为这些机构不仅提供医疗责任保险，还提供全方位的医疗法律服务，以保障医生的权益。通常当三家机构的会员产生医疗纠纷后，三家机构会出面协助医生处

---

[1] See Sandy Martin, "NICA-Florida Birth-Related Neurological Injury Compensation act: Four Reasons why This Malpractice Reform Must be Eliminated", *Nova Law Review*, Vol. 26, 2002, p. 644.

[2] 参见戴庆康："英国医生互助性责任保险述评"，载《南京医科大学学报》（社会科学版）2003 年第 1 期。

理纠纷，其所提供的服务包括了法律咨询、出庭辩护、承担诉讼费用、进行赔偿等各个方面。由于这种模式不以营利为目的，大大降低了投保费用，这样在保费收取、经营方式及保险理赔方面避免了商业保险利益最大化的弊端。[1]

二、英国医疗责任保险法律制度的历史演进

英国的互助型医疗责任保险法律制度产生于三家医疗互助性组织，因此，要了解英国互助型医疗责任保险法律制度的历史，首先要了解三家医疗互助组织的发展历程。三家机构的成立时间先后有别，其中最早的是1885年成立的医生维权联合会，该组织设立之初的目的在于"维护医生及其整个医学界的权益，打击非法行医以维护整个医学界的声誉，[2]为卷入诉讼的医生提供咨询、辩护服务和帮助，促进有利于医学发展的立法，反对有损医学发展的各种立法和措施"。[3]

经过最初几年的发展，在协会接下来的具体发展问题上，管理层出现严重分歧，一部分管理人员由于意见不同最终选择离开协会，离开的这部分人员在伦敦另行创设了一家机构，它就是医生保护协会的前身——伦敦医生保护协会有限公司，该公司在第二次世界大战之后将名字改成了现在的医生保护协会。[4]

由于当时的社会环境下，医生很少会因为医疗过失而被起诉要求赔偿，因此在上述两个机构成立初期，均不向自己的会员提供责任保险，这种状况从两家机构设立之时一直持续到一战之前。在这最初近30年的时间里，两家机构主要处理的事务是保护其会员不受来自患者与政府的不正当干扰，以及为会员提供相关的司法协助。这种情况在进入20世纪之后开始发生变化，主要是因为患者因医生的医疗过失而受到损害的情况开始增多，这促使患者针对医生医疗过失造成损害而提起的诉讼案件数量逐步上升，法院也不断地在

---

[1] 参见于娟："论医疗责任保险制度的域外经验及立法启示"，载《求索》2013年第8期。

[2] See Clifford Hawkins, "Mishap or Malpractice?", *Blackwell Scientific Publications*, 1985, pp.18-19.

[3] 参见戴庆康："英国医生互助性责任保险述评"，载《南京医科大学学报》（社会科学版）2003年第1期。

[4] See Annual Report., *Medical Defence Union*, 1907.

司法上对患者的请求予以支持。面对这种情况，医生与医疗机构显得有些难以招架，因此他们要求维权组织提供相关的责任保险服务，今后一旦发生医疗事故，即通过保险来承担医疗损害赔偿。医生与医疗机构的这一要求最初遭到了维权组织的拒绝，而拒绝的原因是维权组织担心一旦为医生提供过失损害赔偿责任保险，相当于解除了医生的后顾之忧，这会促使医生在给病人进行治疗的过程中变得不计后果和草率，无疑会引发更多的医疗事故。

但是，维权组织的态度最终在 1910 年发生了改变，在这一年，医生保护协会宣布对医生的医疗过失损害赔偿责任提供全额补偿，从此拉开了英国互助型医疗责任保险制度的序幕。1948 年，英国建立了公费国民医疗体系，也就是前面提及的 NHS，这一体系是高福利国家的政策产物，在这一体系下，由政府出资建立公立医院，公立医院通过聘用或与医生签订合同的方式购买医生的医疗服务，以向其区域内的公民提供免费的医疗服务。国民医疗服务体系建立之后，有大量的医生通过受聘或者签订合约的方式就职于公立医院，但出于维护自身职业独立性的考虑，这些医生并不愿意让雇主承担其医疗行为所引起的法律责任。由于大多数医生提出了这一要求，英国卫生部便在 20 世纪 50 年代初同意医生医疗行为所引起的纠纷仍然由医生自身通过医生维权组织自行解决，这包括了诉讼代理费、其他诉讼费用以及医疗损害的赔偿。为了保障医生有足够的能力进行赔付，英国卫生部同时还要求医生必须加入其认可的医生维权组织，以确保医疗事故发生后，医生有能力进行全额赔付。

20 世纪 80 年代，由于医疗过失诉讼的数量与赔偿数额都在攀升，维权组织为了保证自身的赔付能力而向医生收取更高昂的会费，而会费的涨幅甚至远远高于当时物价的涨幅，这对于只能从公立医疗机构领取固定薪水的医生而言，显然是难以承担的。医生们开始抗议，在压力之下，英国卫生部同意报销部分会费。

1990 年 1 月 1 日，英国卫生部决定改变现有的做法，规定凡是受雇于公立医院或与当地卫生部门签订合约的医生在其受聘业务范围内的医疗行为所造成的损害，均由该医生所在的公立医院或所签约的卫生部门承担损害赔偿责任；医生在受聘业务范围外所造成的损害则由其所加入的医生维权组织承担。作出这样的规定后，英国卫生部随机认识到公立医疗机构也需要医疗责任保险。于是，国民医疗服务执行局请医生保护协会与威里斯考轮公司共同设计责任保险计划，该计划设计出来后，于 1995 年 4 月 1 日正式开始运作。

同年的 11 月 20 日，英国第三家医疗互助性组织——国民医疗服务诉讼委员会成立，委员会主要负责上述保险责任事项的执行以及应对病人针对公立医疗机构提起的索赔。至此，英国的互助型医疗责任保险体系正式成型。

三、英国医疗责任保险法律制度的主要内容

（一）保险体系

英国医疗责任保险法律制度在经过了前期的发展之后，目前已经形成了以互助型医疗责任保险为主，商业型医疗责任保险为辅的制度体系。在这一体系下，以医生维权联合会、医疗保护协会和国家医疗服务诉讼委员会为主要代表的医疗互助性组织，对其会员的相关医疗行为所引起的纠纷提供法律援助并承担医疗损害赔偿。而对于一些高危医疗领域，互助型医疗组织往往选择与商业性保险公司合作，通过再保险的方式来降低风险。

除了互助型医疗责任保险，医生或医疗机构也可以自愿购买商业型医疗责任保险来降低风险。英国医疗责任保险制度因互助型医疗责任保险而体现出很强的互助性与福利性，在纠纷发生时，医疗互助组织是从会员的切身利益而非经济效益出发介入纠纷，其首先考虑的是医生的声誉等因素，如果认为必要，这些机构往往会选择将诉讼进行到底而不是为了降低成本选择和患者进行和解。而一旦法院认定自己的会员承担医疗损害责任，医疗互助组织不管赔偿数额的大小，都会予以赔偿，尽管会员所缴纳的会费远低于商业保险的保险费。

（二）保险主体

英国互助型医疗责任保险的保险主体包括医疗互助组织和医生，其中互助性组织是保险人，医生是投保人和被保险人。一般来说，作为投保人和被保险人的医生是互助性组织的会员。

（三）保险关系

英国互助型医疗责任保险的保险法律关系与一般的商业型医疗责任保险的保险法律关系不同，商业型的医疗责任保险关系通常是自愿设立的，即作为投保人的医生购买保险并缴纳保险费，而作为保险人的保险公司收取保险费并向医生提供相应的保险服务。在互助型医疗责任保险关系中，虽然原则上来说是否加入互助性责任保险机构是医生的自由，没有法律要求医生必须加入互助性责任保险，或购买商业性责任保险。但是由于没有参加任何保险

的医生很可能无法赔偿其医疗行为所造成的损害，常常会引起社会的不满乃至批判。因此，负责英国医生执业注册的医学委员会和牙医委员会都纷纷对自身的行为守则进行了修改，规定医生应该加入互助性责任保险机构或购买商业性责任保险。[1]因此，这种保险关系在某种程度上具有强制性。

此外，互助性医疗组织与医生不是简单的保险人和被保险人的关系，因为互助性保险组织不仅为医生提供医疗责任保险，还为医疗机构和医生提供必要的法律援助。例如，对医生进行医疗事故的法律培训，当纠纷发生时，为医生提供法律咨询并代理医生进行诉讼等。因此，英国的互助型医疗责任保险法律关系是一种特殊的医疗责任保险关系。

（四）会员制

英国的互助性医疗责任保险的成立，以一方的医生是另一方互助性医疗组织的会员为前提，同时会员制对于医疗责任保险理赔程序的启动、保险资金的获取都有着极其重要的意义，所以要想对这种互助性医疗责任保险有更好的研究，就有必要先了解其会员制。目前，英国互助性医疗组织的会员制度十分成熟，且覆盖面广泛。现有的会员中，不仅包括医生，还包括诸如护士、心理咨询师等一些医学辅助执业人员，他们通过"associate members"的身份加入。

就三大机构的会员制度而言，目前医生维权联合会将会员分成7类，第一类是刚刚获得医生职业资格的会员，这种会员主要是指获得医师执业资格不到4年的会员。第一类会员可以通过特殊的折价会费加入，享受各种法律咨询服务，但医生维权联合会对其所造成的损害不承担赔偿责任；第二类是正式会员，这种会员按照正常的数额交纳会费，其医疗行为所产生的损害赔偿责任由医疗责任保险机构承担；第三类会员是医学辅助会员，这些会员的职业是医学辅助人员，由于执业所承担的风险不同，他们所交纳的会费要少于一般医生的会费；第四类被称为特殊会员，这种会员所交纳的会费仅是正常会费的一半，而要成为这种会员需满足两个条件：首先加入机构的时间需超过3年；其次收入要低于机构所规定的水准；第五类是终生荣誉会员，这类会员不需交纳会费仍可享有机构中的所有权利，成为这种会员的前提是在

---

[1] See Roy N Palmer, Naomi Selvadurai, "The UK Medical Protection and Defence Organisations", in *Clinical Negligence*, Michael Powers, Nigel Harris, 3rd ed. London：Butterworths, 2000.

该机构已作为会员交纳会费超过40年;第六类被称为退休会员,未能成为终身荣誉会员就退休的医生均可向其所在机构申请成为退休会员,一旦成为退休会员,退休的医生在不交会费的情况下依然享有会员的部分权利;第七类被称为代表会员,指的是会员医生的家属代表已经死亡的会员医生,有权要求机构就该医生死前医疗行为引起的医疗事故提供帮助。在会员制上,医生保护协会几乎采取了和医生维权联合会相同的制度。而国民医疗服务诉讼委员会的会员是因向国民提供免费医疗服务有可能承担损害赔偿责任的各公立医疗机构和卫生当局。

根据相关机构的规定,会员可以享受如下权利:有权就其医疗执业活动获得咨询;一旦卷入与其执业活动有关的诉讼或其他法律程序(如针对医生的纪律惩戒程序)中,有权获得法律辩护方面的帮助;在维护职业利益、荣誉和人格方面,有权获得机构的帮助;因其执业行为而导致的损害赔偿责任,包括法院裁判的和与当事人达成和解的赔偿责任,有权从机构获得资金上的帮助。[1] 1990年之后,英国就国民医疗服务体系向国民提供医疗服务时产生的责任建立自己的补偿制度,并最终于1995年发展成另一家互助性责任保险机构——国民医疗服务诉讼委员会。

(五)资金来源

因为作为非营利机构的互助型医疗责任保险机构,其资金全部用于对会员医疗责任的赔付以及自身的运营,自身没有任何的盈利创收能力。因此,这些责任保险机构的资金主要来自会员交纳的会费和政府投入,其中会员所交纳的会费是互助性医疗责任保险机构最主要的资金来源。通常情况下,医疗责任保险机构会以当年度会员所交纳的会费来偿付本年度会员所发生的医疗过失行为。而每个机构所负责的保险理赔有着很强的地域性,基本上每个地方的医疗事故均由其当地的医疗责任保险机构负责。即便有时会有跨地区或者跨年度的资金调动,但随后都通过新交的会费来补足前面所调用的资金。鉴于会费对自身运作的重要意义以及不断攀升的医疗事故数量,互助性医疗责任保险机构纷纷聘请专业的财务人员,通过这些人员对医疗事故损害赔偿所进行的系统、精确地统计与分析,以确定一个符合实际的会费标准。并非

---

[1] 参见戴庆康:"英国医生互助性责任保险述评",载《南京医科大学学报》(社会科学版)2003年第1期。

每一个机构均靠会费进行运作,如由英国政府机构设立的国民医疗服务诉讼委员会,其资金主要依赖政府的拨款。[1]

(六)理赔机制

根据英国互助型医疗责任保险制度理赔程序规定,主要可分为以下几步:

1. 提出申请。当医生得知病人可能就其医疗行为提起赔偿要求时,应当立即向其所在互助保险机构报告相关情况。

2. 互助保险机构审核。互助保险机构在接到医生有关医疗纠纷的报告后,首先要对医生是否具有会员资格进行审核,以此确定是否有义务对医生进行帮助。

3. 案件分析委员会调查。一旦医生的会员资格经核实无误,其所在医疗责任保险机构会成立由医学专家和律师组成的案件分析委员会对整个案件进行分析。

4. 互助保险委员会处理。分析完成后,案件分析委员会将纠纷的具体情况、分析报告以及律师意见书等材料提交互助性责任保险机构的委员会,委员会在认真研究相关资料后,作出是否对医生提供法律辩护、是否承担各项法律费用和损害赔偿责任、是否与病人和解以及是否继续在诉讼中为医生提供辩护的决定。

对此需要说明的一点是,影响委员会决定的主要因素是法律上本案是否对医生有利。如果委员会认为医生在法律上确实存在过错,就会选择与患者进行和解,承担和解协议中的赔偿金额。而如果委员会认为法律上对医生有利,就会倾向于诉讼解决,即便和解会比诉讼更经济。委员会之所以会做出这样的选择,是因为责任保险组织的目的在于更好地维护医生的声誉而非谋求经济利益。

四、英国医疗责任保险法律制度的特点及评价

(一)英国医疗责任保险法律制度的特点

具体而言,英国的医疗责任保险在运作模式上具有以下几个特点:

---

[1] 参见王琬、孙纽云:"医疗风险分担机制的国际比较与经验借鉴",载《湖北大学学报》(哲学社会科学版)2012年第6期。

1. 双轨制运行

美国的医疗责任保险是市场化的单轨制运作方式，而英国则采取一种政府与医师个人相结合的双轨制运行模式。具体而言，英国的医疗责任保险分为两种类型。第一种类型是由政府为医师与医院承担医疗责任保险费，由政府出资向保险公司购买医疗责任保险，在医疗事故发生后，再由保险公司负责赔付。第二种类型是医师互助型医疗责任保险，即由医生保护协会、医生维权联合会与国民医疗服务诉讼委员会三个公益性社会团体向医师与医院收取会费，当医疗事故发生时，上述协会即着手对事故进行评估与鉴定，并承担最终的医疗事故赔偿责任的一种保险模式，而该种医疗责任保险模式也是英国医疗责任保险的最为突出之处。

2. 多元化服务

前已述及，英国的医师互助型医疗责任保险是其主要的医疗责任保险类型。医生保护协会、医生维权联合会与国民医疗服务诉讼委员会三个非营利性社会团体，其最终并非服务于医疗责任保险项目。其成立初衷乃是为全国范围内的医师提供专业性的法律知识咨询、诉讼服务并积极促成有利于医师利益的相关立法及维护医师的职业声誉，即类似于我国医疗卫生行业的行业协会。直到第一次世界大战前期，因为医疗服务中医患矛盾日渐突出，医师的人身安全与诉讼权益饱受干扰，出于维护医师的合法权益目的，这三个社会团体才陆续为医师代理医疗赔偿诉讼，并承担诉讼费用与损害赔偿金。尽管今天，这三个社会团体因医疗责任保险而为大众所熟知，但是其最初的很多服务职能并未丧失，三个社会团体依然是为英国医师提供法律咨询、服务、维护医师权益的重要社会力量。

3. 固定化保险费与再保险

美国的医疗责任保险之保险费用所采取的是一种浮动式的费率计算方法。[1] 详言之，对于从事风险系数较高的医疗服务与医疗事故发生率高的医师收取高于提供风险系数低的医疗服务与事故发生频率低的医师的保险费。这就使得一方面医师避免接收高危病症患者，以避免增加自己的保险费用，另一方面有些高危科室如妇产科医师难以找到愿意为其提供商业保险的

---

[1] See Clifford Hawkins, *Mishap or Malpractice*, Blackwell Scientific Publications, 1985, p. 19.

保险人。[1]而英国的上述三个团体对于作为会员的医师所收取的会费基本是固定化的。其不会因为某位医师经常引发医疗事故而要求对其增加会费或者拒绝其加入社团，并且上述社团还广泛地招纳除注册医师以外的心理咨询师、护士等医疗辅助人员加入。英国的互助医疗责任保险对于会员所收取的保险费用大大低于商业保险，但是其所保障的范围却不低于商业保险，如即使是在责任医师退休或者死亡以后所发生的保险事故，只要认定成功，社团均会承担赔偿责任。医师没有美国式医疗责任保险的保险费节约动机，也就不会拒绝接受高危患者，这无疑是英国人民的福音。

（二）英国医疗责任保险法律制度的评价

1. 英国医疗责任保险法律制度的优点

（1）更好地保障医生的权益

英国的互助型医疗责任保险有很强的福利性，互助性的医疗责任保险机构都不以营利为目的，而是为了保障医生的合法权益。正因如此，医疗责任保险机构在处理医疗纠纷时，主要会从案件本身而非经济效益来考虑，其运行的理念是如果医生没有错误，那就应该不惜成本地维护医生的权利与名誉，这与以盈利为目的的商业保险公司有很大的区别，而这一目的使医疗责任保险机构能够更好地保障会员医生的权益。

（2）保险费用低，减轻了医生的负担

由于互助型医疗责任保险是为了保障医生的权益而设立，会员交纳的会费只需要满足医疗责任保险机构对损害的赔偿以及日常运行即可，不需要考虑盈利的因素，因此医生需要交纳的会费远低于向商业型保险公司所交纳的保险费。相较于商业保险公司，互助型医疗保险机构的一大特点是其对会员收取的会费不会因某一会员医疗过失的增加而提高，也不会拒绝该会员的加入。在一般的商业保险中，如果某位医生的医疗过失增加导致病人索赔次数和索赔金额增加，则会促使商业保险公司提高保费甚至拒绝提供保险。

（3）拒赔情况少，使患者能够得到赔付

只要互助性医疗责任保险机构的会员在其医疗过失产生时交纳了会费，那么随后的损害赔偿责任，不管数额大小，机构都会予以赔偿。而一般的商

---

[1] See Alan Feigenbaum, "Special Juries: Detering Supurious Medical Malpractice Litigation in State Courts", *Cardozo Law Review*, 1996, p.1368.

业公司多会在签订保险合同时设置很多拒赔条款，而且医疗事故所造成的损害，有的会在几年甚至十几年之后才会被患者发觉，而此时患者再提起医疗损害索赔，商业保险公司往往会看医生在这漫长的时间里是否一直交纳保费，如果没有，则可能拒绝赔偿。而按照互助型责任保险的规定，只要医生在医疗过失发生时是某一医疗互助组织的会员，该组织都会承担损害赔偿责任，这种责任也不会因为会员医生已经退休或当事医生已经死亡而发生改变。

2. 英国医疗责任保险法律制度的不足

（1）对患者的赔偿能力有限

英国的医师互助型医疗责任保险的非营利性，使其不具有从医师或者患者那里抽取利润的经济动机，也就决定了其资金来源不可能过于丰厚，因此，其针对患者赔偿请求所进行的赔付，数额一般只能弥补患者的损失。在这种情况下，患者无法像商业性责任保险那样获取高额的赔偿。

（2）对医生的激励性不强

英国的医师互助责任保险，保险费包含在医师所缴纳的会费里，数额是确定的，即使某个医师的医疗事故引发率很高，协会也不会要求其增加会费，更不会拒绝其入会，甚至在会员医师去世或者退休以后，由其在职期间所引发的后续医疗事故，互助保险仍旧会对患者承担赔偿责任。也就是说，英国的医师互助险并未对医师收取激励性的保险费。医师不必担心会因为医疗事故而导致保险费用的增长，就不会拒绝医治具有高风险性的患者，医师的逆向选择行为也不会发生。不过，这种没有差额的保费设置，也未能充分发挥起保险费用对于投保人的激励性作用，值得深思。

（3）市场化不足导致风险分散机制不完善

英国的互助型医疗责任保险不能像商业保险一样将风险在全社会进行分散。而根据保险学理论，风险的共担主体越广泛，则单个主体所承担的风险就越小。为了克服这一缺陷，英国的上述三个医疗互助组织采取了对医疗责任保险进行再保险的措施，对于一些具有高风险的医疗部门向商业保险公司进行再保险的方式，以将医疗责任风险在更大范围之内扩散。[1]英国的医师互助医疗责任保险，保险费率比普通商业保险低，医师所要承担的经济负担

---

[1] 例如1910年，英国医生保护协会开始向英国最古老的保险公司——劳埃德公司购买保险，而使医疗责任保险成为劳埃德公司承保的海商险种以外的最早的保险种类之一。

也比较轻，投保人可承受性较好，也就更利于该种保险模式的可持续发展。但是医师互助险的一个缺憾就是其市场化严重不足，保险的风险仅仅在注册医师与医疗辅助人员之间进行分散，显然风险的分散面不足。尽管三个医疗社团也逐渐对部分高危医疗行业进行再保险，但是毕竟再保险的范围相当有限。因此，从长远来看，英国的医师互助责任保险只有逐步引入市场资本力量，扩充医疗责任保险的风险分散面和资金来源渠道，才能更好地实现可持续发展。

第三节　德国医疗责任保险法律制度

一、德国医疗责任保险法律制度的模式选择

德国通过制定《国家疾病义务保险法》《老年人保险体系与和长期残疾保险及失业保险》等法律构建了比较完善的社会医疗责任保险模式。由此可见，德国的医疗责任保险属于社会保障型。

德国是邦联制国家，各个州法律都对医疗责任保险进行了规定，各个州的法律规定不尽相同。但各州法律都规定医生必须购买医疗责任保险才能从业或被聘用，因此可以认为德国也是实行强制医疗责任保险的国家。

二、德国医疗责任保险法律制度的历史演进

在介绍德国的《医疗过失法》对医疗过失损害赔偿的影响之前，有必要先介绍一下德国的全民医疗保险制度。在德国著名首相俾斯麦当政时期颁布了《疾病保险法》《事故保险法》《老年人与伤残者保险法》三项立法，这三项立法使德国成为世界上第一个以社会立法实施社会保障制度的国家，也为德国全体国民提供了一个公共医疗服务的组织框架。在以后的社会发展中，德国一直把社会福利作为国家制度的一项基本原则，尤其注重国家保护社会弱者和谋求社会公正。

由于法律责任风险的存在，法国便率先开办了责任保险，建立了责任保险制度。在法国建立责任保险制度后不久，德国效仿法国也开设了责任保险。在 20 世纪 70 年代，德国在原有责任保险的基础上建立了医疗责任保险制度。

医疗责任保险与德国的《医疗过失法》密切相关。德国的《医疗过失

法》主要源于《德国民法典》中对合同责任和侵权责任的规定，但是因各种医疗行为产生的责任则是通过判例法发展起来的。产生医疗过失责任的最常见原因就是治疗行为存在缺陷、诊断错误、用药错误、说明不充分以及未经授权的治疗。医疗过失的损害赔偿额是根据《德国民法典》的相关规定确定的，而且，只要是确定了的赔偿额就要全部赔偿，没有限额规定，在德国也没有惩罚性损害赔偿的规定。[1]

德国的医疗责任保险分为医生责任保险和医疗事故保险，两者有着较大的不同。德国的医生责任保险的内容包括很多，包括了病人在诊所厕所摔倒碰伤治疗的赔偿；而医疗事故保险是因医生在诊疗中的错误给病人造成的伤害的赔偿。在实际操作中，由于赔偿法律要求严格，病人一方必须提出可靠的证据以证明是医生进行了错误的治疗，这对于病人或家属而言很难拿出证据，医生同行作证的可能性也很小，存在较大的难度，这使得该制度的作用受到了极大的限制。加上面临医疗责任保险费用不断上涨以及人口负增长、人口老龄化等因素使各大医疗责任保险基金会组织能取得的保险费的增长速度远远低于保险费用支出的增长速度，德国的医疗责任保险出现了赤字。为此，德国政府于2003年下半年推出了医疗责任保险改革方案。[2]

德国改革方案的基本内容包括：[3]一是扩大缴费基数，投保人在缴纳医疗责任保险费时，不仅将工资收入计入缴费基数，其他非工资性收入也同时一并进入；二是取消不应由医疗责任保险支出的项目，如丧葬费、安装假牙费、配戴隐形眼镜费等；三是住院治疗的费用由原来的9欧元提高到10欧元；四是建立以家庭医生为中心的护理模式，病人如有不舒服，请家庭医生诊断，然后由家庭医生开移交单转给专科医生，将门诊与住院服务有机地结合起来；五是有生育的家庭护理费用由国家税务局承担，这笔费用通过提高烟草税收等解决。

---

[1] 参见梁研："医疗责任保险法律制度研究"，吉林大学2010年博士学位论文。

[2] See Krobot K J, Miller W C, Kaufman J S, et al. "The Disparity in Access to New Medication by Type of Health Insurance: Lessons from Germany", *Medical Care*, 2004, 42（5）, pp.487-491.

[3] 参见王毓纶："医疗责任保险制度的国际比较——兼论我国医疗保险制度的发展进程及对策"，中国海洋大学2008年硕士学位论文。

三、德国医疗责任保险法律制度的主要内容

（一）保险主体

在德国，医疗责任保险分为医院为医生购买和医生自行购买两种。根据德国的社会保障规定，提供病人在医院享受一般服务的费用由法定保险组织支付，所以病人不能选择医生，医生都是随机分配的。这种情况下，主任医生及医生的投保人为他们所在的医院。但病人也可以选择主任医生的专项服务，这类专项服务是需要病人自己额外付费，其相关的医疗责任保险也由主任医生自己单独购买。

（二）资金来源

德国的医疗责任保险是法定的、强制执行的。法定的医疗责任保险费是根据工资总收入的比例确定的，现在西部老州一般为总收入的13.5%，在东部新州一般为12.5%。保险费由医疗机构和医师各承担一半，即个人为6.25%，雇主为6.25%。独立营业的医师个人的保险费，全部由个人支付。由此可见，在德国医疗责任保险的投保人缴纳保险费的多少主要取决于其经济收入，这样能比较充分体现社会医疗责任保险的公平。[1]

（三）理赔程序

1. 提出索赔申请。在德国，在大多数情况下，医疗过失的索赔由受损害的患者向当事医生或当事医院的责任保险公司提出索赔申请，责任保险公司会根据申请做出不予理赔或给予赔付的处理。

2. 向调解委员会申请赔偿。如果责任保险公司对索赔申请作出不予理赔的决定或理赔的数额不能满足申请者的要求，申请者可以选择向医疗事故调解处（mediation board）提出索赔申请。医疗事故调解处由州的医疗协会[2]

---

[1] 参见王毓纶："医疗责任保险制度的国际比较——兼论我国医疗保险制度的发展进程及对策"，中国海洋大学2008年硕士学位论文。

[2] 德国的医生主要受州法律的规制，各州都有自己独立的医生议事院（State Chambers of Physicians），17个州（联邦和16个州）的医生议事院又共同组成了德国医学协会（The Germany Medical Association，GMA）。德国医学协会成立于1947年，总部设在柏林，是德国医生自治的统一协调机构，德国医学协会代表全国40多万医生的利益，主要负责对医疗行业的监管，如医生的职业道德和执业责任，医生的继续教育和职业发展，医疗服务质量和医疗水平的提高。参见［日］我妻学："德国医疗事故纠纷及裁判外纠纷解决程序"，载《东京都立大学法学会杂志》2004年第1期。

负责管理，但是医疗事故调解处是独立的组织，因此其专业独立的认定结果能够得到患方和医方的认同和遵守。如果经医疗事故调解处认定医生或医院的行为确实对患者的损害负有责任，患者可以根据该认定再次向保险公司提出索赔申请。

3. 向法院起诉。如果医疗事故调解处的调解结果也不能满足申请者的要求，申请者可以不接受调解结果，直接就该案件向法院提起诉讼。[1]如果选择医疗事故调解处调解解决纠纷可以节约大量的费用，因为这种调解是免费的，而经诉讼解决纠纷则会有一定的败诉风险，一旦败诉，将面临承担巨额的诉讼费用，这些费用包括案件受理费、被告方的诉讼费用以及自己的律师费用，这对于原本的受害者是巨大的负担。

四、德国医疗责任保险法律制度的特色及评价

(一) 德国医疗责任保险制度的特色

1. 多级国家监督机制[2]

德国责任保险的国家监督分为联邦、州和地区三级。在联邦层面，联邦政府卫生部负责对医疗责任保险实施的监督，具体而言，是针对费用承担机构和服务提供机构的监督。设在柏林的联邦社会保险局是负责联邦直属社会医疗保险公司监督管理的政府机关，它也具有对医疗责任保险的风险结构平衡基金和护理保险的平衡基金进行宏观调控与管理的职能；同时，还负责对医疗责任保险的法律及经济状况方面的监督检查并拥有对社会保险机构工作人员的培训与考核的监督权。

具体到各州，由各州的健康部和劳动与社会管理部门负责州保险协会与州直属社会保险公司及州一级医疗责任保险服务提供机构的监督管理；在地区一级，由地区官方监督机构负责对社会医疗保险办事机构的监督管理。

按照法律规定，医疗责任保险的监督机构必须每5年对所有提供医疗责任保险的保险公司进行一次监督检查，在检查监督中所产生的费用由保险公

---

〔1〕 参见 [日] 我妻学："德国医疗事故纠纷及裁判外纠纷解决程序"，载《东京都立大学法学会杂志》2004年第1期。

〔2〕 参见 "德国医疗保险的管理机构"，载 http://www.cnpension.net/index_lm/2008-08-02/301701.html。

司承担。除了上述的监督检查，德国相关监督机构还需要对医疗责任保险公司日常业务的运行、管理以及年度预算执行情况等进行监察。

2. 医疗事故调解处

在德国医疗责任保险制度中，颇具特色之处是其医疗事故调解处。随着社会发展中德国医疗过失明显增加的情况，德国医师公会于1975年成立了用于解决医患之间医疗争议的全国性医疗纠纷调解鉴定机构——医疗事故调解处。[1]

医疗事故调解处由律师和医生共同组成，并且都是由志愿服务的医生提供无偿的专业认定。为了给申请人提供更适当的建议，调解处也会编制有代表性索赔案件的相关数据，并且每年联邦医学会都会对这些数据进行统一编撰，目的就是减少医疗服务中可能出现的错误。

（二）德国医疗责任保险法律制度的评价

1. 德国医疗责任保险法律制度的优点

（1）医疗责任保险基金社会统筹、互助共济

我们知道，如果购买了机动车第三者责任险，当汽车出了事故后将会由相关责任保险公司给付赔偿金，相关事故责任认定也是由独立的第三方交通警察来完成，而司机实际上没有承担相关的赔偿义务，保险公司也不能主导事故责任的认定。德国医疗责任保险的设计类似于这一制度，也就是说当医生投保了医疗责任事故保险后出现了医疗事故，由专门机构仲裁，保险公司赔偿。如果医生需要承担责任，病人可从保险公司得到赔偿。[2]前文谈到，在德国所有的医生都要缴纳医疗事故保险费，保险公司有基金积累，一般都能给付患者的赔付申请，不由医院和诊所给付。所以，在这样的设计下，医疗责任的风险被分担，病人从保险公司获得实质性的赔偿，而保险公司由医生和医疗机构的保费支撑，医生和医疗机构只需要承担保费支出。

（2）医疗事故调解快捷、高效、成本低廉

医疗事故调解处是负责调解医疗纠纷的专业机构，在发生医疗事故后，

---

[1] 参见［日］我妻学："德国医疗事故纠纷及裁判外纠纷解决程序"，载《东京都立大学法学会杂志》2004年第1期。

[2] See O'Connell J, "Neo-no-fault Remedies for Medical Injuries: Coordinated Statutory and Contractual Alternatives", *Law and Contemporary Problems*, 1986, pp. 125-141.

通过该机构的处理有减少诉讼过程中时间花费和巨额费用支出的好处。在诉讼维权意识高的德国，司法资源极为有限，如医疗事故纠纷的当事方诉诸法院，整个过程复杂漫长，短则需要三五载，长则可能需要十年甚至十年以上才有可能得到解决。但医疗事故调解处集合了保险、法学、医学方面的专业人才，这样可以保证调解处负责的调解和调查一般都能在1年之内完成，这样可以为纠纷双方提供高效迅捷的调解服务。与诉讼中需要自己付费不同的是，该机构的办公费用都是由医疗责任保险公司支出，这样病人或家属在这一过程中几乎不用支付费用，这是成本较高的诉讼途径所不能相比的。[1]

(3) 有助于医患关系和谐，节约司法资源

由于医疗事故调解处在纠纷处理中具有快捷、高效、成本低廉的优势，这有利于避免医疗事故纠纷双方进入诉讼程序，从而有助于整体医患关系的和谐。根据有关统计，德国85%的医患纠纷案件是基于医疗事故调解处的认定结果协议解决的，另有15%的案件患者经调解后会向法院提起诉讼，但通常情况下，法院的判决结果和医疗事故调解处作出的认定结果是一致的。[2]虽然如此，但这并不意味着医疗事故调解处对事故的最后处理意见具有法律效力，它充其量也只是建议性的意见。只要当事的任何一方或双方对该处理意见持有异议，那么选择向法院起诉是其不可剥夺的权利。这也就是说该种医疗事故纠纷的处理方式并没有取代司法救济方式。但在实际操作中发现起诉后法院判决与该种处理意见具有较高的一致性，这种情况下，大多数医疗索赔案件都是通过非诉讼方式结案的，要么是与保险公司直接达成赔偿协议，要么是经调解达成赔偿协议。[3]这样，大部分纠纷就没有进入诉讼程序，有助于医患关系和谐，也有助于节约有限的司法资源。

2. 德国医疗责任保险制度的不足

根据德国的医疗责任保险制度，在实际出现医疗事故的医生并没有承担经济上的责任，而是由全行业的保费承担，这样的设计存在的不足之处可能会影响部分医生提升自身业务水平的动力，这一点还需要不断地完善和发展。

---

[1] See Dettmeyer R., Egl M., Madea B., "Medical Malpractice Charges in Germany-role of the Forensic Pathologist in the Preliminary Criminal Proceeding", *J Forensic Sci*, Vol. 2, 2005, p. 423-7.

[2] 参见梁研："医疗责任保险法律制度研究"，吉林大学2010年博士学位论文。

[3] See Waltz, Jon R., "Rise and Gradual Fall of the Locality Rule in Medical Malpractice Litigation", *DePaul L. Rev.*, Vol. 18, 1969, p. 408.

当然，这种不足仅仅是相对的，在很大程度上，德国的这一制度设计已经是最好的。

第四节 日本医疗责任保险法律制度

一、日本医疗责任保险法律制度的模式选择

日本医疗责任保险采取团体入保形式，所以日本是一个典型性行业组织投保型的商业保险国家。日本国内法律对医师参与职业责任保险没有强制要求，也就是说日本的医疗责任保险属于非强制性，但许多医疗机构和执业医师为了应对高额医疗损害的赔偿请求都会选择加入医疗责任保险。

日本医疗责任保险根据服务的机构不同分为：针对医疗机构的公共机构责任保险和针对医生的职业责任保险；其中以日本医师会的医疗差错保险为主，各地方医师会的补充责任险和商业机构的雇佣医师责任保险为辅，它们共同构建了日本医疗责任保险体系。[1]简单来说，日本的医疗责任保险由日本医师会[2]的医师责任保险[3]和保险公司的一般医师责任保险两大部分组成。在实际中，医生既可以选择日本医师会的医师责任保险，也可以选择商业保险公司的保险，但医师个人在日本法律中不被认为是独立的承包人，因此，医师不能直接个人购买商业保险公司的责任保险，必须在一定的学会组织（指除了日本医师会和各地方医师会以外的医学学术机构）下进行购买，所以我们依旧可以认定日本的医疗责任保险是团体入会。但基于商业性的医师责任保险采取变动的保险缴费制度，保险费率会根据损害率变化而作出相应的调整，如果损害率过高的就需要支付更高的保险费，这种制度类似于美国的医疗责任保险，此处不做重点介绍，我们主要介绍医师协会的医师责任保险。

二、日本医疗责任保险法律制度的历史演进

20世纪60年代，医疗事故纠纷突然出现在日本的法庭诉讼中，并且在

---

[1] 参见吴智蕾："医疗责任保险法律制度研究"，贵州民族大学2013年硕士学位论文。

[2] 日本医师会是 Japan Medical Association 的翻译，简称 JMA，在国内部分文章中被翻译为日本医师协会。

[3] 这种医师责任保险即上文吴智蕾文所称的医师协会的医疗差错保险是指同一保险制度，因为翻译的原因而在不同文章中存在差异，本书中统一称之为医师责任保险。

1970年至1972年间急剧增加。为了解决不断增加的医疗过失侵权诉讼数量，日本医师会于1973年引入"医师责任保险制度"来应对。[1]

了解相关制度需先介绍日本的医师会。日本医师会是日本医师的全国性民间专业学术组织，由北里柴三郎于1916年创设，1947年设立为社团法人，由47个都道府县医师会的会员构成，各地方医师会皆为独立法人。[2]在日本，医师是不能直接加入日本医师会的，只能通过先加入地方医师会再加入日本医师会。日本医师会将会员具体分为A1会员、A2会员（B）、A2会员（C）、B会员、C会员。其中，A1会员是医院、诊所的开设者、管理者以及视为开设者、管理者的会员；A2会员（B）是A1及A2会员（C）以外的，申请加入日本医师会医师责任保险的受聘医师会员；A2会员（C）是申请加入日本医师会医师责任保险的实习医师会员；B会员是未加入日本医师会医师责任保险的受聘医师会员；C会员是未加入日本医师会医师责任保险的实习医师会员。[3]

医师责任保险制度的被保险者在最初只有医疗机构的开业者等管理者型医师（A1会员），直到1987年受聘医生（包含研修医）才能作为A2会员加入医师协会的医师责任保险。日本医师会的医师责任保险仅仅承保A类会员的个人责任，所以也就不包括非会员医师的责任，这种情况下A1会员（指医院、诊所的开设者、管理者以及视为开设者、管理者）的管理者责任保险将是一个大问题，A1会员会因非会员受聘医生的过失承担使用者责任，要在扣除了非会员责任的赔偿额后支付赔偿金，而且在社会发展中也多次出现了赔偿超过1亿日元的案件。面对社会发展的巨额赔偿困境，A1会员强烈希望提高保险金的给付上限，以化解高额的损害赔偿请求。对此，日本医师会在原有保险的基础上发明了特约医师责任保险，并在2001年9月通过接受自愿认购的形式开始实施，有关特约保险的内容下文具体介绍。

---

[1] 参见［日］畔柳达雄："日本医疗事故诉讼（纠纷）的新趋势"，杨丽君译，载《环球法律评论》1995年第3期。

[2] 参见http://www.med.or.jp/english/index.html.

[3] 参见徐喜荣："日本医师会医师责任保险制度及其启示"，载《中国卫生事业管理》2013年第11期。

三、日本医疗责任保险法律制度的主要内容

（一）保险主体

与其他国家医疗责任保险法律制度不同的是，日本医师会是日本医师会医师责任保险的投保人，日本医师会中支付了含保险费会费的 A 类会员是被保险人，保险金则从日本医师会会员所交纳的会费支付。实际运营中，该责任保险以联合保单的方式进行操作，由东京海上自动火灾保险有限公司、日本财产保险公司、三井住友保险有限公司、日本兴亚损害保险公司等共 5 家保险公司承保，其中东京海上自动火灾保险有限公司是该保险的首席保险人。

（二）资金来源

基于日本法律不强制医师参与职业责任保险，并且日本医师会的会员也有权选择不参加日本医师会医师责任保险，因此医师会会员所缴纳的会费之中是否包含了保费是判断是否加入日本医师会医师责任保险的标准。医师会从会费中拿出相当部分充当保险费用，以集团名义与保险公司签订合同，A1、A2 缴纳会员会费就自动成为被保险者。不同级别会员的会费具体为：A1 会员每年会费为 130 000 日元，A2 会员（B）之会费为 83 000 日元，A2 会员（C）之会费为 40 000 日元，B 会员之会费为 28 000 日元，C 会员之会费为 6000 日元。[1] 根据日本法律，日本金融厅负责医师会医师责任保险的监管，主要采用控制保险费率的方式进行，如开业医师的费率是全国统一的，即 70 000 日元每年度，在责任基础、专业、地区上没有任何区别；受聘医师则为 55 000 日元，实习医师为 34 000 日元。[2]

（三）适用范围

医师责任保险适用于保险期间医师在医疗行为中所造成患者的身体损害，并且要求是损害赔偿额在 100 万日元以上的医疗损害赔偿，因为 100 万日元及其以下为免赔额，同样也规定每位被保险人 1 年间的赔偿上限为 1 亿日元。日本医师会医师责任保险的保险期间为 1 年，次年的 7 月 1 日到期，到期后重

---

〔1〕 参见徐喜荣："日本医师会医师责任保险制度及其启示"，载《中国卫生事业管理》2013 年第 11 期。

〔2〕 See Leflar B R, "The Law of Medical Misadventure in Japan. Symposium on Medical Malpractice and Compensation in Global Perspective: Part Ⅱ", *Chicago-Kent College of Law*, *Illinois Institute of Technology*, Vol. 87, 2012, pp. 82-109.

新订立。医疗行为是指运用现代医学进行的诊断、治疗行为。以美容为唯一目的的准医疗行为以及其他的故意或亲属之间的损害赔偿责任、受聘者的业务灾害事故、患者原因的加重赔偿责任、建筑物及设备管理上的事故等，不属于此保险的赔偿范围。[1]对于100万日元的免赔额部分，日本47个都道府县医师会提供了以填补100万日元免赔额为目的的保险，即保险公司的一般受聘医师责任保险，并建立了与此联动的服务窗口。[2]

（四）特约责任保险

前文提到了日本医师会为解决A1会员的管理者责任保险而建立了一种特约保险制度，其内容包括以下几个方面：（1）投保人是社团法人日本医师会，被保险人限定为A1会员；（2）适用范围为上述A1会员的聘任医师从业行为引起的且负有过失责任的损害赔偿。在非A会员的医师加入了一般医师责任保险的情况下，医师责任保险及特约保险按责任大小支付相应的保险金。由于医疗设施而引起的事故，特约保险也不承担赔偿责任；（3）因特约保险是在医师会责任保险基础上建立的，因同一医疗行为引起的一个事故合计赔偿上限为2亿日元，一个保险期间（1年间）不超过6亿日元。

（五）理赔程序

针对医师会责任保险参加者的医疗行为造成了医疗事故，该保险适用的事故日并不是医疗事故的发生日，而是以患者方提出具体赔偿请求的时间点为事故日，这是保险赔偿责任的请求基础。若患者方提出具体赔偿请求距离事故发生日很长时间，且患者在提出赔偿请求的事故日时医师并不具备被保险者资格，即使事故发生日该医师具有被保险者资格，也是不能适用这一保险的。因此，每年持续入会对于医师会的A1会员、A2会员就非常有必要。

具体操作中，可以分为以下几个步骤：

1. 地方医师会受理与初审

当一起医疗纠纷发生时，有患者提出赔偿请求，请求形式简单灵活，既可以是口头，也可以是书面形式。这一请求首先由拥有日本医师会保险的医师受理患者方的损害赔偿请求，然后该医师及时将患者的索赔请求报告给当

---

[1] 参见赵敏："日本医生赔偿责任保险述评"，载《中国医院管理》2010年第4期。

[2] 参见徐喜荣："日本医师会医师责任保险制度及其启示"，载《中国卫生事业管理》2013年第11期。

地的医师会，同时向当地医师会设置的接受窗口按规定格式整理递交相关材料。当患者方提出损害赔偿的意思表示时，医疗方必须及时报告医师会，如果怠于报告或在医疗方和患者方进行和解并且患者领取了和解金后报告，原则上不予支付保险金。收到报告后，当地医师会医疗纠纷处理特别委员会负责组织包括医学专家、律师或商业保险代理人在内的专业人士及相关人员听取相关证词，并对索赔的责任和损害情况进行评估。

若评定金额或患者方提出的索赔金额大于100万日元时，则应当按照日本医师会医师责任保险的有关程序委托日本医师会按照与保险公司签订的保险合同申请理赔；委托时，地方医师会需要向日本医师会提出包含有具体内容的委任状；即使如此，特殊情况下也还会需要地方医师会与患者方继续进行交涉。对于所属会员100万日元以下的赔偿请求案，依据一般医师责任保险的合同进行处理，都道府县医师会的医疗纠纷处理委员会进行仔细审议后作出相应处理决定，并将决定内容通知与其签署特约保险合同的保险公司，同时也需要告知被保险人决定中的具体处理措施。

2. 日本医师会处理

在日本医师会收到地方医师会的委托后，将会与相关的责任保险公司联合成立调查委员会，对地方医师会委托的案件进行重新调查，调查后按程序将调查结果及相关资料转交给赔偿责任委员会进行审查。[1]赔偿责任委员会是专门负责认定医疗事故中责任与损害的机构，由具有中立立场、学识渊博、经验丰富的10人（医学专家6人，法律人员4人）组成。为保证审查的公正性，该制度还建立了相关的回避制度，即与医师会、负责理赔的保险公司及医疗纠纷有利害关系的审查员都需要回避，与此同时，对提供的材料也进行了匿名处理（材料中有关医生的姓名、涉及的医疗机构及编写病历者的姓名等都会进行处理）。赔偿责任委员会对调查委员会转交的调查结果和相关材料进行审议，以该委员会过半数同意为通过，随后将以文件形式作出决议，主要内容包括：①赔偿责任的有无；②赔偿数额的多少；③为了公正、妥当处理其医疗纠纷应采取的对策等。[2]

---

[1] See Kinoshita K., "Professional Liability Insurance Program of the Japan Medical Association", Japan Medical Association Journal, Vol. 5, 2007, p. 390.

[2] 参见郑雪倩等："国外医疗责任保险的三种模式"，载《中国医院》2007年第9期。

3. 执行医师会处理决议或起诉

日本医师会以上述决议为基础，向保险公司答复其意见，这一意见也会在医疗事故赔偿中得到保险公司及日本医师会的遵从。如果在处理过程中，未能与患者方达成一致意见，患者方还可以选择诉讼途径获得救济，通过法院法官的审判来处理该纠纷。

除此之外，日本政府也在1967年以后设置了医师责任保险办公室，该办公室每月举行一次集会，通过与日本医师会合作，负责处理医疗纠纷案件的调查、审议工作，提出解决医疗纠纷的合理化建议。[1]

四、日本医疗责任保险法律制度的特色及评价

（一）日本医疗责任保险法律制度的特色

1. 团体入保制

根据上面的描述可知，因为日本法律不承认医师个人是独立的投保人，因此想在日本参与医疗责任保险，无论是参加医师会的医师责任保险还是商业保险公司的责任保险，多通过某个学会组织（包括日本医师会和各地方医师会及其以外的医学学术机构）参与，这种团体入保是日本医疗责任保险制度的一大特色。

2. 类仲裁医疗纠纷调解机制

日本在设计医师会责任保险制度的时候，同时建立了一套与之相适应的类仲裁医疗纠纷调解机制，推进建立一个快速、高效并且对医患双方都公平的纠纷解决机制是这一制度设立的目的之一。[2] 日本医师会及地方医师会内部专门设立了一个医疗纠纷处理委员会，该委员会负责以团体名义与相关的责任保险公司签订团体保险合同，合同明确约定保险金，出现事故后通过保险公司的保险金赔偿来解决医疗纠纷。通过医师会的这一套程序，若患者接受和解，则可以直接通过医疗纠纷处理委员会获得相应的损害赔偿，这一医疗纠纷就无需诉至法院。

---

[1] 参见［日］植木哲：《医疗法律学》，冷罗生等译，法律出版社2006年版，第41~48页。

[2] See Nakajima K., Keyes C., Kuroyanagi T., et al. "Medical Malpractice and Legal Resolution Systems in Japan", *Jama*, Vol. 12, 2001, pp. 1632-1640.

(二) 日本医疗责任保险法律制度的评价

1. 日本医师会医师责任保险的优点

(1) 医疗责任保险价格低廉、费率稳定、保障范围较充足

与美国等国的医疗责任保险制度相比，日本医师会医师责任保险相对而言价格比较低廉。[1]根据前述可知，日本医师会的医师通过这一责任保险在保险期间可以获得最高达 1 亿日元的保险金。在后续发展中，又增设医师责任特约保险，将保险金提高到一件事故最高达 2 亿日元，每年最高达 6 亿日元。除了以上的这一套制度，还有由地方医师会和保险公司办理的一般医疗责任保险，用以填补日本医师会医师责任保险制度中 100 万日元免赔额规定，通过这一套综合的医疗责任保险制度，为医师会会员提供了较充足的保险保障。综合来说，日本医疗责任保险费率较低并且趋于稳定。

(2) 提供了专业、高效、便宜的诉讼外解决机制

日本医师会及地方医师会内部设立了由医学专家及法律专家组成的医疗纠纷处理委员会，该委员会对医生和患者双方所陈述的不同事实进行调查和确认。日本医师会为了从医学角度论证医疗事故中医疗过失是否存在，设置了由各科专门医生组成的论证委员会。这些专业人员就医师之医疗行为是否有过失作出独立判断，无需委托他人及经过繁琐的鉴定程序，这其中还有中立的责任审查委员会进行责任审查。由于人力有限，日本法院超期审判非常严重，而这样的类仲裁医疗纠纷调解机制有助于节约时间，[2]更好地保障患者的利益，同时也有利于缓解司法资源紧张。日本医师会医师责任保险制度另一好处是可以在会员中以较低的成本选任专家，而患者索赔与获得赔偿无须请律师代理，其认可日本医师会的调查结果也无需任何费用，[3]这样也有

---

[1] 在 2000 年，日本医师会的医师成员可以以每年低于 1000 美元的价格，而且不区分医师的不同执业科别，获得将近 100 万美元的保障；而同期的美国医疗责任保险，一般执业科别的医师是 18 400 美元，而妇产科则高达 39 200 美元。参见 Feldman E A, "Law, Society, and Medical Malpractice Litigation in Japan", *Wash. U. Global Stud. L. Rev.*, Vol. 8, 2009, p. 257.

[2] 据统计，日本医师会医师责任保险下的医疗纠纷解决花费的时间平均是 3 个月~12 个月，而以诉讼方式解决医疗纠纷，从提起诉讼至纠纷解决，平均需要 35.1 个月。参见徐喜荣："日本医师会医师责任保险制度及其启示"，载《中国卫生事业管理》2013 年第 11 期。

[3] See Nakajima K., Keyes C., Kuroyanagi T., et al., "Medical Malpractice and Legal Resolution Systems in Japan", *Jama*, Vol. 12, 2001, pp. 1632-1640.

助于降低医患双方的维权成本。据统计，[1]日本大约90%的医疗过失案件是在法庭外进行解决，其余案件则通过诉讼解决，这充分说明这一制度在现实中具有很大实用性，也大大降低了医患矛盾的激化可能。

2. 日本医师会医师责任保险的不足

（1）程序不够公开，患者参与不足

在日本医师会医师责任保险制度中，患者方对日本医师会制作的事故报告书、都道府县医师会制作的报告书、调查委员会的调查、责任审查委员会的审查都没有对此提出意见和提供资料的机会。这样就招致了部分患者对其不公平性的批评意见。至今为止，日本医师会的相关医疗纠纷资料还没有完整对外公开，相关医疗责任保险公司也没有将所支付的医疗纠纷保险费用对外公布，所以患者对该制度下医疗纠纷的解决实情还处于未知状态。从现实发展我们可以感觉到，日本医疗责任保险的作用越来越大，今后其应该更进一步增强医疗责任保险的透明性。这样有助于增强社会对这一制度的信任感，从而更好地发挥积极作用，为社会保持良好医患关系贡献力量。

（2）保险覆盖面不广，预防功能不强

事实上，日本医师会医师责任保险仅仅覆盖了43.5%的日本医师，[2]特约保险的购买率也不是很高，[3]这说明还有很大一部分医师未参加该保险。并且，通过了解这一整套制度，我们发现在这一保险制度下，日本医师会投保团体保险，保险公司无法选择被保险人，在被保险人团体中事故发生率较高的医师无法被排除，只能决定是否承保，这导致事故发生率较低的医师不得不忍受较高保险费的负担，事故发生率低的医师替事故发生率高的医师买单的问题；同时，依据该制度，赔偿申请对日本医师几乎没有什么影响，[4]

---

〔1〕 参见王柯厶、万立华："日本医疗纠纷防范处理措施研究"，载《医学与哲学》（人文社会医学版）2009年第12期。

〔2〕 此处数据可参见徐喜荣："日本医师会医师责任保险制度及其启示"，载《中国卫生事业管理》2013年第11期；但梁研的论文指出日本60%的执业医生都通过加入日本医师会购买了医疗责任保险，参见梁研："医疗责任保险法律制度研究"，吉林大学2010年博士学位论文。

〔3〕 截至2007年10月，共有20%的A类会员认购了该补充医师责任保险。参见 Kinoshita K, "Professional Liability Insurance Program of the Japan Medical Association", *Japan Medical Association Journal*, Vol. 5, 2007, p. 390.

〔4〕 See Kazue Nakajima, Catherine Keyes, Tatsuo Kuroyanagi, Kozo Tatara, "Medical Malpractice and Legal Resolution Systems in Japan", *JAMA*, Vol. 12, 2001, p. 1633.

对出现过医疗事故的医师没有丝毫的惩罚措施，这不利于医师在行医中提高自身的业务水平以减少医疗事故数量。总体上，该制度将责任分担到所有的会员身上，不利于形成良好的医师激励机制。

第五节 瑞典医疗责任保险法律制度

一、瑞典医疗责任保险法律制度的模式选择

瑞典是一个典型高福利国家，在其发展过程中建立了名为病人赔偿保险（Patient Compensation Insurance）的商业联合共保模式的医疗责任保险制度，该模式是一种由政府组织医疗责任保险的模式，其具有社会保险的基本性质。

二、瑞典医疗责任保险法律制度的历史演进

北欧国家都以高福利而闻名，都建立相对健全的社会保障系统，瑞典作为北欧国家中的代表，自然也建立了相关的社会保障制度，但在早期瑞典国内并没有专门的医疗责任保险，而是借用医疗费用保险来保障医疗事故受害人的利益。[1]

后来，随着国内经济的不断发展，医疗纠纷的案例屡见不鲜，瑞典开始寻求公平的替代策略，在1975年才建立了病人赔偿责任险。[2]病人赔偿保险制度发展到今天，其虽在1976年、1979年、1982年、1992年对承保条件和理赔范围作了修正，但基本结构保持不变，在此不作过多的介绍。

三、瑞典医疗责任保险法律制度的主要内容

（一）保险主体

病人赔偿保险制度完全以自愿性保险合同为基础。在这一法律关系中，保险人是以 Skandia Life 为核心的9家保险公司共同组建的病人保险协会（the

---

[1] See Oldertz, "Security Insurance, Patient Maceutical Insurance in Sweden", *Comparative Law*, Vol. 34, 1986, pp. 635-637.

[2] See Cohen E. D., Korper S. P., "The Swedish No-fault Patient Compensation Program: Provisions and Preliminary Findings", *International Law Journal*, Vol. 2, 1976, p. 73.

Patient Insurance Association），投保人为公立医院及其医生（public care provider）和私立医院及医事人员（private care provider）；但两者的投保方式有所差别，前者通过郡议会强制（county council）投保，后者医生可以自愿选择通过医疗机构协会组织向保险人投保。病人保险协会只负责行政事务，不负责盈亏；其功能、角色均不同于商业保险公司，也不同于互助保险组织。[1]

（二）资金来源

瑞典病人赔偿保险制度的资金来源是多元的，既包括来自郡议会税收，也包括私立医院及医事人员所缴纳的保费。病人赔偿保险各环节的资金运作都具有非商业性特点，该保险的保险费率计算并不采用经验费率，而是回溯式的计算方式。依照过去一年的理赔支出，以及保险人本身的营运成本，而逐年调整；再依照郡辖区内的人口数向郡议会征收，而郡议会的保费支出来源于政府所征收的医疗保健税；私立医事人员依照其专业类别和上一年的医疗责任赔偿数额制定保险费率，并非依据过去发生事故的经验来征收保费。

（三）适用范围

病人赔偿保险虽然不是商业性的医疗责任保险，但这一保险制度也绝非概括性的医疗意外赔偿制度。根据瑞典的病人赔偿保险制度，患者申请理赔首先要具备三个积极条件：①因果关系，病患受到的医疗伤害必须是医疗提供者的决定或行为所造成的；②可避免性，医疗伤害必须是可以避免的，若是必要的治疗所发生的不可避免的结果，则不在理赔之限；③医疗伤害必须具有一定的严重性，这里的严重性有两重判断标准；[2] 第一重标准是根据医疗伤害的结果判断：受医疗伤害的病人生病超过 30 天以上，或住院超过 10 天以上，或死亡，或永久性残障者就其损害向病人赔偿保险请求理赔；其二是以整个医疗伤害对病人所造成财务损失的金额来判断：医疗伤害的结果不符合上述四种情况的病人，如果其治疗费用加上损失在其他所有社会保险及

---

[1] See Danzon, Patricia M., "The Swedish Patient Compensation System: Myths and Realities", *International, Review of Law and Economics*, Vol. 14, 1994, p. 455.

[2] 参见李国炜："瑞典病人保险制度介评"，载《南京医科大学学报》（社会科学版）2004 年第 1 期。

商业保险都理赔之后还超过瑞典币 700 元者,仍旧可以就超出部分向病人赔偿保险请求理赔。因急救、政策决定限制医疗资源的利用、病患心理上或精神上的损害、美容手术、病人不配合治疗、药物不良反应等所发生的医疗伤害则不在申请理赔之列。

(四) 理赔程序

瑞典病人赔偿保险的运作程序如下:

第一,申请程序。理赔程序由患方申请启动,病患提出病人赔偿保险理赔的申请是非常容易的,其可以在医院、诊所轻易地拿到申请表格,然后填妥寄出。这一过程中申请人只需证明其在医疗过程中受到损害,而损害和医疗行为之间的因果关系查明由保险人负责资料的搜集,为专业审核做准备。

第二,审核赔付程序。审核赔付是保险人向患方赔付的关键环节。保险人的医疗评估人员在收到理赔申请表后,便会开始搜集包括病历记录在内的相关资料,资料收集完备后,交由病人赔偿保险顾问中的资深医师加以审核,资深医生对是否构成医疗伤害给出专业意见,专业意见主要就"该医疗伤害是否可以避免""该申请案是否符合理赔要件""该病患的状况会需要住院多久""多久无法工作"等事项进行展开。[1]此意见然后被送往保险人协会的"给付审议委员会",给付审议委员会根据上述调查结果,作出是否给予病人赔偿以及赔偿金额的决定。一旦病人赔偿保险作出理赔决定,一份完整的报告会寄给病人,并告知他们对该决定的权利。

第三,赔偿异议程序。病患在收到保险理赔决定的 1 年内,如果对该决定不满,可以向病人伤害委员会提出异议。病人伤害委员会独立于病人赔偿保险之外,该委员会由 6 名委员组成:1 名法官(在其中担任主席)、2 名病人代表、1 名医疗专家(由政府指派)、2 名卫生代表(由卫生主管机关指派)。病人伤害委员会每月开会 1 次,开会期间主要处理以下事务:①处理病人异议案件,这是第一要务;②监督申请案件的和解程序;③标准化理赔金额;④为精神赔偿额度建立原则方针。[2]保险人也会派出一名代表列席病人

---

[1] See Danzon, Patricia M.,"The Swedish Patient Compensation System: Lessons for the United States",*Journal of Legal Medicine*, Vol. 15, 1994, pp.205-213.

[2] 参见李国炜:"瑞典病人保险制度介评",载《南京医科大学学报》(社会科学版) 2004 年第 1 期。

伤害委员会的会议，该代表不能干涉委员会事务，也不享有委员会成员的权利，仅仅就和解原则和保险事项提供咨询。伤害委员会在审查证据之后会作出具有建议性质的决议。从效力上来讲，该决议不具有法律效力，也无任何强制的拘束力，只是一份建议性意见，但在实践中病人赔偿保险往往会遵循委员会的决议。如果患者仍旧对处理程序及理赔结果不满意，可依照赔偿条款提请仲裁。为保证仲裁的高效，仲裁程序原则上采取书面审理的方式进行。

四、瑞典医疗责任保险法律制度的特色及评价

（一）瑞典医疗责任保险法律制度的特色

瑞典的病人赔偿保险制度具有浓厚的社会保险色彩，在国内有较高的满意度，在国外也极被推崇，北欧诸国多采用这一模式。

1. 非商业化运作

病人赔偿保险的保险人单纯负责保险经营的行政事务，其功能、角色与商业性保险人大相径庭，其承担责任的资金是郡议会和私立医事人员所交纳的保费，保费的80%用于理赔病人。

2. 医事责任委员会制度

依据1980年健康及医疗照护人员法（Act on Supervision of Personnel in Health and Medical Care），瑞典成立了医事责任委员会（Medical Responsibility Board）。[1] 医事责任委员会于1982年开始运作，其主要职能是对医疗人员的不当行为进行调查及惩戒。病人赔偿保险和医务人员惩戒系统完全独立，病人赔偿保险理赔程序中所有的文件资料也不会流通到惩戒系统中，个别医师并不会因为病人得到病人赔偿保险的理赔而受到道德上的谴责，行政上的处罚，或金钱、心理、声誉上的损失。

（二）瑞典医疗责任保险法律制度的评价

1. 瑞典病人赔偿保险制度的优点

（1）费用成本低

因为瑞典病人赔偿保险制度下的保险费率计算并不采用经验费率，不管

---

[1] See Oldertz, "Security Insurance, Patient Maceutical Insurance in Sweden", *Comparative Law*, Vol. 34, 1986, pp. 635-637.

各郡议会辖区的公立医院及其医务人员在过去一年的理赔记录如何,一律采取按人均计算的平均费率,再依照郡辖区内的人口数向郡议会征收;私立医事人员也是依照其专业类别,而非依照其过去发生事故的经验来征收保费。[1]加之病人赔偿保险在其适用上具有"候补性",也就是病患的损害必须在向其他的保险请求理赔之后,就不足额向病人赔偿保险请求,所以,病人赔偿保险的保费非常低。而在一般商业性医疗责任保险中,医务人员某一年度的医疗过失增加,病人索赔次数和索赔金额的增加,都可能使商业保险公司提高保费,甚至拒绝给予保险。

(2) 程序便捷,赔偿及时

病患提出病人赔偿保险理赔的申请是非常容易的,其可以在医院、诊所轻易地拿到申请表格,然后填妥寄出。病人赔偿保险在接到申请理赔案件3个月内,不论结果如何,均以书面通知的形式告知申请人审理结果或者审理进度,病患也可以申请阅览其医疗评估报告。如果是理赔决定,病人通常会在6个月内收到赔偿金。申请病人赔偿保险理赔的要件比传统过失诉讼的要件宽松,其理赔的范围依照瑞典侵权行为法(the Tort Damage Act)和病人损害赔偿法(the Patient Damages Act)来确定,其理赔标准也比提起民事诉讼的理赔优厚。例如,在1994年,一个导致完全残疾障碍的伤害,病人赔偿保险最大理赔金额为瑞典币819 500元,而民事过失诉讼的赔偿金额为瑞典币555 000元。[2]

(3) 社会效果好

病人赔偿保险制度让医师们在病患受到一个不可预见的医疗伤害时,得以优先考虑病患的利益,医生会真实地向病人赔偿保险的保险人提供个案及资料,以协助病患获得赔偿;而非考虑医师本身利益。病人赔偿保险使得医患关系在发生医疗伤害后,不再是对立的,而是协同的。郡议会的保费来源于政府征收的保健税收,因此保费内化到医疗保健提供者上,而具有一般的

---

[1] See Danzon, Patricia M., "The Swedish Patient Compensation System: Lessons for the United States", *Journal of Legal Medicine*, Vol. 15, 1994, pp. 205-213.

[2] See Danzon, Patricia M., "The Swedish Patient Compensation System: Lessons for the United States", *Journal of Legal Medicine*, Vol. 15, 1994, pp. 205-213.

预防医疗过错的效果。[1]在病人赔偿保险的保险人协会内有一个中央计算机系统,内含所有理赔申请案件的详细资料,经计算机分析处理后,可提供许多有用的信息,以协助医师发现治疗盲点,辨认高风险医疗行为,以及找出瑕疵或不当设计的医疗器材。这些都有助于提高医疗品质。

2. 病人赔偿保险制度的不足

(1) 社会成本高

基于瑞典病人赔偿保险制度的资金主要来源于税收和保费,也可以说是全体社会成员为医生的医疗责任买单,而医生对此并没有承担多少实质上的经济责任。这种制度上,如果医疗责任的赔付额度太高,全体社会成员的负担就会很重。

(2) 要求良好社会保障制度

瑞典的医疗责任保险制度是以其健全的社会保障制度为基础,这在高福利的北欧国家是可行的,但在社会保障制度还不健全的国家就变得不可行。

第六节 新西兰医疗责任保险法律制度

一、新西兰医疗责任保险法律制度的模式选择

医疗责任保险是医疗损害风险管理方式之一,在新西兰,医疗责任保险是其国家事故赔偿计划的一部分,因此形成了多方共担组建的医疗损害赔偿基金模式,具体称为"意外伤害无过失补偿制度",其内容包括劳动者意外补偿、强制汽车保险、私人医疗及重大伤害保险、医事人员责任保险以及社会福利制度。具体来说,在组织模式上,新西兰采用了强制性模式,该制度系新西兰法律强制全体国民直接或间接缴纳保费而成立的无过失意外保险体系;在实施模式上采用了国营垄断经营模式,由国有的意外事故补偿委员会负责运营。

---

[1] See Cohen E. D., Korper S. P., "The Swedish no-Fault Patient Compensation Program: Provisions and Preliminary Findings", *International Law journal*, Vol. 2, 1976, p. 73.

二、新西兰医疗责任保险法律制度的历史演进

为了能够及时、有效地救济意外事故中无辜的受害人,新西兰自1974[1]年起实施《意外事故补偿法》(The Accident Compensation Act),该法律确立了极具特色的医疗伤害无过失补偿制度,该制度下的保险由专门的政府机构即新西兰意外事故补偿委员会(Accident Compensation Corporation,ACC)负责管理、提供用于补偿受害人的资金。这部《意外事故补偿法》的颁行使新西兰成为世界上第一个对人身意外伤害实行全面无过失补偿制度的国家。[2]

1974年的医疗伤害无过失补偿制度覆盖了几乎所有意外事故所导致的人身伤害,但是并未将医疗伤害列为补偿对象。直到1985年,ACC才将医疗伤害纳入补偿范围。应该说,新西兰的医疗责任保险法律制度在1985年才真正确立起来。

医疗伤害无过失补偿制度自确立后经历了多次修正,其中重要变革主要有:

1992年新西兰通过《1992年事故康复与补偿保险法》(Accident Rehabilitation and Compensation Insurance Act 1992)对原有新西兰医疗责任保险制度进行了完善,这次变革是历次变革中最为重大的一次,主要变革内容如下:

一是创设了"医疗事故账户"(medical misadventure account)。

二是将医疗意外事件的审理程序独立出来并设立专门的处理机构。

三是将"因医疗事故导致的人身伤害"(personal injury by medical misadventure)作为单独的一类事故独立出来,这样将医疗意外事故区分为"医疗不幸"(medical mishap)和"医疗错误"(medical error)两大类,并据此建立不同的补偿条件。前者是针对医疗过程中适当的医疗行为却产生罕见且严

---

[1] 此处关于该项制度的确立时间存在不同说法,曾言、李祖全和刘兰秋认为是1974年,朱铭来、焦峰认为是1972年;具体参见曾言、李祖全:《医疗责任强制保险制度研究》,湖南师范大学出版社2009年版,第227页;刘兰秋:"新西兰医疗伤害无过失补偿制度简介",载《中国全科医学》2009年第21期;朱铭来、焦峰:"医疗责任保险制度的国际比较研究",载《保险研究》2008第7期。这一制度的实际情况是《意外事故补偿法》在1972年通过,在1974年施行,所以出现了以上的不同说法。

[2] See Michelle M. Mello, David M. Studdert, Troyen A. Brennan, "The New Medical Malpractice Crisis", *The New England Journal of Medicine*, Vol. 348, 2003, pp. 2281-2284.

重的负面医疗后果,对此仍维持无过失补偿的精神加以补偿;而后者是指医事人员怠于遵守一般可合理期待的照护标准的情形,即以医事人员的过失为补偿前提。[1]

根据《2001年伤害预防、康复与补偿法》(Injury Prevention, Rehabilitation and Compensation Act 2001),新西兰自2002年4月起实施医疗责任保险的新一轮改革,对永久性伤害进行一揽子补偿给付。

2005年7月,新西兰通过了《2005年伤害预防、康复与补偿第二修正法》(Injury Prevention, Rehabilitation and Compensation Amendment No. 2 Act 2005),该法废止了将医疗事故(medical misadventure)划分为"医疗过错"(medical error)和"医疗不幸"(medical mishap)的做法,统一称为"治疗伤害"(treatment injury)。此处的"治疗伤害"是指因治疗而导致的身体伤害和因不必要的(not a necessary)治疗及治疗的意外结果(not ordinary consequences)而导致的人身伤害。[2]

最近几年来,新西兰开展了最新一轮的改革,资金运营已从现收现付(pay as you go)制改成完全的基金制(fully funded),以便更好地保持财务的稳定性。

三、新西兰医疗责任保险法律制度的主要内容

(一)保险主体

在新西兰,医疗事故无过失补偿制度和其他意外事故的无过失补偿制度一样,运营主体都是新西兰ACC。ACC是一个政府机构,由劳动部、社会福利部、卫生部联合组成,在新西兰有2000多名工作人员。[3] 该制度下的适用对象非常广泛,新西兰境内的公民、居民或临时来访者都在该制度的保护下。这也就是说在新西兰,医疗责任保险的保险人是政府,被保险人是医疗服务人员,受益人则包罗了新西兰境内的公民、居民或临时来访者。

---

[1] See Smith R., "Compensation for Medical Misadventure and Drug Injury in the New Zealand no-fault System: Feeling the Way", *British Medical Journal* (*Clinical Research ed.*), Vol. 6327, 1982, p. 1457.

[2] 参见刘兰秋:"新西兰医疗伤害无过失补偿制度简介",载《中国全科医学》2009年第21期。

[3] See Davis P., Lay-Yee R., Briant R. et al., "Preventable in-Hospital Medical Injury under the 'No Fault' System in New Zealand", *Quality and Safety in Health Care*, Vol. 4, 2003, pp. 251-256.

（二）资金来源

该项目的保险资金来源并不是医疗服务者，而是新西兰政府或者说新西兰国民，也就是靠税收支持。ACC 的经费主要来自五个部分，即劳动者的薪金、燃油税、政府的补助款（政府每年拨出一笔固定款项，以代表无收入者来加入 ACC）、不同职业的雇主所缴纳的税款及投资收入。[1]ACC 提取 6 个月的支出作为准备金，用于投资，而其收入也就回馈到 ACC。[2]但经历多次改革后，新西兰医疗责任保险资金由政府全额拨款负担。

（三）适用范围

新西兰的意外事故补偿制度在世界范围内独有的计划保障包括工伤、机动车事故以及医疗责任的赔偿责任，赔偿对象包括全体的国民和到该国的旅行者。2005 年改革后，对于新西兰公民及居民，因外国的治疗伤害而导致的所有人身伤害者也成为适用对象。[3]由此可以看出，新西兰的医疗责任保险覆盖范围非常广。

（四）理赔程序

在新西兰要申请医疗责任保险赔偿，需要经过以下程序：

提出申请。由受到伤害的本人或者通过提供治疗的机构在伤害发生后的 12 个月内向 ACC 提出申请，申请中需要写明对于身体伤害的适用事由及请求的赔偿内容。

审查申请。ACC 在受理申请后，需要组成一个专门的调查小组在 2 个月以内对申请的相关内容进行审查，审查后根据审查结果作出处理决定。

申请再审查。如果申请方对 ACC 所作出的决定有异议，申请者和该医疗专门机构可以请求 ACC 进行再次审查。ACC 收到再审查申请后，也应该进行再审查，并依据再审查结果作出新的处理决定。

提起诉讼。如果申请方对 ACC 的再审查决定和审查费用负担数额有异议，申请者和该医疗专门机构都可以向地区法院提起诉讼，这样该责任保险

---

[1] See Smith R, "Compensation for Medical Misadventure and Drug Injury in the New Zealand no-Fault System: Feeling the way", *British Medical Journal* (*Clinical Research ed.*), Vol. 6327, 1982, p.1457.

[2] 参见 Hazel Armstrong："新西兰无过失伤害的预防、康复和赔偿体制介绍"，载《中国安全生产科学技术》2007 年第 1 期。

[3] 参见刘兰秋："新西兰医疗伤害无过失补偿制度简介"，载《中国全科医学》2009 年第 21 期。

的事项就进入了司法程序。

四、新西兰医疗责任保险法律制度的特色及评价

（一）制度特色：无过失补偿制度

新西兰的人身意外伤害补偿制度的覆盖范围很广泛，包括了众多的人身伤害保险，其唯一的理赔标准是因意外所产生的人身伤害，这里的人身伤害不仅包括疾病这一个意外类型，还包括治疗疾病过程中所产生的医疗意外。在这一制度下，补偿对象根据事前定好的补偿条件来决定，无需证明医师的医疗过失。

（二）制度评价

新西兰的医疗责任保险制度因为无需举证证明医师的医疗过失，可以节约医疗纠纷的处理成本，受损者能够及时获得实质性补偿，保障了受损人的利益。[1]同时，这一制度医师可以免除不确定的医疗责任的威胁，有助于减少医师的防御型医疗行为，减少医疗资源的浪费，从而建立起一种和谐的医患关系。

但是，这一制度也存在较大的不足。该制度并不要求医师的医疗过失为前提，极大程度上减轻了医师的责任风险，[2]同时也因为赔偿申请对医师几乎没有什么影响，出现过医疗事故的医师不会受到丝毫惩罚，这不利于医师在行医中提高自身的业务水平来降低医疗风险。另外，该制度的资金由政府负担，也就是将医疗事故责任分摊到所有的纳税人身上，这样也不利于形成良好的医师激励机制。

第七节　其他典型国家医疗责任保险制度情况简介

医疗责任保险制度作为一项保障医生和患者权益、维护医患关系稳定、促进医疗事业发展的制度，在世界范围内有着广泛的应用。除了上述几个具有代表性的国家外，还有一些国家也建立起了比较完善的医疗责任保险制度，

---

[1] See Bismark M., Paterson R., "No-Fault Compensation in New Zealand: Harmonizing Injury Compensation, Provider Accountability, and Patient Safety", *Health Affairs*, Vol.1, 2006, pp.278-283.

[2] See Davis P., Lay-Yee R., Fitzjohn J. et al., "Compensation for Medical Injury in New Zealand: Does 'No-Fault' Increase the Level of Claims Making and Reduce Social and Clinical Selectivity?", *Journal of Health Politics, Policy and Law*, Vol.5, 2002, pp.833-854.

下面将对几个比较有特色的国家的医疗责任保险制度加以简要介绍，以资借鉴。

一、澳大利亚医疗责任保险制度

澳大利亚的医疗系统分为公共医疗和私人医疗，这两种医疗模式下的医疗责任保险也有所差异，其中公共医疗的责任保险由公共机构提供，而私人医疗的医疗责任保险采取的是商业化的运作模式，由商业保险公司承保、两者相比，前者的保费更低，但办理过程较慢，保障力度也不及后者。就目前来看，后者在澳大利亚的医疗责任保险制度中占有主要地位。即便是公共医疗机构的医生，通常也会购买商业性医疗责任保险。因此，澳大利亚的医疗责任保险，可以说主要是由商业性医疗责任保险公司提供的。虽然商业性保险公司的医疗责任保险属于商业险，但是澳大利亚全国6个州及2个行政区的法律均对私人医生购买医疗责任保险作出了强制性规定，如果有医疗执业者没有购买医疗责任保险，将会受到严厉的处罚。[1]以澳大利亚最主要的新南威尔士州为例，该州的《健康护理责任法案》第19章和第25章分别对医疗执业者和特定的其他健康执业者作出了规定，任何人或机构如果没有获得经批准的职业赔偿保险将无权进行医疗执业；相应的，医疗委员会或负责注册的机构也不得批准没有职业赔偿保险的机构或个人从事医疗服务；如果医疗委员会或负责注册的机构发现从事医疗服务的机构或个人没有职业赔偿保险，有权取消或暂停其注册资格；但受聘于公立医疗机构的医生除外。[2]

在保险主体上，澳大利亚公共医疗的医疗责任保险主要由公共机构提供，私人医疗的医疗责任保险由商业性保险公司提供。目前澳大利亚最大的保险公司是联合医疗保障有限公司，该公司承担了全国一半以上的医疗责任保险。在保险的购买主体上，两者均采取医疗机构或医生与患者共同负担制，即医生或医疗机构与患者共同购买医疗责任保险。在保费上，澳大利亚的医疗责任保险实行了较为灵活的政策，根据不同医疗领域风险的高低，制订了不同

---

[1] HEALTH CARE LIABILITY ACT 2001; HEALTH CARE LIABILITY ACT 2001-SECT 19 Medical practitioners must be covered by approved professional indemnity insurance and SECT 25 Professional indemnity insurance for certain other health practitioners.

[2] 参见梁研："医疗责任保险法律制度研究"，吉林大学2010年博士学位论文。

的保险费率，像脑科、妇产科这些高风险医疗领域的医生每年交纳的保险费可以是治疗普通疾病的医生所交纳保险费的十几倍。

二、法国医疗责任保险制度

作为世界上较早实施强制性医疗责任保险制度的国家，法国的医疗责任保险制度同样值得我们借鉴。了解法国的医疗责任保险制度之前，有必要首先了解一下该国的医疗机构体系。法国的医疗机构分为公立医院和私立医院两种，两者在分工上有所差异，其中公立医院主要负责公益性的公共医疗事业，诸如病人的长期护理、医生的教学与培训等，而私立医院则主要从事重大疾病的医治、外科手术的实施等难度较大的医疗事务。根据法国相关法律规定，在公立医院工作的医生由政府支付薪水，并有公务员编制。一个医生可以同时在公立医院和私立医院执业。[1]

起初，法国的医疗责任保险采用和美国类似的模式，即医生出钱购买商业医疗责任保险，在出现医疗事故产生医疗纠纷后，患者诉至法院，法院如果不能从中调解双方的分歧，就作出相应的判决以解决争议。为了保证这种商业型模式得到良好的运行，法国保险法将医疗责任保险列为强制险，具体的规定体现在 L251-1 第 1 款："公共卫生法第 L1142-2 条的规定转述如下：第 L1142-2 条中独立执业的医疗专业人员，医疗机构，保健服务和组织，国家以外的从事预防、诊断或护理的任何独立法人，以及第 L5311-1 条中的保健产品的代理商，贸易商和供应商，该保健产品为成品，但该条中的 5 除外，5 中的活动须受第 L1229-9 条 11、14、15 的限制，当第三方遭受损害或由他们在预防、诊断或护理活动范围内导致的人身伤害的，他们有义务对为此必须承担的第三方或行政责任投保。"[2]

在 2002 年之前，法国的医疗责任保险都是采取强制商业险模式，虽然与美国由很多相似之处，但两者在一些地方也存在区别。第一，美国在经历了三次医疗责任保险危机之后，对医疗事故赔偿的数额进行了限制，但法国对此并没有作出限制性规定。第二，在医疗事故的认定上，法国法院采取了较

---

[1] See "The French Health Care System", http://www.medicalnewstoday.com/articles/9994.php, Accessed 2015-1-30.

[2] 梁研："医疗责任保险法律制度研究"，吉林大学 2010 年博士学位论文。

为严格的标准，具体体现为对医生注意义务要求较低，由此使得患者的举证责任更重，很多时候会因为缺少证据而败诉。

采取和美国类似模式的法国，也遭遇了和美国一样的问题，即高昂的保险费使医生难以为继，面对这一问题，法国没有像美国一样对原有制度进行小范围修补，而是进行了彻底的改革。2002年3月4日，法国颁布了第2002-303号法案，对本国的医疗责任保险模式进行了一次彻底的改革，改革后的医疗责任纠纷，不再由法院进行审理，而是由法国政府所指定的专门审查委员会处理。委员会处理相关的医疗纠纷，不再采取过错赔偿的原则，而是采取无过错原则，即只要认定患者的损害与医生的行为有因果关系，患者即可获得赔偿金，不再考虑医生是否对此负有过错。患者所获得的赔偿由国家设立的赔偿基金支付，该基金的资金来源是医生与医疗机构所交纳的保费与国家的税收拨款。实际上，法国对本国医疗责任保险制度的改革在很大程度上借鉴了北欧国家的模式，即通过非诉讼纠纷解决机制来处理医疗事故纠纷，以无过错责任原则作为医疗事故纠纷处理的基本原则，发挥政府财政对责任赔偿的补充作用。

三、新加坡医疗责任保险制度

新加坡的医疗责任保险制度，与前面介绍的国家都存在比较大的差异，该制度既不像美国采取商业型医疗责任保险模式，也不像英国采取互助型医疗责任保险模式，而是在政府的主导下，通过向社会公民强制收费而设立专门的储蓄医疗保险基金。储蓄医疗保险基金范围广泛，不仅包括医疗责任保险，还包括医疗保险，即公民生病住院后产生的开支，也由该基金进行支付。

新加坡这种医疗责任保险制度，主要有以下特点：①保险的交费主体既不是医生，也不是患者，而是全部社会公民；②整个制度有很强的政策导向性和社会统筹性，国家在其中占据主导的地位；③医疗责任保险不是单独的一项保险，而是储蓄医疗保险基金的一个组成部分；④保险基金筹措为"纵向"，即可以逐步积累延续使用。新加坡所建立的这种特殊的医疗责任保险制度，与本国的国情有密切的关系。一方面，储蓄保险模式源自于18世纪的英国，而曾经作为英国殖民地的新加坡，很早就接触到这一制度，并在随后的发展中逐渐将这一制度完善，因此本国有很好的适用该制度的土壤。另一方面，新加坡目前的人口老龄化十分严重，如果以赋税为基础建立保险体制，势必使得青年人担负的压力过大。而储蓄医疗保险恰好能够填平弥补老年人与青年人在医疗保险费用上产生的"代沟",实现医疗责任保险制度的持续发展。[1]

第八节 域外医疗责任保险法律制度综合比较及经验借鉴

一、各国医疗责任保险法律制度综合比较

应当说,上述国家的医疗责任保险体系各有其优点与缺憾,而制度比较的目的,则是取其精华、去其糟粕,并做到将其优势为我所用,以健全和完善我国的医疗责任保险法律制度体系。笔者拟从保障能力、医师激励、制度可持续性、社会效果四个方面对上述国家的医疗责任保险制度进行比较。

（一）保障能力

所谓医疗责任保险的保障能力,指医疗责任保险所能发挥的对于患者侵害的偿付能力。从前文对于美国医疗责任保险制度的梳理可以看出,美国商业化运作模式下的医疗责任保险有很高的赔付比率,因此保障能力较强;在英国、日本采用一种互助型医疗责任保险体系中,英国的保险赔付金的来源仅仅是医生交纳的会费（购买了再保险的高风险项目除外）,保障能力极为有限;日本虽然保障能力相对较好但因有赔付上限限制就使得其保障能力逊色于美国;德国、瑞典、新西兰多采用社会保障型的医疗责任保险,其保费多来自政府,保费在一定程度上是有限的,偿付金额也是有限的,特别是瑞典只填补其他保险不能覆盖的部分。

综合来说,单纯从对于患者的保障能力而言,美国的医疗责任保险要强于其他国家。笔者认为,这主要是因为各国的运行模式不同。美国的商业化医疗责任保险采取市场化的方式运作,高额的赔付款来自高额的保险费,而保险费最终又来自广大的患者,因此,从根本意义上而言是患者所缴纳的高额医药费间接支撑起了医疗责任保险的强劲赔付能力。而其他国家的医疗责任保险更具有非营利性,使其不具有从医师或者患者那里抽取利润的经济动机,也就决定了其资金不可能过于丰厚,故保障能力稍显薄弱亦不足为奇。

---

[1] 参见吴春明:"医疗保险制度的国际比较",山东大学2007年硕士学位论文。

(二) 医师激励

按照保险学原理，保险费用的高低与差额设计，可以起到对被保险人或者投保人的激励性作用，不合理的保险费设计也容易诱发投保人或者被保险人的道德风险行为和保险市场的逆向选择问题，因此可以说保险费率的设定对于医疗责任保险的运作而言至关重要。

美国医疗责任保险在保险费率设定上采用的是差异化的方式，保险费率与风险成正比，这种方式能够对医生起到较好的激励性作用，促使医生在行医中更加谨慎以尽可能地降低风险。但这也可能会产生一些负面影响，即导致医生拒绝一些高危病人。英国、日本的医师互助责任保险与医生所交纳的会费没有联系，医生不必担心会因为医疗事故而导致保险费用的增长，虽然这样使得医生不用拒绝一些高危病人，但在激励医生谨慎行医上却没有积极作用。同样，新西兰的意外事故补偿制度免除了医生不确定的医疗风险威胁，有助于减少医师的防御型医疗行为，减少医疗资源的浪费，但在激励医师在行医中提高自身业务水平的作用不强。虽然德国、瑞典在其医疗责任保险制度设计中医生在医疗事故中也不用承担个人责任，但是通过医疗事故调解处或医事责任委员会对医生的监督作用来激励医生提高医疗业务水平，这样也能一定程度防止防御型医疗行为。综合而言，对医生的激励方面，德国、瑞典的医疗责任保险制度设计更具优越性。

(三) 制度可持续性

任何一项制度必须具备可持续性才能经得起实践的检验，医疗责任保险法律体系也不例外。从可持续性方面而言，美国商业型医疗责任保险制度就其运作模式本身而言，由于可以实现保险风险在市场层面的大范围扩散，因此运行亦能够更加持久。但美国医疗责任保险的无过错责任原则却给这项制度带来了高昂的成本，也影响了该制度的可持续性。澳大利亚的医疗责任保险制度在发展过程中也遭遇了同样的问题。[1]英国的医师互助型医疗责任保险对医生所产生的经济压力较轻，从这一方面而言有利于该种保险模式的可持续发展。但由于该种模式风险分散机制不够完善，也在某种程度上影响了自身的发展。新西兰、瑞典的病人赔偿保险制度运营的成本较低，但很大部

---

[1] See Christopher Zinn, "Australian Government Forced to Bail out Medical Malpractice Insurer", *BMJ: British Medical Journal*, Vol. 7341, 2002, p. 808.

分是通过政府税收买单，面对近年来相关理赔申请的增加，对于该制度的给付能力造成了极大的挑战。对于日本的团体互保式的医疗责任保险制度，其保险费率较低并且趋于稳定，可持续性较强；但是现阶段覆盖面有限，还需要进一步的完善。反观德国的医疗责任保险制度，保费根据医生收入多少确定，覆盖范围较广，成本较低，可持续性相对较强。

（四）社会效果

衡量一项制度的价值，必须要看该制度给社会带来了什么样的效果，一项制度只有在其给社会带来的正面效果大于负面效果时，才能够存续。医疗责任保险制度设立的目的是能够有效分散医生执业风险和保障患方的合法权益，从而缓和医患矛盾。因此，医疗责任保险制度的社会效果显得极其重要。

从社会效果上看，美国的医疗责任保险法律制度由于具有高保障能力的特点，能够很好地满足患者对医疗损害的赔偿要求，使患者在遭遇医疗损害后能够有一个更好的保障。从这一方面而言，其对于保障患者生活，稳定医患关系有着积极的社会效果。但同时，鉴于美国目前较多采用诉讼方式解决医疗事故纠纷，司法程序的高昂成本与时间上的拖后，给医患双方都带来了不利影响。英国的互助型医疗责任保险制度，从医患关系的角度而言，由于该制度本身对患者保障上存在不足，加之诉讼式的医疗纠纷解决模式，很容易引起患者对医疗机构的不满，进而引发医患矛盾。与英、美两个国家不同的是，在德国、瑞典、日本以及新西兰都较多采用了一种非诉讼的医疗纠纷解决机制，在这一机制下，医患双方可以通过非诉讼方式进行矛盾处理，这样既避免了高昂的诉讼成本和漫长的诉讼时间等待，也缓解了当前社会司法资源紧张的局面，更为重要的是缓解了医患矛盾，医患关系较为和谐。综合而言，在社会效果上，英、美两国的制度设计不如上述其他四国。

二、各国医疗责任保险法律制度的经验借鉴

分析上述先进国家或地区的医疗责任保险法律制度之目的在于借鉴其优良之处以为我所用。通过对上述国家医疗责任保险制度之运行模式、制度绩效的分析，我国的医疗责任保险法律制度之构建可以得出以下几点可借鉴的经验：

（一）构建三位一体的保险费用负担模式

我国自20世纪90年代开始逐步推行医疗责任保险制度，最初的医疗责

任保险实行的是患者负担，也就是说医院在接受患者就医的同时会强制患者缴纳医疗责任保险费用，只有缴纳了该费用，医院才会为其进行医治。而从实际意义上而言，医师作为一种专业性职业群体，其相对于患者而言对医疗损害的发生具有更大程度的操控性，而患者则不具备这样的专业性优势。从风险来源界面来讲，医疗损害绝大多数来自医师而非患者。按照风险负担原则，谁获得收益谁就应该承担风险，那医疗责任保险费用的承担主体就应该主要由医师或者医院方面来承担，让患者来承担显然是有失公允的做法。进入21世纪以后，我国部分地区开始逐步改变以前由患者负担的医疗责任保险模式，改由医院与医生一方负担医疗责任保险的保险费用。这相对于过去的患者负担是一个明显的进步。

从平衡各方利益的角度而言，我国医疗责任保险的保险费用负担模式，应当采取医院、医务人员与政府三个方面共同负担的做法。美国的医师自负模式给医师带来了极大的经济负担，且其最终的负担主体还是患者，不值得我们直接照搬。英国的两种医疗责任保险类型，其负担主体就包括了政府与医师。笔者认为，我们可以将美、英两国的做法进行综合以后采纳。首先，由政府拿出部分财政拨款，建立一个医疗责任保险基金，实行专款专用；其次，医院方面根据规模与特色，承担至少一半的医疗责任保险费用。这主要是因为目前我国的医疗系统尽管主要是公立的，但是随着市场经济的发展，医院方面的收入节节攀升，已经基本具备承担这部分医疗责任保险费用的经济实力；最后，医务人员自身需要缴纳一定比例的保险费用，这一方面可以起到对医师谨慎行医的激励性作用，另一方面亦能在一定水平上提高医疗责任保险的保障水平。这样就将医疗责任保险费用在政府、医院与医务人员之间进行了有效的分担，以避免由单独的某个主体来承担所带来的负面效应。

（二）走一条低水平、广覆盖、可持续的发展道路

美国的医疗责任保险由于赔付比率与数额巨大，使得其医疗责任保险的进一步发展容易陷入危机之中。[1] 而瑞典、德国的社会保障型医疗责任保险，保险费用与赔付数额设置合理，具有可持续性。我国作为一个发展中国家，经济发展水平相对于上述两个国家而言还比较落后，这就决定了我们的医疗责任保险制度只能暂时走一条低水平、广覆盖、可持续的发展道路。首先，

---

[1] See Paul C. Weiler, *Medical Malpratice on Taial*, Harvard University Press, 1994, p. 4.

所谓低水平是指，我国医疗责任保险的保险费用设定不宜过高，医疗损害的赔付额度应该设定一个上限，以避免造成过重的社会负担，而影响医疗责任保险的整体性发展；其次，所谓广覆盖，就要求必须构建一个全国范围内城乡统筹的医疗责任保险体系，将全部社会成员吸纳进来，以做到医疗责任保险的底线公平；最后，所谓可持续，要求医疗责任保险必须充分平衡各方主体的利益与负担，扩宽资金来源渠道，贴合地方经济社会发展水平，走一条具有中国特色的发展道路。

（三）注重制度实施的经济绩效评估

制度构建者通常从维护法的实质正义价值视角出发，对弱者的权利做倾斜性保护安排。[1]医疗责任保险制度一般也被视作是对作为弱者的患者进行倾斜性保护的一种制度安排。立法者或者政策制定者在制定这种具有倾斜性保护特质的制度时，最容易犯的一个错误就是过分追求保护弱者而忽视制度实施的经济绩效，从而造成过高的制度成本，进而影响制度的长效化。因此，医疗责任保险制度构建与实施中的经济绩效评估必须得到足够的重视。其实美国商业型医疗责任保险所造成的巨大的保险经济负担就值得我们的政策制定者反思。

第一，设置差额化的保险费率。[2]保险费率的合理设定可以起到对投保人与被保险人的激励作用，这在美国的商业型医疗责任保险中已经得到了体现。在医疗行业内部，不同的科室、部门所具有的医疗风险有很大差别。如果让以外科手术为主的医院与以保健理疗为主的医院承担同样的保险费率，那显然风险较高的以外科为主的医院的医生就没有足够的动力去采取谨慎的医疗行为。因此，从充分发挥保险费用的激励性功能的视角出发，应该对风险系数不同的医疗行业设置不同的保险费率。当然，对于一些风险高、收益却不高的医疗行业，可以适度进行倾斜性的财政资金支援。

第二，设定保险赔付最高限额。一个国家的医疗责任保险赔付水平是受其经济发展水平限制的。一种医疗责任保险制度，必须与其当下的经济发展

---

[1] 参见吴飞飞：“从权利倾斜到责任倾斜的弱者保护路径转换——基于法经济学视角的解读”，载《广东商学院学报》2013年第6期。

[2] 参见罗熙、何国强："论医疗责任保险——从法律经济学的角度切入"，载《政法学刊》2010年第3期。

水平相适应，其实这也就是一种制度经济学上的约束性条件。如果赔付额度过高，则直接增加了政府、医院与医务人员的经济负担，甚至会超出他们的负担能力，并且还会引发大量的医疗诉讼纠纷，激化本该和谐的医患关系。因此，在我国当下经济社会发展水平还不高的情况下，应该对医疗损害赔偿设定一个最高限额，以使得医疗责任保险发挥其补偿性功能而非惩罚性功能。我们并非说，对于不负责任的医生、医院不需要予以惩罚，而只是强调不应当在医疗保险责任制度中予以惩罚，相反可以通过医院内部的组织管理规章、相关行政法规、刑事法律法规予以惩戒。

医患关系一直是人类文明发展过程中一对重要的矛盾体，如何保障医生与患者的二元合法权益，也一直是制度构建者所关心的问题。一个健全的医疗责任保险法律制度体系，在医生与患者之间构筑起一道权利的保障与约束屏障，使医生可以大胆地发挥其医疗才能而不会因为事后的责任追究而裹足不前，同时也使患者在就医过程中所受到的侵害可以得到公平的偿付。我们前面讨论了比较典型国家的医疗责任保险制度，这些制度各有其优点与缺憾，而制度比较的目的，则是取其精华、去其糟粕，并做到将其优势为我所用，以健全和完善我国的医疗责任保险法律制度体系。我们相信，这些国家的做法会为我国的制度建构提供经验和教训，使得我们少走弯路。但是，中国国情有其特殊性，外国的先进经验不一定就会完全适合中国，在建构我国医疗责任保险制度的过程中还需要我们不断去结合中国实际进行发展和探索，而如何在中国构建起一个健全而完善的医疗责任保险法律制度体系，可谓任重而道远。

第五章
我国医疗责任保险法律制度的建构思考

迄今为止，我国医疗责任保险已经有了多年的发展历史，在取得一定成就的同时，还面临着很多现实困境。我们在重构医疗责任保险法律制度的时候，首先要明确医疗责任保险法律制度的构建思路，以现实问题为切入点，剖析当下困境的产生原因，从而有针对性地提出构建我国医疗责任保险法律制度的基本原则，并提出明晰的发展方向。具体而言，要从主体和客体两个维度予以解析。主体上，要建立包括多元化主体在内的医疗责任保险制度，最大限度地实现医疗风险的社会化分担；客体上，要明确医疗责任保险的适用对象和范围，尤其是要重视一般诊疗行为和临床试验的医疗责任保险问题。

第一节 我国医疗责任保险法律制度的建构思路

20世纪五六十年代，医疗责任保险制度在欧美国家的发展达致高峰，截至目前，世界多数国家都引入了该项制度。1989年，我国开始尝试着建立医疗责任保险制度，90年代在各地的推动下，医疗责任保险出现了一个发展高潮。目前来看，医疗责任保险的发展势头仍然强劲，但是不得不承认的是，我国医疗责任保险的发展存在很多现实问题，比如医疗责任保险的强制性不足、关联服务不完善、相关法律制度尚不足等。实际上，这些问题同时也是阻滞医疗责任保险制度深入发展的现实原因。构建我国医疗责任保险法律制度，不仅要着眼于细微之处，完善制度细节，还要明确宏观性的指导原则，把握总体的发展方向。

一、现阶段发展困境的归因分析

毋庸讳言，我国医疗责任保险制度的法治化还面临着很多现实问题，既有制度层面的困顿，主要表征是投保和承保的强制性不足、相关法律法规不完备，使得医疗责任保险的发展先天不足；也有主体层面的限制，主要表现在对主体利益的保护不足，进而限制了其投保和承保的积极性和信心。如前所述，阻碍医疗责任保险制度深入发展的困境同时也是影响其发展的原因，因此，对医疗责任保险之发展困境的归因分析要以现实中存在的问题为基础。概括而言，我国现阶段医疗责任保险制度的法治化主要存在制度层面和主体层面两个方面的不足，前者主要是指法律制度的缺失，从而制约了医疗责任保险的规范化运作；后者主要是指由于对各方主体利益的考虑不周，最终使得保险主体没有发挥其应有的作用，反而成为推进医疗责任保险法治化的障碍。

（一）制度层面的缺失：法律制度的滞后

实现社会管理的法治化，不仅是"法治中国"的宏观要求，也是提升国家社会治理能力的内在要求，鉴于前述提及的医疗责任保险所具有的诸多积极作用，将"医疗责任保险纳入法治化的轨道，是构建医疗责任保险制度的必然要求"。[1]然而，事实并非如此，医疗责任保险的法治化还很不足。一方面，缺乏系统的上位法表达，医疗责任保险的模式并未通过法律的形式予以确定，使得医疗责任保险的强制性不足，投保率较低，承保积极性不高；另一方面，我国目前与医疗责任保险相关的法律制度也尚未健全，医疗侵权责任的界定和承担不明确、医疗损害责任鉴定制度的失位、医疗责任保险的相关立法不足，都使得医疗责任保险在实践推行过程中面临诸多乱象。

1. 医疗责任保险制度缺乏统一的上位法规范

诚然，我国的法治建设取得了举世瞩目的成就，在"依法治国"的顶层倡导下，新时期的法治建设不断达致新的高峰，社会主义法治体系日趋完善。但是，法律自身所具有的局限性决定了其难以应对千变万化的社会生活，加上法律发展的阶段性，很多社会生活领域都面临"法律真空"的尴尬境地。就医疗责任保险而言，就存在这方面的现实问题。

第一，医疗损害责任的法律适用不统一。我国处理医疗损害纠纷的法律法规有很多，包括《中华人民共和国民法通则》《中华人民共和国侵权责任法》《中华人民共和国消费者权益保护法》和一系列规章、条例在内的法律法规都可以为医疗损害纠纷的处理提供依据。理论界和实务界对此问题的看法

---

[1] 陈玉玲：" 强制责任保险：我国医疗责任保险发展取向"，载《上海金融》2002年第1期。

不一，造成法律适用的不统一，相同性质的纠纷，如果适用不同的法律条款得出不同的处理结果，会对医疗责任保险的深入推进形成障碍。[1]

第二，法律并未赋予医疗责任保险强制性。目前，我国不乏医疗责任保险的地方性文件，很多地方有意向通过地方性规章来推进医疗责任保险，实现维护社会弱势群体利益和分散社会风险的美好愿景。但是，由于医疗责任保险的实施缺乏法律强制性，投保人和承保人拥有"保险自由"，在不同的利益驱动下，强制性的缺失可能会引致这一恶性循环的局面：一方面，投保人大都是承担风险较高的医疗机构和医务人员，加大了该行业的保险风险，不利于保险机构大数法则的应用，破坏了保险规律；另一方面，保险机构从自身利益出发，大多选择那些执业风险较低的医疗机构和医务人员为投保人，那些具有较高风险的医疗机构和医务人员反而被排除在外。总而言之，法律制度的缺失不仅会使医疗侵权纠纷的法律适用不统一，难以划定医疗损害责任的承担主体和责任范围；还会使医疗责任保险缺乏必要的强制性，形成保险机构、医疗机构和医务人员"逆向选择"的困境，从而破坏了医疗责任保险的利益机制和主体基础。

2. 与医疗责任保险相关的法律制度不完善

医疗责任保险是一个系统工程，不仅需要围绕医疗责任保险本身进行一系列的制度设计，还要求以医疗责任保险为核心进行适度的外拓，建立一整套有利于医疗责任保险制度顺利运转的制度体系，尤其是处于前置阶段的医疗损害责任的划定和承担。但是，我国目前关于医疗责任保险的制度结构还不够合理，缺乏规范化的针对医疗损害责任纠纷的法律规制，使得医疗责任保险在实践中频遇困境。

第一，保险法律关于医疗责任保险索赔期的规定不合理。一般而言，保险的追索是有期限规定的，这是出于效率的考虑，医疗责任保险也适用了这一保险业内的规律，即只有在约定的医疗责任保险期限内实际发生并提出索赔要求的医疗损害事件才能获赔。但是，医疗损害具有其特殊性，一般都具有很长的潜伏期，隐蔽性很强，由于患者个体的生理特征有所不同，有些损害结果可能在几年、十几年以后才会显现。因此，统一规定医疗责任保险的索赔期是不合理的，没有充分考虑到医疗损害事件的特殊性，有碍医疗责任

---

[1] 参见尹田主编：《中国保险市场的法律调控》，社会科学文献出版社 2000 年版，第 384 页。

保险的实施。

第二，医疗纠纷的解决机制不健全，尚存在很大的缺陷。前文已述，医疗责任保险有序运行的关键是要划定医疗损害责任的承担主体和责任范围，然而我国目前并没有建立起科学的医疗纠纷解决机制，致使医疗损害责任制度存在缺陷，这主要表现在两个方面。其一，医疗损害责任鉴定制度的迷向。医疗损害责任鉴定本身具有很强的复杂性、经验依赖性和不确定性，因此，医疗损害责任鉴定主体在专业性和资质上都应该有较高的要求，否则就可能会损害患者的切身利益，有损医疗损害责任鉴定的制度效果与社会价值。然而，我国目前的医疗损害责任鉴定制度还存在很多问题。鉴定体制呈现"双轨化"，不仅给制度的选择和适用带来了困难，还损害了医疗损害责任鉴定制度的制度权威；鉴定主体的非中立化，在医疗损害责任鉴定中，医疗机构和医务人员有时会参与到鉴定程序中，抑或是由与医疗机构和医务人员有利害关系的机构进行鉴定，有损鉴定结论的中立性；等等。其二，医疗纠纷"解决程序十分复杂，无形中加大了患者进行医疗损害索赔的成本"。[1]我国《医疗事故处理条例》等规范性文件都对医疗纠纷的顺利解决予以重视，规定了多元化的纠纷解决机制。但是，实践中，多种纠纷解决机制并未发挥应有的作用，解决方式的先天缺陷和繁琐的索赔程序都人为地给医疗责任保险的适用设置了路障。

(二) 主体建设的不足：主体利益的漠视

设立医疗责任保险制度的初衷是通过保险的模式设计实现社会风险的分散化，旨在维护受害患者的切身利益，减轻医疗机构和医务人员的经济负担，进而产生促进医疗科技进步、维护社会秩序的诸多正外部性。因此，维护相关主体的根本利益是构建医疗责任保险的制度愿景，唯有以主体的利益为核心构建医疗责任保险制度，才能彰显出其制度的现实意义。反观我国目前的医疗责任保险制度，除了前述法律制度建设的滞后之外，对主体利益的维护也并不理想，直接后果就是保险主体的参保、承保积极性不高，医疗责任保险的主体基础遭到破坏。医疗责任保险制度对保险主体利益的忽视主要表现在以下几个方面：

---

[1] 何颂跃主编：《医疗纠纷与损害赔偿新释解》，人民法院出版社2002年版，第21页。

1. 险种设计的缺憾

从宏观的制度设计来看，医疗责任保险的险种设计没有切实考虑保险主体的根本利益，医疗责任保险的市场供给明显不足。保险业属于上层建筑的范畴，随着经济的发展和社会的进步，经济基础不断完善，上层建筑也要随之发生相应的变化。在风险社会的语境下，潜在的医疗风险呈现级数增长，医疗风险的发生概率随着医疗科技的不断应用和医疗需求的增加而不断增长，社会对医疗责任保险的需求已经达到前所未有的高度。但是，医疗责任保险的供给远满足不了因社会发展带来的巨大需求。在分业经营、分业监管的制度体系下，保险业被几大保险公司所垄断，保险巨头拥有绝对的话语权，保险业的市场竞争不充分，只有中国人民保险股份有限公司、中国太平洋保险股份有限公司等几家大型保险公司开设了医疗责任保险，远未满足社会对医疗责任保险的有效需求。且医疗责任保险的承保范围较为有限，进一步限制了保险的具体应用。

2. 条款规定的不足

从微观的保险条款规定来看，医疗责任保险的具体条款也并没有切实维护保险主体的根本利益。第一，高昂的保险费用与低廉的赔偿限额构成较为鲜明的对比，二者的张力阻滞了医疗责任保险主体的参保积极性。如前所述，医疗责任保险的投保人一般界定为医疗机构和医务人员，促使其参加医疗责任保险的利益驱动是转移其部分医疗损害赔偿的经济负担。但是，受行业发展阶段的制约，我国保险技术较为落后，相关的专业人才极为匮乏，使得我国目前保险费率的制定并不科学，仅以可视化的指标作为厘定保险费率的因素，比如医疗机构的规模、医务人员的数量等。其结果就是差异化的保险费率尚未成形，保险机构出于稳健经营的考量，倾向于制定较高的保险费率，对医疗机构和医务人员而言无疑是一个较大的经济负担。反观赔付限额，其"并没有因较高的保险费用而相应地增加保险赔偿额度"。[1]因为受制于高额的保险费用，有经济能力参保的医疗机构和医务人员数量较为有限，保险公司为了实现经营的安全性，也没有提高赔偿限额的动力。至此，形成了一种保险费用高而赔偿限额低的非正常现象。

第二，保险合同中存在很多格式条款，并没有对保险主体的利益给予适

---

[1] 邹海林：《责任保险论》，法律出版社1999年版，第70页。

度的尊重。保险公司从提高工作效率的角度出发，对特定险种的医疗责任保险对象未制定有针对性的合同条款，这就使得医疗责任保险合同的设计呈现出格式条款的倾向。医疗责任保险具有很强的专业性，专业渗透率极低，作为保险对象的医疗损害责任又极为复杂，如果缺乏相关的专业知识背景，很难对条款的实质内容有明确的把握，一旦保险主体对条款内容理解有误，就会对其自身利益造成损害。因此，参保方和承保方处于严重的信息不对称的态势之中，医疗行为和保险业务的专业性在医疗责任保险双方主体之间锻造了坚实的信息壁垒，信息不对称本身就是对另一方利益的损害，意味着双方地位的不平等。另外，在现阶段的医疗责任保险中，保险公司并没有在合同中提供一些增值服务，比如利用专业手段协助医疗机构和医务人员解决医疗纠纷，或者是通过提供咨询意见帮助医疗机构和医务人员规避医疗风险。相应地，医疗机构和医务人员参保之后，虽然转移了部分经济赔偿责任，但仍然面临着很大的精神压力，处理医疗纠纷的时间成本和精神成本仍然很高。因此，医疗责任保险的设计并没有真正切中医疗机构和医务人员的痛点。当然，这也和我国保险行业的发展格局和监管体制有着密不可分的关联，处于垄断地位的保险行业，由于没有市场竞争的压力，很少受市场竞争机制的约束，所以从根本上切断了不断改进产品和服务的动力。在一个缺乏竞争的市场环境中，很难孕育出充满活力的保险机构，因为"消费者"的权利被限制在"囚笼"中，行使"用脚投票"的机会被剥夺，只能被动地接受保险机构提供的产品和服务，选择权和知情权得不到有效的维护。

二、构架医疗责任保险制度的基本原则

所谓原则，是指统率和处理事物所依据的原理与准则。构建医疗责任保险制度，必然要坚持一定的基本原则。对此，我们可以从两个方面来把握此语境下基本原则的内涵和外延：从静态意义上讲，该基本原则能够作为医疗责任保险制度的内核与支点，具有综合性、稳定性的特征；从动态意义上讲，该基本原则是医疗责任保险制度构建过程中的总体框架，为具体举措的实施提供指引。构建医疗责任保险制度的基本原则具有价值性、可操作性和指导性等属性。作为医疗责任保险制度愿景和社会意义的集中表达，基本原则反映了社会主体对医疗责任保险所寄予的重要诉求，具有价值属性；原则性的表达和规定对医疗责任保险制度的构建也具有重大意义，一切具体的构建举

措都要在基本原则划定的框架内进行，具有一定的可操作性；该基本原则是医疗责任保险制度体系的构建方案，在总体思路和具体设计两个方面对制度的构建都发挥积极作用。具体而言，构建我国医疗责任保险制度过程中应该坚持法治化原则、公益性原则和强制性原则。

(一) 法治化原则

社会控制的目的是通过一定的规范和制度，提高社会系统的运行效率，使其"为大多数人做更多的事情"。[1]作为社会控制的手段和途径，法律自产生以来就担负着调节冲突的社会利益职责，力求最大限度地满足人们的需求。因此，通过法律实现有效的社会控制，是当今提高社会治理能力的重要体现，是有效协调多方利益的重要渠道。医疗责任保险制度的构建也要坚持法治化原则，将医疗责任保险制度的建设纳入法治化体系当中，唯有如此，才能切实发挥其制度意义。

一方面，构建医疗责任保险制度有必要实现法律层面的表达。我国的医疗责任保险实践已经有多年的发展历史，在取得一定成果的同时，还存在很多现实问题，制度建设未纳入法治化轨道便是一大肇因。以往，我国医疗责任保险制度的推进主要靠政府政策，大多依靠政府强力来构建制度。诚然，以政府政策为依托推行医疗责任保险制度有着其自身的优势。比如，制度实施的效果显现比较快、制度实现比较直接、短期内能够有效提高医疗机构和医务人员的投保率，等等。但是，政策本身还具有很强的不确定性，这不仅使得医疗责任保险缺乏必要的稳定性、确定性和合法性，由于缺乏必要的法律保障，一旦发生纠纷，对立双方的利益维护也是一大难题。通过法律推进医疗责任保险制度，有必要在法律层面表达制度的合理性，为医疗责任保险制度的构建提供法律依据，为"有法可依"提供基础，从而推动医疗责任保险制度运行的规范化进程。

另一方面，构建医疗责任保险制度需要辅之以一系列配套法律制度的支撑。具言之，医疗损害责任纠纷的解决机制要实现法治化，提高医疗纠纷的解决效率，降低医疗纠纷的处理成本；医疗损害责任鉴定制度要实现法治化，划定医疗损害责任的承担主体和责任范围，为医疗责任保险制度的应用提供前提；基本的卫生立法也要持续完善，明确医疗服务关系的属性、医疗机构

[1] 付子堂主编：《法理学进阶》（第三版），法律出版社2010年版，第225页。

和医务人员的法律地位和责任,进而厘清医疗机构的运营逻辑;等等。诸如此类的配套法律制度对医疗责任保险制度的构建具有十分重要的现实意义。医疗纠纷的顺利解决能够为医疗机构和医务人员节省大量的时间和精力,激发其参加医疗责任保险的积极性;医疗损害责任鉴定制度的实施有助于提高鉴定意见的权威性,为医疗损害责任的承担提供前期证据;基本卫生立法的完善有助于明确医疗机构的属性,明确医疗服务的具体范畴,为医患纠纷的处理扫清障碍,降低医疗机构的运营风险。

(二) 公益性原则

医疗责任保险具有公益性,意指医疗责任保险旨在维护社会公共利益,而不是维护某个人或者某一部分人的私人利益,其制度构建要在公益性的框架内进行。医疗责任保险具有公益性,本书试图主要从两个维度加以论证,一方面,从医疗卫生事业本身的公益属性来阐述;另一方面,从医疗责任保险的制度功能和现实意义上来理解。前者注重宏观的依托和背景,从所嵌入的平台基础论证医疗责任保险的公益属性;后者注重具体的价值和功能,从制度所承载的社会预期及价值功能论证公益性是医疗责任保险的内在属性。

一方面,医疗责任保险所依托的医疗卫生事业具有社会公益属性。[1]我国是社会主义法治国家,国家的性质决定了医疗卫生事业目的是维护广大人民群众的根本利益,绝大多数医疗卫生资源集中在大型国有医疗机构中,医疗卫生行业的市场竞争也未完全放开,目的是通过国家垄断来维护社会公众的利益。另外,从我国目前构建基本公共服务的宏伟蓝图中也可以发现医疗卫生事业的公益属性。基本公共服务旨在为社会公众提供最基本的服务条件和服务设施,维护社会的整体利益。医疗卫生是基本公共服务的重要组成部分,由此说明,医疗卫生事业同基本公共服务一样,也具有社会公益属性。医疗卫生行业的这一属性决定了其内部活力不足,医疗机构和医务人员往往缺乏保险意识和风险意识,缺乏改进服务的动力,在处理医疗纠纷时也时常抱有不对等的心态,导致医疗纠纷不断发生并加剧,医疗机构的运行效率较低。医疗责任保险正是为解决这一问题而出现的,为医疗机构的顺利运转提供保障,解决了医务人员的后顾之忧,最大限度地减轻了医疗机构和医务人

---

[1] 参见刘宇:"关于医疗责任保险的探讨",载《中华医院管理杂志》2005年第5期。

员的经济赔偿责任。因此，医疗责任保险隶属于医疗卫生事业的范畴，医疗卫生事业的性质决定了医疗责任保险的性质。

另一方面，医疗责任保险的制度功能和价值决定了其具有公益性。前文已述，医疗责任保险最大的功能旨在填补处于弱势地位的受害患者的经济损失，承接医疗机构和医务人员的经济赔偿责任，从而探索建立多元化的医疗纠纷解决机制，促进医患关系的缓和，维护社会秩序的稳定；另外，医疗责任保险对于社会发展具有重要意义，保险业的发展实现了社会风险的分散化承担，能够有效地降低社会风险，有助于提升国家的社会治理能力，医患关系的和谐稳定是建设社会主义和谐社会的题中之义，医疗责任保险的法治化也是法治社会的重要内容。由上文可知，医疗责任保险的制度功能和价值都具有社会公益指向，首要目标是维护患者的利益损失，兼具损害弥补功能和风险分散功能，具有极为明显的社会和经济价值。因此，医疗责任保险并不仅仅是保险机构通过运营进行营利的工具，其商业保险属性日趋淡化，与之相对的社会公益属性逐渐明显。

(三) 强制性原则

目前，医疗责任保险面临的一大问题就是投保和承保积极性不高、医疗机构和医务人员对医疗责任保险缺乏正确的认识，导致投保率低，这就使医疗责任保险所蕴含的价值和功能在实践中大打折扣，与其制度初衷相悖。因此，为了解决当下医疗责任保险需求不足的弊病，"在推行医疗责任保险的时候，有必要实行强制性原则，实施强制医疗责任保险"，[1]通过借助政府强力来有效地扩大医疗责任保险的覆盖面，短期内提高医疗责任保险的投保率。在医疗责任保险中渗透强制性原则，既符合强制性保险的一般原理，又是医疗责任保险有效运行的需要，还有利于最大限度地发挥医疗责任保险的制度优势，不失为医疗责任保险发展的有效路径。

首先，医疗责任保险的强制性原则符合保险业发展的一般原理。医疗责任保险所要解决的主要风险是医疗风险和医疗纠纷风险，前者所针对的客体直接指向患者的健康权和生命安全权，一旦发生此类风险危害后果极大，甚至危及患者生命；后者所引发的相关风险更大，不仅包括受害患者及家庭的

---

[1] 陈绍辉、袁杰："医疗责任保险：强制抑或自愿——现实条件下的模式选择"，载《上海保险》2005年第12期。

生命财产权，如果处理不当，还会扰乱正常的医疗秩序和社会公共秩序。正是因为医疗风险和医疗纠纷风险具有如此大的危害后果，才使得医疗机构和医务人员背负了巨大的经济负担和精神压力，在巨额的经济赔偿责任下，势必会分散其从事医疗卫生事业的精力，甚至会引发保守医疗，进入恶性循环的链条。医疗卫生服务是每一个人都逃脱不掉的，具有很强的普遍性，这就使得潜在的医疗风险和医疗纠纷风险基数很大，一旦实际发生，可能会难以控制。综上所述，医疗责任保险已经具备了实施强制性保险的一般要件。

其次，医疗责任保险的强制性原则能够助推制度的有效运行。医疗责任保险制度有效运行的关键是制定科学合理的保险费率，因为通过科学的保险技术厘定的保险费率符合保险业发展的基本规律，在考虑多方主体基本利益的基础上制定的保险费率也有利于调动其投保积极性。然而，要制定合理的保险费率，必须先把所指向的风险予以集合，把同质性的风险进行分类整合，借助历史资料来预见风险实际发生的概率和损失程度，这也是运用大数法则的基础。如果按照现行的医疗责任保险模式，医疗机构和医务人员投保积极性很低，少数人投保就很难准确预见医疗风险的发生概率，就会破坏保险所依赖的大数法则的有效运用。因此，在医疗责任保险制度中引入强制性原则，是其行业规律的必然要求。唯有强制性地要求医疗机构和医务人员等潜在的投保人积极参与医疗责任保险，才能为医疗责任保险制度的顺利运转营造坚实的基础，形成良性发展的行业格局。

最后，医疗责任保险的强制性原则有助于最大限度地发挥制度优势。任何制度都不能兼顾所有主体的利益，都要在相互冲突的利益之间进行有效的取舍，医疗责任保险制度也是如此。医疗责任保险合同具有私法性质，是私主体之间意思自治的结果：一方面，强制性医疗责任保险无疑是对保险主体缔约自由的限制，是对其意思自治的限制，也是对私主体选择权利的约束；另一方面，通过实施强制性医疗责任保险制度，将全社会范围内的所有医疗风险都进行分散和保障，能够切实有效地降低因医疗风险频发所带来的社会不稳定性，有助于维护社会整体的利益平衡。因此，医疗责任保险制度的强制性原则也是对相互冲突利益的选择和平衡。其实，强制性医疗责任保险对私法原则的突破并非此一例。为了更好地保护受害患者的利益，医疗责任保险赋予其针对保险人的直接请求权，这也是对合同相对性的重大突破，希冀通过突破原有的制度约束,来达到保护第三人利益的目的。[1]

三、我国医疗责任保险制度的发展方向

鉴于前文关于对医疗责任保险所存在的问题及归因分析的阐述,提出了我国构建医疗责任保险制度所应坚持的基本原则,笔者就此拟进一步对我国医疗责任保险制度的发展方向进行展望。总体而言,我国医疗责任保险制度的发展方向要以所秉承的基本原则为指导,因为制度建设的基本原则不仅为进行具体制度设计提供了指引,还为制度的发展指明了总体方向。具体而论,我国医疗责任保险制度要坚持法治化路径、强制性模式,坚持多种保险渠道并行不悖,最终为解决医疗纠纷、维护医患双方利益提供一套完整的制度体系。法治化是构建医疗责任保险制度的根本所在,强制性是医疗责任保险发展的内在规律,多种保险渠道并行是从不同主体的角度出发有针对性地进行设计,三者相辅相成、紧密结合,构成医疗责任保险的发展趋向。

(一) 坚持医疗责任保险制度的法治化

法治化对于医疗责任保险的重要性已经达到无以复加的地步,实现医疗责任保险的法治化是构建医疗责任保险制度的显性路径。这其中,既要推进医疗责任保险的全国统一立法,终结各地方依靠政策推行医疗责任保险的时代;还要加快相关配套制度的法治化,通过构建周边基础制度来打造医疗责任保险制度的法治环境。

第一,推进全国范围内统一的医疗责任保险立法。长期以来,我国医疗责任保险的实践探索都集中于各地方,大都是以政府政策来推进制度的实施,政策是会随着政府人员的变动而发生变化的,这就决定了医疗责任保险制度的实施力度和范围会随着政府人员的变动而变化,充满了不确定性和不稳定性,容易使社会公众对医疗责任保险失去信心;另外,地方性的实践探索虽然能够顾及各地情况和特色,但是也使得医疗责任保险制度的形式和内容并不统一,很多原则性的规定也显得零乱松散。要想让医疗责任保险发挥其应有的制度效应,有必要通过立法的方式在全国范围内建立统一的医疗责任保险制度,对保险主体、保费承担模式、保险费率制定方式、保险范围和免责范围等原则性内容予以统一界定,从而确保医疗责任保险制度有法可依。同

---

[1] 参见江朝国:《保险法基础理论》,中国政法大学出版社2002年版,第393页。

时，赋予地方相关部门一定的权限，使其可以根据本地区经济发展水平和实际情况就医疗责任保险的特定内容予以变通处理。如此一来，既彰显了法律的稳定性和权威性，又显现出法律的适应性和灵活性。

第二，加快推进相关配套法律制度的完善和健全。医疗责任保险制度需要一系列相关制度的配合才能最大限度地发挥其积极作用，比如医疗损害责任鉴定制度、医疗纠纷解决制度等，如果没有这些制度的支撑，医疗责任保险制度就容易成为空中楼阁，在实践应用中存在很大的障碍。因此，有必要加快建立健全与医疗责任保险相关的配套法律制度，尤其是医疗卫生基本立法，明确医患关系的性质和医疗机构的属性；要建立一元化的医疗损害责任鉴定制度，为医疗纠纷的顺利解决提供权威证据，防止出现多头鉴定、重复鉴定的现象，降低实践中解决医疗纠纷的难度；除此之外，一系列的相关配套制度还要与相关法律法规承接，避免实践中法律适用与选择的矛盾，促进法律体系内部的有效融合。

（二）坚持强制性医疗责任保险模式

为了贯彻医疗责任保险的法治化和强制性原则，终结医疗责任保险无法可依的尴尬局面，"有必要加快推进强制性医疗责任保险的统一立法"，[1]制定专门的法律法规，对医疗责任保险的基本问题予以法律界定。

一方面，推行强制性医疗责任保险模式要厘清与保险本身相关的基本问题。其一，既然推行强制性医疗责任保险，就要求所有的医疗机构和医务人员都要投保；其二，注重受害第三人和被保险人的利益平衡，既要赋予第三人针对保险人的直接请求权，以期更好地保护其利益，同时要求保险人承担相应的抗辩义务，允许被保险人对第三人的抗辩事由同时适用于保险人；其三，培养专业人才，科学厘定保险费率，以此来合理推介医疗责任保险，实施强制推行的模式，更要注重保护保险主体的经济利益，否则会形成很大的阻力，唯有在保险费率的制定上力求科学合理，才能激发投保人的积极性，提高投保率；[2]其四，强化医疗责任保险的公益属性，将医疗责任保险界定

---

[1] 申曙光、肖尚福："对我国实行强制医疗责任保险的思考"，载《上海保险》2006年第2期。

[2] 参见陈玉玲："我国医疗责任保险的现状及其发展的前提条件"，载《中国卫生事业管理》2002年第6期。

为非营利性的特殊险种，坚决禁止和反对医疗机构通过提高医疗收费标准的方式，将参加医疗责任保险的费用间接转移给就医患者，这也与医疗责任保险制度的设计初衷背道而驰。

另一方面，推行强制性医疗责任保险模式要进行适度外拓，克服相关制度限制。医疗责任保险是我国解决医疗纠纷、降低医疗风险中的重要方式，但并非唯一途径。因此，要发挥医疗责任保险的效用，就不能忽视周边制度的建置问题。其一，医疗责任保险解决的是经济赔偿责任的分化问题，其是以医疗损害责任的承担为前提，这就包含两个维度：责任主体的认定和责任范围的划分。归根结底，医疗责任保险所指向的责任属性是民事责任，故强制性医疗责任保险的推行必须以民事责任认定规则的建立为基础，没有明晰的民事责任认定制度，医疗责任保险制度就是无源之水、无本之木。笔者认为，首先要建立责任认定制度，同时建立完善的医疗损害责任鉴定制度，为责任认定制度的适用提供权威的证据。其二，注重培育稳定的保险市场，稳定的保险市场是实施强制性医疗责任保险制度的基石。推行强制性医疗责任保险不能仅仅依靠政府，还要发挥一系列非正式制度的重要作用，加大教育和宣传力度，引导社会公众强化风险意识和保险意识，在全社会范围内培育良好的思想基础，以此减少推行强制性医疗责任保险制度的阻力。

（三）坚持多种保险渠道相互结合

就保险方式而言，医疗责任保险只是维护医患双方利益、解决医患纠纷的方式之一，还要对此之外的其他保险形式予以足够的重视，使其相互配合，发挥出各自的作用。

一方面，鼓励患者购买医疗风险保险。与医疗责任保险不同，医疗风险保险是患者出于对自身利益的保护，为了分散可能存在的医疗风险而购买的保险，二者应严格区别，不能相互替代。这就要求我们在大力推行医疗责任保险的同时，还应该要求政府部门和医疗机构积极鼓励患者购买医疗风险保险，以应对潜在的医疗风险给患者造成的损失，目的是保护患者的利益。实践中，医疗风险保险不宜强制患者购买，因为患者的病情和体质条件不同，如果完全按照统一的标准要求患者购买，会加大患者的经济负担，引发不满情绪；那些病情特别严重或者体质条件较差的患者，发生医疗风险的概率比较大，可以由医疗机构或医务人员推荐其购买，但要履行必要的告知和说明义务，保障患者的知情权和选择权。

另一方面，推行医疗意外保险以填补医疗意外所造成的损失。其实，实践中给医患双方造成实际损害的医疗风险中，除了医疗过错，更多的是医疗意外。由于医疗意外发生的原因机制十分复杂，很多因素都无法操控，诱发的后果往往无法预料和防范，一旦发生，因为医患双方并无过失，不能依照医疗损害的责任认定规则进行归责，这给处于弱势地位的患者带来的损害和压力是巨大的。但是，按照目前医疗责任保险的责任范围还不宜将医疗意外所引发的经济赔偿责任转移给保险人，因为医疗机构和医务人员对此并无主观过失。因此，有必要设立单独的医疗意外保险，可以考虑由患者和医方共同作为保费承担主体。其中，医方可以通过自行协议的方式与保险人约定，将保险范围扩充至医疗意外风险，并相应地增加保险费用；患者一方可以根据自愿原则，按照自身的经济条件和实际情况来决定是否购买医疗意外保险。

第二节 我国医疗责任保险法律制度的主体推进

根据前文论及的医疗责任保险制度存在的问题及构建方向，要构建医疗责任保险法律制度，首先要建立系统的主体制度，通过多方主体的协同共进推动医疗责任保险制度的深入发展。有鉴于此，我国医疗责任保险法律制度的主体范畴包括政府、保险公司、医疗机构和医务人员、患者，医疗责任保险法律制度的主体推进离不开多方主体的努力。

一、政府方面

医疗责任保险对于维护弱势群体利益和社会公共秩序大有裨益，具有明显的公益属性，决定了政府必须在医疗责任保险制度的构建上发挥其积极作用。同时，政府作为执法机构和部分规范性文件的制定机构，是医疗责任保险法治化的推进主体，必须依靠政府来实现医疗责任保险的"有法可依、有法必依、执法必严、违法必究"。[1]另外，建立健全与医疗责任保险制度相关的周边制度设施离不开政府的推动，比如医疗损害责任鉴定制度的完善、医疗纠纷的解决机制等，都需要政府作为主要主体来实现。由此，政府在医疗

---

[1] 麻宝斌："社会正义何以可能"，载《吉林大学社会科学学报》2006年第4期。

责任保险制度的构建上应该发挥其应有的作用，主要表现在法治化推进、财政补贴和相关制度建设等方面。

（一）加快法治化进程，推动实施强制性医疗责任保险

保险制度侧重于风险的转移，要想发挥保险的作用，首先涉及风险的界定与归责，医疗责任保险也是如此。因此，为保障医疗责任保险制度的有效运转，前提是完善保险法、民法、医疗损害责任等方面的立法，建立一套完整的医疗损害责任法律体系。另外，根据我国目前的实际情况和医疗责任保险的发展阶段，有必要实施强制性医疗责任保险，以期在短期内实现医疗责任保险的有效推进，发挥其制度效应。为此，有必要从以下几个方面来加以完善。

1. 加快立法进程

针对医疗损害责任的法律解决，我国目前已经形成了以《中华人民共和国民法典》为核心，包括一系列关于医疗损害责任司法解释在内的法律制度体系。法治建设成果显著，但同时还存在着相关立法不完善、制度之间存在选择适用的冲突等问题。因此，要进一步加快立法进程，同时注重法律制度之间的协调与融合。

首先，完善保险立法。医疗责任保险具有社会公益属性，其不同于一般的商业保险，而目前的《中华人民共和国保险法》第2条对该法的适用对象和范围已经作出明确的规定，即仅适用于一般的商业保险行为。因此，医疗责任保险并不适用于目前的《中华人民共和国保险法》，需要对现有的《中华人民共和国保险法》予以更新完善或者制定新的保险特别法对医疗责任保险予以规定。在进行法律制定时，应该明确医疗责任保险的公益性和强制性，禁止将医疗责任保险视为营利性商业活动，要求所有的医疗机构和医务人员都要投保，可以对于不同的投保人规定不同层次的要求。

其次，加强医疗损害责任方面的立法。目前，我国医疗损害责任方面的法律适用还不统一，法律适用的选择较多，但同时法律之间也存在着一定程度的冲突，同一案件适用不同的法律会得出不同的结果，有时差异还非常大。因此，要终结医疗损害责任领域法律适用的混乱局面，可以考虑制定统一的"医疗损害责任法"，"以客观公正地解决医疗损害责任纠纷"。[1]就责任主体

---

[1] 强美英："医疗损害赔偿分担机制初探"，载《河北法学》2010年第9期。

而言，可以规定医疗机构和医务人员都要对医疗过失承担相应的民事赔偿责任，引入针对个人的事后追偿制，倒逼医务人员提高注意义务程度，对可控的医疗风险加以防范；就举证责任而言，由于医患双方受专业性和信息分布的影响，二者处于明显的不对等地位，可以引入举证责任倒置，要求医疗机构和医务人员对不存在医疗过失和已经充分尽到事前的告知义务进行举证，至于因果关系的举证可以交由医疗损害责任鉴定机构的鉴定意见来承担；同时，建立完善的病历管理制度，将病历管理的规范性与医疗损害责任的承担挂钩，要求医疗机构和医务人员严格按照规定书写、保管病历资料，对不能提供有效的病历资料或者病历资料不规范的情形，要承担一定的法律责任；就赔偿方式而言，丰富医疗损害责任赔偿的形式，除了支付赔偿金之外，还可以要求医疗机构为受害患者提供优惠或者免费的医疗康复服务，此举有利于减轻医疗机构的经济赔偿压力，有利于受害患者的身心康复和生命健康，也能有效地遏制部分患者以医疗损害为由达到获取巨额赔偿目的的情况。

最后，加强医疗卫生方面的立法。出于规范我国医疗损害责任法律体系的考虑，医疗卫生法也要作出相应的改善，实现法律间的相互配合和协调。其一，加强对医疗机构的管理。我国的医疗卫生事业在性质上属于公益性事业，公立医疗机构并不以营利为目的，没有独立的医疗服务定价权，基本医疗服务一般是按照成本来定价，非基本医疗服务的定价略高于成本价。在此情况下，医疗机构缺乏应对医疗风险的财政工具，无形中使得医疗责任保险的发展面临瓶颈。因此，要进一步优化医疗服务的定价政策，使医疗服务的定价政策与医疗责任保险的发展相适应。其二，加强对医务人员的管理。在相关的法律法规中要把医务人员界定为承担医疗损害责任的主体，促使其增强责任意识和主体意识，规范医疗行为；严格医务人员的准入制度，加强对医务人员的规范化管理，并不断地加强职业培训，提高职业技能，尽量减少其执业风险。其三，加强对医疗药物的管理。实践中，因药物导致的医疗意外数不胜数，而这又成为引发医疗损害责任的重要来源，要提高医疗药物的准入门槛，建立严格的药物采购制度，通过规范的招标引入药物供应商，尤其是要加强对药物临床试验的管制，进一步明确因药物临床试验引发的医疗损害责任的承担主体和赔偿范围。

2. 实施强制性医疗责任保险

当下，新的医疗科技不断应用于医疗实践领域，医疗活动的不确定性增加，医疗风险的发生概率越来越大，医疗行为的高风险性和后果的严重性决定了一旦发生医疗损害，将会给医患双方造成严重的后果。因此，在医疗损害责任领域引入风险转移机制有着十分重要的意义。我国目前采用的是自愿投保的商业保险模式，高昂的保险费用和相对较低的赔付限额使医疗机构和医务人员望而却步。因此，在不断改进医疗责任保险技术、厘定科学保险费用的同时，有必要借鉴国外的保险模式和有益经验，推行强制性的医疗责任保险。

一方面，推行强制性医疗责任保险的前提是提升医疗责任保险本身的科学性。医疗责任保险之所以没有得到医疗机构和医务人员的追捧，根源在于其没有形成良好的利益保护机制，很难为医疗机构提供良性的利益驱动。另外，医疗责任保险制度的价值立意在实践中也有失偏颇，偏离了保护受害人利益的轨道。[1]在此情况下，如果运用国家政策强力推行医疗责任保险，强制医疗机构和医务人员投保，可能会产生较大的阻力。因此，有必要先行优化医疗责任保险的制度基因，可以考虑从以下两个方面着手：其一，在制定保险费率时，主要从医疗机构的性质、规模、评级，医务人员的素质和技能，发生医疗损害的历史概率等因素来考虑，对于不同的医疗机构确定不同的保险费率水平，而不是"一刀切"地进行统一厘定；其二，对医疗责任保险制度的价值立意进一步地加以明确，强调医疗责任保险的首要目标是弥补受害患者的损失，以体现对处于弱势一方的人文关怀，然后才是分散医疗机构的医疗损害责任风险，减轻其经济负担。唯有如此，才能减轻推行强制性医疗责任保险的阻力，实现医疗责任保险的"软着陆"。

另一方面，实施强制性医疗责任保险应该有所侧重、讲究策略。目前，我国参加医疗责任保险的主要主体是公立医疗机构，而民营的医疗机构投保率极低。因为前者在性质上属于国有医疗机构，此类医疗机构的规模较大、技术水平较高，前来就医的患者数量非其他医疗机构能比，所面临的医疗风险较高，产生较强的投保欲望和需求；反观民营的医疗机构，由于这类医疗机构的数量众多，很难对其实施有效的监管，加上其属于私有性质，经济状况比公立医疗机构差，要求其参加医疗责任保险的阻力较大。因此，要建立

---

[1] 参见谭亭、蒲川："对我国医疗责任保险发展的分析与思考"，载《现代预防医学》2009年第21期。

多层次的医疗责任保险制度,对于国有的医疗机构,因其财力雄厚、医疗风险发生的概率较大,要求其参加医疗责任保险的阻力不大;对于民营的医疗机构,可以根据其发生医疗损害的历史概率,适当地降低保险费用,同时加强对此类医疗机构的监管。

(二) 加大财政支持力度,推进保险行业监管体制改革

毋庸置疑,医疗责任保险具有明显的社会公益色彩,同时也属于政府所提供的基本公共服务的范畴,由政府推动实施医疗责任保险是"以人为本"的重要体现。医疗风险直接危及社会公众的生命健康权和财产权,尤其是对处于弱势地位的受害患者而言,因医疗损害引起的经济负担和精神损害已经超出了其所能承受的范围,进而影响了其个人的经济生活安全。因此,政府通过财政政策和体制改革等举措,推动医疗责任保险的实施,也是其履行政府职能的重要表现。具体而言,可以通过以下两个方面来推进:

1. 加大对医疗责任保险的财政扶持力度

目前,医疗责任保险的承保人多为大型的商业保险公司,这些公司存在并且经营的最终目的都是营利,是完全市场化的经营主体,主要目的是追求经济利益的最大化。而医疗责任保险具有很强的社会公益属性,是一种非营利性的保险种类,正因如此,保险公司一般不会给予其战略上的重视,导致医疗责任保险的承保积极性也不高。因此,政府要加大对承接医疗责任保险的保险公司的财政扶持力度。第一,对医疗责任保险的承保人进行直接的财政补贴,制定一定的补贴标准,按照其开展医疗责任保险业务的规模和覆盖率,对保险公司进行直接的财政补贴,以提升保险公司的承保积极性。第二,对开展医疗责任保险业务的保险公司施以一定的税收优惠政策,可以通过减征或者免征税收的方式,鼓励保险公司积极开展医疗责任保险业务。第三,政府通过加大宣传力度,对开展医疗责任保险业务的保险公司进行表彰和鼓励,帮助其树立良好的企业形象,这种商誉的增值也是吸引保险公司积极承保医疗责任保险的重要途径。第四,考虑到"我国医疗卫生事业的社会福利性质,政府还应该对参保医疗责任保险的医疗机构进行财政补贴"[1],从而减轻其因参加医疗责任保险所带来的额外的经济负担,专注于医疗卫生事业

---

[1] 徐春红、谭中明:"试论我国医疗责任保险责任触发机制的完善",载《金融与经济》2010年第3期。

的发展和医疗技术水平的提高。

2. 在医疗责任保险领域引入市场机制

我国的金融保险业务实行分业经营、分业监管的体制，保险业务只能由具有牌照资质的保险公司来经营，其中，国内大部分的保险市场份额都由几大保险公司所占据，形成事实上的垄断，保险市场竞争程度明显不足。由于缺乏足够的市场竞争，保险公司可以"高枕无忧"，甚至是"不思进取"，缺少改进产品和服务的动力，这不利于改善我国医疗责任保险所面临的局面。当前，我国医疗责任保险的形式比较单一，保险种类较少，缺乏保险产品的设计技术和市场营销经验，迫切需要引进先进的管理技术和经验。[1]但是，如果没有充分的市场竞争，就难以激发保险公司从事业务创新的动力，反而会加剧医疗责任保险的困境。由此，笔者建议加快金融保险体制改革，可以以医疗责任保险为试点，适当降低保险公司的准入门槛，允许符合条件的民营资本进入医疗责任保险市场，使承接医疗责任保险业务的保险公司能够展开适当地市场竞争，促进保险公司进行业务创新，以符合保险市场的基本规律，解决医疗责任保险供方市场乏力的颓势。

（三）完善周边制度设施，建立多元化医疗纠纷解决机制

医疗责任保险在实践中的应用是以医疗损害责任的划分为前提的，换言之，通过适当的医疗纠纷解决机制厘定的、医患双方和保险机构都认可的赔偿金额，是医疗责任保险的适用基础和前提。发生医疗纠纷以后，如果能够通过一定的医疗纠纷解决机制确定责任的承担主体和范围，医疗责任保险就能很快地发挥其应有的作用；但是，如果医疗纠纷不能得到很好的解决，医疗损害的赔偿金额不能达成一致，医疗责任保险就无法实施。可以认为，医疗纠纷解决的顺利与否，直接关系到医疗责任保险的实际效果。因此，要建立多元化的医疗纠纷解决机制，保障医疗责任保险的顺利运行。

目前，我国医疗纠纷的解决主要依赖于双方协商和解、行政调解和司法诉讼。三种医疗纠纷解决方式都发挥着重要的作用，但是对于医疗责任保险的作用显得极为有限。就双方协商和解而言，这是实践中医患双方采用最多的纠纷解决机制，该种解决方式下的时间成本和经济成本可能最低，但是最终达成的赔偿金额往往不会得到保险机构的认同，受害患者就难以获得理赔；

---

[1] 参见强美英主编：《医疗损害赔偿责任分担研究》，知识产权出版社2010年版，第267页。

就行政调解而言，该种解决方式的主导机构是政府部门，一般与医疗机构和医务人员有着利益或者其他方面的关联，地位不够中立，会使受害患者对其难以形成较高的信任度，解决纠纷的效率不高，采纳的频率也很低；就司法诉讼而言，由此形成的经济赔偿额可能是最权威的，也是最容易得到保险机构认可的，同时具有强制性和权威性等特性，但是通过司法诉讼解决医患纠纷，会耗费较大的人力、物力和财力，尤其是对受害患者而言，信息的隔离和专业的限制大大降低了其举证能力，通过司法诉讼的途径维护其利益显得不够理想。

由上可知，我国目前的医疗纠纷解决机制不利于医疗责任保险制度的顺利运行，需要建立一套多元化、由多方参与的医疗纠纷解决机制，以顺应医疗责任保险的实践需求。其一，完善我国的医疗损害责任鉴定制度，构建一元化的医疗损害责任鉴定制度，以医疗过错司法鉴定为基础，由司法鉴定专家、临床医学专家等共同组成的独立的鉴定专家库来承担鉴定主体，保障其鉴定的专业性和独立性，提高鉴定意见的公信力；建立严格的鉴定机构和鉴定人员准入制度，鉴定人员鉴定资质的获得需要进行行政审批，针对鉴定事项所涉及的专业问题设计相应专业而且统一的资质考核。其二，在进行医疗损害责任鉴定时，要求包括患者方、医方、保险公司在内的多方利益相关主体都要全程参与，这不仅是因为最终的经济赔偿事宜直接关涉三方的经济利益：保险公司是赔偿金额的支付方，受害患者方是赔偿金额的接受方，还是因为医疗损害的责任界定离不开上述主体的举证。其三，医疗责任保险的承保人在法律、医疗及司法鉴定方面具备专业的人才，能够充分利用其专业知识对医疗纠纷进行调解，将其纳入医疗纠纷的解决机制，既有利于专业资源的优化配置，还能够提高纠纷解决的效率，保证医疗纠纷调解结果的公正性和合理性。

二、医方层面

从医方层面来看，对医疗责任保险法律制度的推进有着实质性的意义，此处的医方，具体是指医疗机构和医务人员。具体而言，医疗机构可以从资质、业务范围两个层面加以理解。就资质而言，医疗机构的确立需要以行政许可程序为依据，需要获得卫生行政管理部门颁发的《医疗机构执业许可证》；就业务范围而论，医疗机构主要从事的是与人的生命和健康有关疾病的诊断和治疗，包括各种类型的医院、卫生院、疗养院和社区医疗服务机构等。

医务人员可以进行类型化划分，从其所获取的执业资格和从事的具体业务来看，医务人员主要分为医疗人员、药剂人员和护理人员。医疗人员是医务人员中的核心，需要取得执业医师资格或者执业助理医师资格，所从事的医疗业务的类型也要严格按照其注册内容来执行；药剂人员是指按照医疗人员的诊断结果，能够指导患者正确使用各种药物的医务人员；护理人员即通常意义上的护士，需要通过专业资格考试，取得护士执业证书。医疗机构和医务人员之所以能够在医疗责任保险制度的推进过程中发挥应有的主体作用，主要有以下几个方面的原因：

（一）医疗机构和医务人员是医疗责任保险的主体

医疗责任保险的目的之一就是缓解医疗机构和医务人员因医疗损害而引发的经济赔偿压力，以维护医疗机构正常的经营秩序，保障其不因频繁的医疗纠纷而止步不前，同时减轻医务人员的精神压力，"消除对其职业风险的顾虑，专心于医疗技术水平的提高",[1]推进医疗科技的进步。因此，医疗机构和医务人员被视为医疗责任保险的重要受益者，作为医疗责任保险的主体之一，其应该积极发挥作用。

一方面，医疗机构和医务人员应该积极参加医疗责任保险。医疗机构和医务人员对于医疗责任保险应形成一个正确、理性的认识，意识到医疗责任保险对于其自身的重要作用，从而为其提供必要的利益激励。医疗卫生行政部门可以考虑把医疗责任保险的投保率作为对医疗机构进行考核的一项指标，医疗机构内部可以把医务人员的投保率作为对医务人员个人进行常规考核的重要内容，督促二者正确认识医疗责任保险，营造积极投保的良好氛围。

另一方面，医疗机构和医务人员应该注重加强与保险公司的合作。医疗机构作为医疗责任保险主要的投保人，应该与保险公司密切合作，主要是借助保险公司的专业知识规避自身风险。在保险合同中可以约定，由保险公司派员对医疗机构和医务人员进行专业的培训，对其风险的控制进行持续督导，借鉴保险公司的专业意见达到降低风险转化率的目标。二者的关系并非是对立的，而是利益的绑定，医疗机构和医务人员的执业谨慎度和风险控制率，直接关系着保险公司的经济赔偿情况。因此，唯有双方加强合作，才能有效

---

[1] 赵静、耿田军、张雪梅："论我国医疗责任保险制度的完善"，载《现代预防医学》2008年第3期。

地避免医疗机构和医务人员的道德风险。

(二) 医疗机构和医务人员是解决医疗纠纷的主体

毋庸置疑，医疗机构和医务人员是医疗损害的直接或间接引发者，是医疗纠纷的重要风险源，一旦发生医疗纠纷，患者就会把矛头直接指向医疗机构和医务人员，若处理不当，医疗纠纷就会恶化，甚至会产生严重的后果。由此，医疗机构应该建立完善的内部管理制度，尤其是要完善医疗投诉的处理程序和医疗纠纷的解决机制，医务人员应该加强责任意识和风险意识，切实维护好患者的合法权益。

一是医疗机构应建立完善的内部管理制度。其意是指，医疗机构作为一个组织，应该有意识地加强内部的风险控制，对于可能发生的医疗风险建立适当地应对机制，尤其是"对因医疗风险引发的医疗纠纷，应当建立一套兼顾各方利益的内部解决渠道"。[1]其一，医疗机构应建立医疗风险的应急处理机制。定期对可能发生的医疗风险进行评估，根据评估结果适时地加强对医疗风险的控制，目的是在发生医疗风险时，能够及时地采取行动，防止患者的损失继续扩大，尽量减少患者的痛苦。其二，医疗机构应建立完善的病历管理制度。患者就医的病历是医务人员对其进行诊断和治疗的"档案"，记载着医疗行为的全过程，是医疗机构和医务人员证明其责任有无和责任大小的重要凭证，一旦发生医疗风险和纠纷，病历材料是进行归责的重要证据。其三，医疗机构本身应该建立一套兼顾多方利益的纠纷解决机制。医疗纠纷和损失有时会超出医患双方的预期，给双方都会带来不利影响，医疗机构作为主要的责任主体有必要在纠纷的解决中发挥主导作用，学会站在对方的角度考虑问题，促进医疗纠纷的妥善解决。

二是医务人员应该加强责任意识和风险意识。医务人员是医疗损害的直接引发者，要求其加强责任意识和风险意识有利于从源头上切断医疗风险的发生。其一，医务人员要强化责任意识。承担着救死扶伤伟大使命的医生素来都是一个为人称道的职业，这不仅是对职业的褒奖，还意味着医生等医务人员肩负着沉重的责任。具体到实践中，一方面，医务人员要不断提高自己的医疗技术和执业技能，采用适当地诊疗手段治愈患者；另一方面，医务人员还要提高执业时的注意义务程度，以较高的注意力执业，防止一些常识性

---

[1] 吴海波、黄淑云："强制医疗责任保险实施模式探讨"，载《中国卫生资源》2009年第4期。

的疏忽所带来的不必要的麻烦。其二,医务人员要加强风险意识。医疗行业一直被认为是一个高风险行业,医务人员要有较强的风险意识,督促自己谨慎从业,必要的时候购买医师执业责任保险,以降低执业过程中的风险给自己所造成的损失。

同时,需要说明的是,医疗机构和医务人员虽然要承担很大的责任,但是要求其承担全部的医疗责任风险是显失公平的。因为现如今,医疗科技风险和医药风险本来就高,患者的体质和病理机制又千差万别,医疗领域的不可控风险愈发加大,有时医务人员即使尽到了合理的注意义务也不能防止医疗风险的发生。并且,如果课予医疗机构和医务人员较多的责任和义务,会影响其正常的执业行为,往往会出于保护自己的目的而采取保守医疗甚至拒绝医疗,从而不利于患者病情的治愈,不利于我国医疗科技的进步和医疗卫生事业的发展。因此,对医疗机构和医务人员的责任界定不能一概而论,需要坚持适度原则,在区分不同险种的基础上,衡量医疗机构和医务人员的责任与利益,划定不同程度的责任承担方式。

三、保险公司层面

事实上,保险公司一方是推进我国医疗责任保险的核心和关键,尤其需要注意的是,其相关保险技术的进步决定了医疗责任保险能否得以顺利实施。另外,保险公司能否推出适应市场需要的保险产品,也是调动投保人投保积极性的关键所在。反观我国目前的医疗责任保险市场中,保险公司并未发挥其应有的市场核心作用,保险产品较为单一,没有明显的层次划分,不利于调动投保人的投保积极性;多数保险公司只注重单一的保险业务的发展,而忽视了其提供综合性服务的重要性。基于此,保险公司需要在以下几个方面作进一步的改革,力求在医疗责任保险中实现其应有的价值:

(一) 提高专业技术,丰富保险产品种类

目前,我国医疗责任保险面临的一个重要问题就是保险专业人才的极度缺乏,这主要是因为"我国保险业务开展的历史短暂,还未形成良好的人才培养体系,这却直接影响到我国医疗责任保险的专业技术水平",[1]使得保

---

〔1〕 吴海波、江乐盛:"医疗责任保险实施模式创新研究",载《中国卫生事业管理》2012年第1期。

费率的制定不科学，保险产品也不能很好地适应市场的需求。为此，保险公司须提高保险技术，培养专业人才，丰富医疗责任保险的产品种类。

首先，在医疗责任保险的主体上，不仅要指向医疗机构，还要把医务人员纳入进来。医疗领域是一个十分复杂、专业的技术领域，内部不同的专业方向其风险指数也不相同，有的甚至会差别很大。比如，外科、妇产科等科室相较于其他科室的医疗风险就高出很多。另外，医师等医务人员也是现行医疗损害责任的承担者之一，一旦发生医疗损害事件，保险公司只会在限额内进行赔偿，医疗机构和医务人员还要承担较大的赔付责任。如果医疗责任保险的利益指向主体不包括医务人员，或者对所有医务人员实行统一的保险标准，就会明显不公平。因此，为了更好地覆盖相关利益主体，保险公司需要将医务人员个人也要纳入保险主体体系中，根据不同的科室，制定专门针对具有较高风险的科室的医疗责任保险。如此一来，医疗责任保险将所有相关责任方的利益都有所顾及，保费的承担也更加合理化，将会大大提高投保积极性。

其次，在医疗责任保险的对象上，要以实践为依据，设计专门针对医疗意外的保险种类。实践中，引发医疗损害和医疗纠纷的类型包括因医务人员过失导致的医疗侵权，此类医疗纠纷由于举证困难较小、双方责任较为清晰，医疗责任保险的适用也会较为顺利。但是，实践中真正导致医患双方僵持不下，甚至引发恶性事件的往往是医疗意外引起的医疗损害，因为这部分医疗损害事件的归责不是很明确，医疗机构和医务人员由于没有主观过错也不应承担赔偿责任。因此，需要推出针对医疗意外的相关保险种类，具体的保险费用可由政府、医疗机构和医务人员、患者分担。该保费分担机制是有一定依据的，医疗意外往往会造成较为严重的后果，医疗机构、医务人员、患者都没有主观上的过错，由哪一方单独为此买单都不合理，"基于风险分散的考虑，由所有相关主体共同承担该保费是较为可行的"。[1]

最后，在其他不属于医疗责任保险范围的领域内，为了更好地维护患者权益，也要提供相应的保险。患者在医疗机构就医时受到的损害，除了直接与医疗行为有关的事件以外，还包括在医疗机构受到的其他损害，比如医院的地面湿滑导致患者摔倒摔伤，医院的楼梯或者电梯出现故障导致患者受伤；

---

[1] 刘延彤等："医疗责任保险的可行性分析"，载《西北国防医学杂志》2005年第3期。

等等。出现这些情况时，可以将医院等医疗机构视为一个正常的经营主体，根据相关规定来判断其是否承担责任以及承担责任的范围。如果根据相关规定认定医疗机构存在过错，如没有对潜在危险进行提示等，医疗机构需要承担一定的责任。对这部分赔偿责任，除了医疗机构加强内部管理加以规避之外，保险公司还可以设计相应的保险种类，以弥补医疗机构因此支付的经济赔偿。

（二）促进业务转型，提供综合增值服务

时下，医疗机构和医务人员的低投保率根源在于保险公司并未真正解决其现实问题，没能有效满足其现实需求。事实上，医疗机构和医务人员对医疗责任保险和保险公司的真正诉求，不仅是当发生医疗损害事件时，保险公司能够承担其经济赔偿责任，其更多的是想彻底从医疗纠纷中解脱出来，减轻其解决医疗纠纷的各种成本。由此，保险公司应该顺应这一市场倾向，积极促进业务转型，为医疗机构和医务人员提供多种增值服务。

首先，保险公司应该协助医疗机构和医务人员解决医疗纠纷。从事医疗责任保险业务的保险公司具备拥有专业知识的各类人才，无论是医学还是法学，都可以为发生医疗纠纷的医疗机构提供专业的咨询和建议，从而协助医疗机构有效地解决医疗纠纷。同时，由保险公司参与医患双方的纠纷解决机制，能够形成三方都认可的处理方案，为后续的经济赔付扫清了障碍。

其次，保险公司应该协助医疗机构建立风险防控机制。在医疗责任保险业务中，保险公司应当将自己界定为一个医疗纠纷解决方案的提供商，而不仅仅是医疗赔付风险的承接者。在研发、推广各类医疗责任保险产品的同时，还要加强医疗风险的防范机制研究，针对医疗机构的实际情况，为其提出战略性的改进建议，督促其建立有效的医疗风险防控机制，通过健全的内部控制制度，有效地应对随时可能发生的医疗风险。

最后，保险公司有必要为医务人员普及法律知识，提供风险防范培训。医疗纠纷不断发生，并且导致其后果不断恶化的原因之一，就是医务人员的法律意识和风险意识不强。很多医务人员对自己行为在法律上的意义模糊不清，对医疗机构建立的针对风险防控的内部管理制度视而不见，认为只需要专注于自己的专业领域即可，这种思想倾向不利于医疗风险的防范和医疗纠纷的解决。因此，保险公司应该充分发挥自己的作用，定期为医务人员提供专业的培训，普及法律知识，强化行业风险意识。

（三）优化保险条款，力求公平保护利益

目前，我国的医疗责任保险合同还有很多不足之处，尚需要不断改善。保险合同是界定保险人和投保人之权利和义务的重要手段，是进行保险理赔程序的文本依据，"如果保险合同的内容不完善，或者有失公平，医疗责任保险双方的权利义务就不能得到有效的保障，"[1]医疗责任保险的效果就得不到实现。针对实践中存在的问题，可以考虑着重从以下两个方面对合同条款予以完善：

一方面，尽量减少格式化的合同条款，切实根据投保人的实际情况签订合理的保险合同。通常，保险公司为了提高运营效率，会制定一系列格式化的条款或是合同，但是作为投保人的医疗机构和医务人员的情况千差万别，用千篇一律的保险合同界定所有投保人的权利和义务明显是不合理的；另外，格式化的"霸王条款"由保险人单方面制定，其目的是保护自己的利益不受损失，这往往会损及投保人和第三人的切身利益，这也是相关法规所禁止的。因此，保险公司应当根据投保的医疗机构和医务人员的实际情况，量身定制合同中的关键条款，以符合构建多样化、多层次医疗责任保险制度的总体要求。

另一方面，在保险合同中约定保险人具有抗辩义务，投保人对第三人的抗辩事由适用于保险人。其一，这是由保险公司在解决医疗纠纷和进行经济赔偿过程中的地位决定的。保险公司是医疗损害责任经济赔偿的承担者，具体赔偿数额的大小与其利益直接相关，这就决定了其在医疗纠纷的解决过程中往往处于主动地位，有必要要求其履行投保人的抗辩义务。其二，这是由投保人对保险人的信赖程度决定的。按照私法上的诚实信用原则，合同双方都应该按照约定履行自己的义务，并且还要履行必要的注意义务和勤勉义务，投保人在与保险人订立合同时，就产生了保险人会对自己的利益做合理处理的心理预期。规定由保险人履行投保人对第三人的抗辩义务，是医疗责任保险可持续发展的客观要求，因为医疗机构和医务人员纠纷解决负担被大大降低，会极大地提高其投保的积极性。

---

[1] 吕群蓉、蔡川子："论医疗责任保险保费的承担主体"，载《福州大学学报》（哲学社会科学版）2013年第3期。

四、患者方面

和其他风险一样，医疗风险只能降低和控制，却不能彻底消灭。虽然可以通过医疗机构和医务人员加强注意义务、规范内部管理制度等措施来很好地控制医疗风险，但是现实中很可能还会因为患者自身的因素引发医疗风险；患者除了是医疗风险可能的制造者之外，还是医疗责任保险的直接受益者，因为医疗责任保险的首要任务和目标就是弥补受害患者的损失，所以有必要要求患者一方发挥在医疗责任保险制度构建中的重要作用。

（一）患者有必要购买特定类型的保险

医疗风险发生的频率之所以越来越高，患者自身的特殊体质也是一大诱发因素。患者的病理机制和自身的体质密切相关，这同时也是一个十分复杂的过程，不是医疗技术的进步所能完全控制的，已经超出了医疗机构和医务人员的职责范围。对于超出的这部分医疗风险，如果由医疗机构和医务人员来承担就会有失公平，而这会给患者的身体、精神和经济带来沉重的打击，患者在不明事实的情况下一般会直接诉诸医疗机构和医务人员，甚至会引发比较严重的医疗纠纷。因此，这部分医疗风险"溢价"应该通过适当的风险转移机制将其分散化，由患者来购买特定类型的保险不失为一个好的举措。比如，鼓励患者购买医疗意外保险，因为医疗意外事件并非医疗责任保险的承保范围，但医疗意外事件的发生概率却很高，给患者带来的损失也很大。如果由患者根据自身的实际情况来购买医疗意外保险，该部分损失就会得到有效的弥补和偿付。

（二）患者有必要配合医疗纠纷的解决

诚然，医疗损害会给患者自身和家庭带来极为严重的后果，有时甚至会导致生命的丧失。一旦发生医疗损害，在残酷的现实面前，患者及其家属很容易就会失去理智，有时会被"这肯定是医院的责任"的思维惯性所控制，或者被表面现象所蒙蔽，在事实清楚之前，直接向医疗机构和医务人员发起责难，医疗纠纷就在所难免。频频见诸报端的"医闹"事件就是最好的例证。鉴于医疗纠纷的顺利解决与否是医疗责任保险能否得到实际开展的重要影响因素，在疏通医疗纠纷的多元化解决渠道的同时，要求患者在面对医疗损害和纠纷时保持足够的理性，也是其中的一个重要方面。"患者在提高自己权利意识的同时，也要强化法律意识，学会运用法律武器维护自己的合法权益",[1]而不是做出一些出格的举动，这反而不利于医疗纠纷的解决和权益的维护。

第三节 我国医疗责任保险法律制度的客体

构建医疗责任保险法律制度，除了明确法律主体及其各向度制度建设之外，还需要对医疗责任保险的客体予以阐释。明确医疗责任保险所指向的各个行为对象，是更好地践行制度实践的前提和基础，是医疗责任保险制度中必不可少的组成部分。本书所指称的医疗责任保险之客体，主要是指医疗责任保险实际运用过程中所指向的行为对象，对医疗责任保险的客体进行界定，意在划定适用医疗责任保险的行为范围，明确何种行为可以适用医疗责任保险。其意义在于，解决具体医疗行为是否适用以及如何适用医疗责任保险的难题，为医疗责任保险的制度运行奠定基础。比如，医疗实践中广泛存在的临床试验问题，临床试验对于医疗实践具有重要的意义，是医疗技术进步的重要途径，是新的医疗科技大范围推广的前提，同时也存在着诸多的不确定性，对于因医疗临床试验引发的医疗损害，实践中存在着维权困难、维权不足的难题，但这部分受害者的权益维护是医疗实践中不可回避的问题，需要正面面对。所以，我们需要明确此类医疗损害是否适用医疗责任保险，并对其具体适用过程中的诸多现实问题进行界定，包括各方举证责任的分配、赔偿限额的确定等问题。

一、医疗行为的法律界定

近年来，随着法治的不断完善，人们的权利意识和法治观念不断增强，因医疗损害赔偿责任纠纷起诉到法院的案件也逐年增多，引起了社会各界的普遍关注。由于人们对医疗行为的界定尚存分歧，导致了医疗纠纷案件中鉴定、法律适用及赔偿责任等"二元化"现象的产生，给案件处理带来极大困难。由于医疗行为较一般民事法律行为有很大的特殊性，医疗行为的清楚界

---

[1] 吕群蓉、蔡川子："论医疗责任保险保费的承担主体"，载《福州大学学报》（哲学社会科学版）2013年第3期。

定有利于公正合理地处理医疗纠纷案件，这样既能保护患者的权益，又能促进医学科学技术的发展，最终有利于国民生活质量的提高。为此，本书拟对国内外医疗行为定义进行分析，结合我国的实际情况，提出医疗行为界定的四个方面和医疗行为的定义。

(一) 国内外关于医疗行为的定义

1. 我国学者关于医疗行为的定义

我国法律没有对医疗行为下定义，法学界对医疗行为的界定尚存分歧。我国学者王利明教授认为，医疗行为是指医疗机构及其医务人员借助其医学知识、专业技术、仪器设备及药物等手段，为患者提供的紧急救治、检查、诊断、治疗、护理、医疗美容以及为此服务的后勤和管理等维护患者生命健康所必需的活动的总和。从这个定义可以看出，医疗行为的主体是医疗机构及其医务人员。有学者将医疗行为定义为，医疗行为是指医务工作者出于正当目的，经就诊人或其监护人、亲属、关系人同意，对其进行身体健康检查、疾病治疗或进行计划生育手术的行为。该定义采用列举方法界定医疗行为的范围，即身体健康检查、治疗疾病和计划生育手术，这些列举无法穷尽一切医疗行为。而且，该定义强调了医疗行为必须经就诊人或其监护人、亲属、关系人的同意，这与部分医疗行为存在强制性的事实相违背。另外，也有学者提出医疗相关行为的概念，医疗相关行为是广义的医疗行为，指运用医学理论和技术方法，以身体介入和必要的侵入性损害方法，为患者提供有关诊断、治疗、预防、美容等方面服务的行为。所谓身体介入系指以外源性的物质（如器械、药品等）作用于人体并进入表皮以下组织、器官的技术方法。身体介入决定了医疗相关行为是有一定损害性、危险性的行为，但这种损害是恢复健康或达到医疗服务目的所必需的。在医疗接受者知晓的前提下，经过理解与同意而实施，并且这种身体介入和侵入性损害被医学规范在一个允许的范围内认可，因而是一种被法律认同、免除处罚的行为，也不需承担损害赔偿责任。但如果这种身体介入和侵入性损害方法超出医学规范认可的范围或不被医学规范所认同，则被认为是过度或扩大性伤害，应当承担民事损害赔偿责任。

2. 日本关于医疗行为的定义

日本有学者将医疗行为分为广义的医疗行为和狭义的医疗行为两种。广义的医疗行为，是指出于医疗目的而实施的行为，包括疾病的治疗与预防、生育的处置、按摩、针灸等符合医疗目的的行为。也就是说，广义的医疗行为还包括一些不会对人体产生危险性的行为。狭义的医疗行为，则是指在广义的医疗行为中，只能由医师实施的行为。这与我国台湾地区学者所说的广义的医疗行为和狭义的医疗行为有所不同。

另外，日本学者大谷实教授认为，医疗行为的定义有两种：一种为医学上的定义，另一种为行政法上的定义。医学上关于"医疗行为"的定义，需要考虑"医学的适应性"和"医疗技术的正当性"。医学的适应性是指医疗技术适应被容许的性质。医疗技术的正当性是指医疗行为符合医疗技术的性质。行政法上的医疗行为就是"医业"，所谓"医业"，是指以医疗行为为业进行活动。《日本医师法》第17条规定："如果不是医师，不能从事医业。"《中华人民共和国执业医师法》第39条也对"未经批准擅自开办医疗机构行医或者非医师行医"作出了规定。

（二）我国医疗行为的法律界定

目前，法学界对医疗行为的界定尚存分歧。结合我国当前医患矛盾剧烈，医疗纠纷案件大量涌现，案件处理难度大、时间长、效果差等实际情况，笔者认为，医疗行为应以最狭义的范围去界定。这样既有助于对医疗行为的特殊保护，促进医学科学技术的健康发展，又有助于对因非医疗行为导致损害的患者合法权益的保护。届时，医疗机构及其医务人员不能以医疗行为需特殊保护为由抗辩非医疗行为导致患者的损害。从不同角度来看，上述各种医疗行为的定义及分类均具有一定的合理性；但在医疗纠纷案件处理中，对于判断造成患者损害的某一侵权行为是否为医疗行为时，这些界定将产生极大困难，医患双方分歧非常大，不利于案件的解决。因此，综合分析日本、我国关于医疗行为的定义和分类，结合我国现行相关法律法规规定，笔者认为医疗行为应从以下四个方面进行界定：

1. 从实施行为的主体界定医疗行为

由于医疗行为直接关系到人们的健康，各国均制定了严格的法律法规规范医疗行为。我国具备施行医疗行为资质的机构必须依据国务院《医疗机构管理条例》及其实施细则的规定进行设置和登记。只有依法取得设置医疗机构批准书，并履行登记手续，领取了《医疗机构执业许可证》的单位和个人才能开展相应的诊断、治疗活动。而且，医疗机构应当按照核准登记的诊疗科目范围开展诊疗活动，未经允许不得擅自扩大业务范围。《中华人民共和国执业医师法》规定，国家实行医师资格考试制度。医师资格考试是评价申请医师资格者是否具备执业所必需的专业知识和临床技能的考试。国家实行医师执业注册制度。医师必须经注册取得《医师执业证书》后，方可按照注册的执业地点、执业类别、执业范围，从事相应的医疗、预防、保健活动。未经注册取得《医师执业证书》者，不得从事医疗、预防、保健活动。另外，护士、药师等执业均有相应的法律法规规范。从上述规定可知，施行医疗行为的主体必须按照法律法规的规定取得施行医疗行为的资格，而且，必须在有资质的医疗机构中施行医疗行为，否则为非法行医。非法行医行为实质上为"医疗行为"的一种，因该"医疗行为"不符合法律的规定或为法律所禁止，被定性为非法行医行为。根据《医疗事故处理条例》第61条规定，非法行医行为并不为医疗行为的特别保护法——《医疗事故处理条例》调整和保护。因非法行医行为造成患者损害案件的案由不应被定为医疗损害赔偿，而应直接定为一般人身损害赔偿，人民法院应按照《中华人民共和国民法典》及相关司法解释有关人身损害赔偿的规定处理。

2. 从行为的内容界定医疗行为

《医疗事故处理条例》第2条规定了医疗事故概念，从这一概念可知，医疗事故是在医疗活动中发生的，而医疗活动的主要内容和形式是诊疗护理。医疗事故行为是违反医疗卫生管理法律、行政法规、部门规章和诊疗护理规范、常规的过失行为。一般的，医疗行为是以诊疗护理工作来涵盖的。诊疗护理工作包括了诊断、治疗与护理三个方面。

在医学上，诊断是指从医学角度对人们的精神和体质状态作出的判断，不仅包括对患者所患疾病的判断，而且对正常人的健康状态、劳动能力和某一特定的生理过程（如妊娠）的判断也属于诊断的范畴。在法学界，有学者对诊断作出了定义，诊断是指医师观察病人自觉的、他觉的各种症状，而决定病名及其诊疗之方针，此诊断行为乃是医师于治疗行为之前所不可或缺的医疗行为。在医学上，治疗是指解除病痛所进行的活动，也包括单纯的营养、保健活动。护理是指帮助病人或健康人保持、恢复、增进健康的医疗技术服务；狭义上指照料伤、病、老、弱、残等在不同程度上不能自理的人的措施，又常指由护士担任的医疗技术工作。也有学者认为，广义的治疗是与诊断相对的过程，它的内容包括确诊后医师对患者所实施的一切为使患者身体恢复健康的医疗措施，它是从检查诊断结束到患者痊愈或结束求诊的全过程，包括注射、用药、手术、放射线治疗等具体医疗过程。而狭义的治疗过程是与注射等具体医疗过程相并列的，不包括注射等几项具体的医疗内容。笼统地说，诊疗护理工作基本上包括了医疗行为的全部内容。

但应当注意到，对疾病的预防也是医疗工作中非常重要的一环，对疾病的预防并不能为诊疗护理所涵盖，而且计划生育手术行为严格来说也不能为诊疗护理所涵盖。

3. 从行为的目的界定医疗行为

按照行为目的标准，只有直接以诊疗、预防、护理为目的的行为才是医疗行为；即医务人员为患者提供服务时，患者和医务人员都明确医务人员行为的目的是诊疗、预防、护理，该行为才能被认定为医疗行为。但是，并不是所有以诊疗、预防、护理为目的的行为都可以被认定为医疗行为，某些行为虽然具有强身健体的作用，但不是直接的诊疗、预防、护理，如美容（美容院的护肤美容等）、非医疗性按摩推拿、配眼镜、配助听器等，尽管这些行为都可能给患者尤其某些慢性病患者带来一定的疗效，但只是间接效果，没有达到直接诊疗、预防、护理的目的，不能被认定为医疗行为。但是，如果是整形美容、医疗性针灸推拿、激光治疗近视眼、治疗青光眼、变性手术等，以直接诊疗、预防、护理为目的，则应被认定为医疗行为。

4. 从医务人员是否违反法定义务界定医疗行为

根据相关规定，医务人员在诊疗过程中，应向患者尽告知义务和注意义务，这是医务人员的法定义务。医务人员注意义务是指医师及其辅助履行人在医疗行为时依据法律、法规、规章制度和具体操作规程，以及职务和业务上的习惯和常理、接受期约或委托的要求等保持足够的小心谨慎，以预见医疗行为的结果和避免损害结果发生的义务。实践中，笔者曾遇到一个医务人员违反注意义务的案件：一位患有精神分裂症的男性患者，在某精神病医院住院治疗期间，在该医院精神科护工的陪伴下，与本科室病友共室，因与某一位病友发生口角打架，而在场护工还来不及把他们拉开时，该患者被病友殴打导致肱骨上段粉碎性骨折；之后被送往某综合性医院骨科治疗，出院后经司法鉴定，伤残等级评定为九级伤残。为此，患者的监护人将该精神病医院起诉到法院，要求损害赔偿。针对该案，精神病医院让精神分裂症患者与本科室病友共室行为是否为医疗行为？如果是医疗行为，则医院应承担医疗事故责任，应依据《医疗事故处理条例》的规定确定；如果不是医疗行为，则医院应承担相应的一般人身损害赔偿责任，应依据《中华人民共和国民法典》和《最高人民法院关于审理人身损害赔偿案件适用法律若干问题的解释》的规定确定。当然，对于具备完全民事行为能力的患者在综合性医院住院期间打架受伤，一般情况下医院无须承担责任；但对于精神病医院的患者，由于其本身精神状态异常，无法辨认和控制自己的行为，不具备完全民事行为能力，因此，精神病人在精神病医院住院期间打架受伤，医院在一般情况下需承担责任。

对于精神病医院让精神分裂症患者与本科室病友共室行为是否属于医疗行为？笔者认为，判断一个行为是否为医疗行为，除参酌上述三个界定医疗行为的因素外，还应看对该行为的告知、行为结果的预见和告知、避免损害结果发生等义务是否为适格医疗主体在诊疗过程中应尽的法定义务。如果属于医务人员应尽法定义务的范畴，则该行为属于医疗行为，反之，则不属于医疗行为。本案中，对于精神病医院让精神分裂症患者与本科室病友共室的行为，作为精神科医务人员对该行为可能导致精神病患者之间发生口角打架致伤的结果有预见的能力和义务，而且，也有采取措施避免精神病患者之间发生口角打架致伤结果发生的义务；对于该行为，医师应尽注意的法定义务，否则，应承担医疗事故责任。因此，精神病医院让精神分裂症患者与本科室病友共室的行为属于医疗行为。

总之，医疗行为应定义为医务人员在医疗机构中借助其医学知识、专业技术、仪器设备及药物等手段，直接以诊疗、预防、护理为目的，为患者提供疾病预防、紧急救治、检查、诊断、治疗、护理、医疗美容、保健及生育控制等行为之部分或全部的总称。

从类型上看，医疗责任保险的客体，即医疗行为可以分为两大类，包括一般性的医疗行为和特殊性的医疗行为。前者是医疗机构和医务人员针对患者的疾病进行的一般性的医疗处理；后者的情况较为复杂，从医疗实践来看，笔者主要从医学临床试验和药品临床试验两个方面来加以说明。二者有着相似之处，都是有利于医学科技的进步，同时"又对人体有着潜在的风险和危害，一旦发生损害，受试者会面临维权困难的境地"。[1]如果要求试验者承担对受试者的医疗损害责任，又加大了其经济负担。因此，强制性地要求试验

---

[1] 郭丽军："论医疗责任保险的发展"，载《保险研究》2002年第10期。

者购买医疗责任保险,将经济赔偿责任转移给保险人,是一条比较合理的路径设计。

二、一般医疗行为

目前,我国法律体系中对医疗损害责任已经有了专门的界定,2010年开始实施的《中华人民共和国侵权责任法》就设专章规定医疗损害责任。然而,要使医疗损害责任得以实现,必须先明确医疗行为的概念和外延,因为医疗损害责任是医疗行为的后果。医疗责任保险的主要行为客体也是医疗行为,在阐述医疗责任保险的客体指向时,自然离不开对一般医疗行为的界定。

按照学界对医疗行为的概念界分,可以将其分为狭义的医疗行为和广义的医疗行为。狭义的医疗行为,一般是指以治疗疾病为目的而实施的医疗诊治活动。对此概念可以作以下理解。首先,就行为目的来看,狭义的医疗行为的目的是治疗疾病,那些非以治疗疾病为目的的行为都不是医疗行为,比如变性手术、美容手术等;其次,就行为的过程来看,狭义的医疗行为包括对疾病的诊断、治疗、恢复、用药等一系列行为过程,旨在减轻患者因疾病而引起的痛苦,改善患者的身体及精神状况。广义的医疗行为,泛指所有医疗机构运用各种手段,对人体的生理、病理和组织进行干预的行为。很明显,这一定义把医疗行为的概念作了扩大界定,不仅包括了以治疗疾病为目的的医疗行为,还包括了非以治疗疾病为目的、同时对人体组织进行合法干预的行为。在此,我们只讨论狭义的医疗行为,至于广义的医疗行为,我们在下文会有专门介绍(以医学临床试验和药品临床试验为例)。

医疗行为具有以下特征。其一,医疗行为的实施是为了达到行为主体的某种医疗效果,一般是为了疾病的治愈、身体和精神状态的恢复,但是,由于现阶段医疗技术水平的限制、医疗行为的不确定性风险等多种因素的影响,医疗行为的目的并不都能实现。其二,医疗行为需要受到医疗行为规范的约束,实际上,任何社会行为都应受到一定行为规范的约束,医疗行为是一种特殊的社会行为,理应受到一定的行为规范的约束。其三,医疗行为以人为行为客体,具有很强的伦理性要求,如果发生医疗风险,其后果可能会十分严重,甚至会危及生命和健康。其四,医疗行为具有很强的专业性和复杂性,要求从事医疗行为的机构具有相关的资质要求,从业人员必须接受过专门的教育,并获得相应的执业资格。

在法治社会下，任何的社会行为都会引发对应的法律关系，需要一定的法律规范予以协调，医疗行为所形成的就是医疗法律关系。医疗法律关系是医患双方基于约定或法律规定而形成的，关于对患者进行疾病的诊断、治疗和护理的双方的权利义务关系。与一般的法律关系相同，医疗法律关系也由主体、客体和内容组成。就主体而言，根据医疗法律关系的形成过程，其主体可以分为医方和患方。前者是指医疗机构，包括医院、诊所等，虽然现实中实际实施医疗行为的是医务人员，但是其行为是隶属于医疗机构的职务行为，行为的法律后果由医疗机构来承担，因此，医务人员并非医疗法律关系的主体方；后者是指患者及其家属，如果患者具有完全的民事行为能力，其自身就是医疗法律关系的主体，如果患者没有完全的民事行为能力，此医疗法律关系的主体就是患者的监护人。就客体而言，按照法律关系的一般理论，医疗法律行为的客体是指医患双方就患者疾病的治疗和恢复达成的协议，最终的目的是实现患者的身心健康和生命安全。就内容而言，包括医患双方主体在医疗法律关系中享有的权利和承担的义务，医方享有实施医疗行为的决定权、支付费用请求权等权利，负有合理的注意义务、信息告知义务、对患者个人信息保密义务、按照医疗行为规范合理医疗等义务；患者一方的权利义务内容与医方对应，在享有知情权、隐私权等基本权利的同时，也负有支付费用、配合治疗等义务。

三、医学临床试验行为

（一）医学临床试验受试者权益保护

在市场对资源配置起决定作用的宏观场域下，我国医药卫生市场逐步放开，加之医学科学的发展和对医疗服务需求的增加，医学临床试验在我国日渐频繁。医学临床试验，是指为了检测新型医疗器材或药物的安全性和有效性，对人体进行医学试验的系统性研究。其目的是确定器材或药物的安全性和有效性，为进一步的市场推广做前期准备，尽量"降低被试验器材或药物被社会广泛使用时的风险"。[1] 医学临床试验是新型医疗器材和新研制药物以及进口医疗产品得以推广上市的必经之路，对医疗市场的稳定运行、公众健

---

[1] 顾加栋、姜柏生："论药物临床试验受试者的权益保护"，载《中国卫生质量管理》2010年第2期。

康的有效维护和医学研究的风险控制都大有裨益。虽然医学临床试验有诸多积极作用,但是对于作为试验客体的受试者而言,却意味着十分巨大的风险或代价,因为医学研究具有很大的不确定性,新型物质和技术在医学领域的运用往往具有潜在的风险。参与临床试验的受试者往往患有特定的疾病,他们常常抱有对疾病治愈的良好期许,然而他们参与临床试验又是以自身的生命健康为代价的,一旦这种潜在的风险转化为不利的确定性,就可能对他们的健康造成无法弥补的损失,甚至是失去生命。所以,受试者权益保护问题是医学临床试验的核心点。纵观国际社会,尤其是美国、日本等发达国家,对受试者权益的保护已经相当成熟和完善,我国"近年来在受试者权益保护方面也做出了一定的改进,但是还存在很多现实问题",[1]比如对受试者知情权等权利的保护不够、受试者利益优先的观念落实不到位、伦理审查机构的流于形式、归责原则于受试者的不利、强制医疗责任保险的缺失等。本书拟就医学临床试验受试者的权益保护进行研究,先从理论逻辑和现实困境两个层面对受试者权益保护的必要性和重要性进行揭示,然后结合受试者权益保护的国际实践汲取有益经验和启示,最后提出我国受试者权益保护的愿景和路径,期冀推进我国医学临床试验受试者的权益保护工作。

1. 应然:医学临床试验受试者权益保护的必要性

医学临床试验的重要性已固不待言,在日趋功利化的社会环境下,受试者权益的保护逐渐让位于科学利益或社会公益,现实中频繁发生的受试者悲剧不断提醒我们加强受试者权益保护和人文关怀的必要性,对其应然层面的证成理应优先于经验事实的剖析。

(1) 受试者权益保护在医学临床试验中的地位

随着医学科学的快速发展,新的医学发现不断应用于医疗实践中,作为医学研究与医疗实践的衔接,医学临床试验的重要性日益突显,因为新型医疗器械和药物在应用于医疗实践之前,都要经过医学临床试验的前置性检测,以确保其安全性和有效性。一方面,医学临床试验的对象是人体,目标群体往往指向于在经济地位和社会地位上处于明显弱势的一方,如医学专业学生、患者、流浪者等,所以申办方往往会漠视受试者的权益;另一方面,考虑到医学临床试验的后果充满不确定性,一旦发生不良反应,后果极其严重,甚

---

[1] 郭继志:"论医患冲突与和谐医患关系的重建",载《中国医学伦理学》2006年第3期。

至会危及受试者的生命安全,对受试者的权益要给予足够的重视。在二者的相互张力中受试者权益保护问题陷于矛盾境地,一旦受试者的权益得不到全面有效地保障,不仅会降低其参与临床试验的积极性,阻滞医学研究的进步和医疗技术的发展,还会损害其身心健康、生命安全和经济利益,抑或是影响社会稳定。因此,对受试者的合法权益进行有效保护具有十分重要的现实意义。但是,现实中一系列的悲剧事件引发了社会公众对受试者权益保护的忧虑,例如"胸腺核蛋白试验事件""韩国人参丸事件"都让公众认识到,受试者的权益保护不仅缺少观念意识的重视,还缺少法律救济上的保障。如何对受试者权益进行保护已成为一个重要的社会问题。

(2) 受试者权益保护的理论之辩——法理学和伦理学的透视

从应然层面对受试者的权益保护进行证成离不开理论逻辑的支持,理论层面的逻辑阐释是论证受试者权益保护的必然理路,在证明序列上也是优先的。从法治视角剖析,加强受试者的权益保护不仅是建设法治国家的内在要求,还是实现实质平等的题中之义,是现代社会"权利本位"的特有表征;从伦理道德的语境检视,医学临床试验以人的身体或器官为对象,必须以伦理道德原则来规制临床试验和受试者的权益保护,尊重人权、保护个人信息和公平对待。

从受试者的处境来看,受试者与主办方相比处于明显的弱势地位,对此下文有专门论述,兹不赘言。首先,对受试者权益进行保护是建设法治国家的内在要求。法治国家应该是平等、公正的国家,尤其应该关注在社会生活中处于明显弱势地位的群体,自觉承担起保护其权利、维护其利益的使命,缓和弱势群体和强势群体之间的张力,实现社会的公平正义。所以,在建设法治国家的进程中,应当对受试者的权益保护予以特别重视。其次,对受试者权益进行倾斜保护是实现实质平等的题中之义。我国宪法明确规定了法律面前人人平等的最高原则,各部门立法也将其作为各自的美好愿景。然而,我们还要看到不同群体或个体之间的差异,即使对其进行平等对待也难以保障其与其他人享有同样的利益。在社会进化过程中,形式平等日渐式微,实质平等开始成为显性观念,即强调结果的平等和公正,承认个体差异,对处于弱势地位的一方给予倾斜保护,以此来调整社会利益分配格局,实现实质公平。最后,对受试者的权益进行特殊保护印证了现代社会"权利本位"的旨图。在"权利本位"的场域中,"权利处于主导地位,义务服从于权利,义务的设定是为了保障权利的实现",[1]权利成为实现社会公平与正义的重要诉求,成为一项重要的制度资源。通过法律赋予受试者各种权利,有利于改变既有的强弱对比格局,提高受试者地位和抗风险能力,保障其经济利益。

医学临床试验的对象是人体,伦理学上的澄清与辩难便成为实现受试者权益保护之理论自洽的应有路径。首先,对受试者进行权益保护是尊重人权的重要体现。"国家尊重和保障人权"是新宪法修正案增设的"九字条款",[2]其实质是尊重和保障人之为人的基本权利。对于医学临床试验而言,将受试者的身体作为研究对象,很大程度上是对其生命健康权和人格尊严的侵犯,二者又构成了人权的重要内容,保护受试者权益就是对受试者人权的尊重和保障。其次,保护受试者权益要体现公平对待原则。医学临床试验对象的特殊性决定了其过程和结果的特殊性,新型医药产品具有潜在风险,对医药的剂量和使用都处于尝试探索阶段,加之每个人的体质各不相同,临床试验的结果势必会有差异。因此,医学临床试验要公平对待受试者,要考量个体间的体质差异,达至使受试者最大限度受益的同时,使其伤害最小化的道德规训。

（3）受试者权益保护的现实之辩——基于弱势地位的反思

按照国内外医学临床试验的实践和惯例,受试者的选择往往与社会弱势群体联系在一起,既有因为职务或地位上的附属关系而参加试验的人,比如医学专业学生、护士、下级职员、医药企业员工等;又有社会上的其他弱势群体因为遭到强势一方的漠视而参加试验,如"患有不治之症的患者、被收养者、流浪乞讨者等"。[3]由此可见,受试者都是从社会弱势一方选定的,对其弱势地位的认识又可以从以下几个方面加以深化：

第一,信息分配不对称。医学临床研究具有很强的专业性,一般人的认识水平很难预知和辨别其中的风险,医学临床试验的主办方是掌握大量专业信息的申办者和研究者,他们具有信息的绝对支配权,受利益机制的导向,往往只提供对受试者有利的信息,甚至故意隐瞒真实信息或者编造虚假信息,

---

[1] 张文显：《法哲学范畴研究》，中国政法大学出版社2001年版，第366~370页。

[2] 林来梵、季彦敏："人权保障：作为原则的意义",载《法商研究》2005年第4期。

[3] 邵蓉、宋乃锋："临床研究中受试者权益保护问题探讨",载《南京医科大学学报》（社会科学版）2002年第2期。

以到达诱导受试者参加试验而自己从中牟利的目的。因此，信息的不对称使受试者出于天然的弱势地位，不仅体现于信息在初始分配的不对称上，还体现在信息传递的选择和结构上，经济利益的驱动更是加剧了这种信息的不对称。

第二，利益风险不对称。在医学临床试验中，往往存在申办者、研究者和受试者三方主体，三方在临床试验中的利益享有及风险承担是极不对称的，这种利益风险的不对称更是加重了受试者的弱势地位。具体而言，申办方在临床试验中要承担医学研发的成本和受试者的经济补偿，一旦一个项目顺利通过临床试验并上市，申办方就会获得巨大的经济回报；研究者一般不会承担经济风险，不管项目通过与否都会获得一定的经济利益；反观受试者，虽然其会获得一定的经济补偿或其他利益，但是其承担的是危及生命及健康的巨大风险，这种利益及风险的严重失衡使受试者处于明显的弱势境地。

第三，实力对比不相称。从前述提及的受试者的目标群体可以得知，受试者与主办方在经济实力和社会地位上的差异是悬殊的，受经济利益的驱使和身份角色的压制，受试者要承担很大的精神压力，被迫接受试验的例证不胜枚举。为了掩盖这种现状，主办方会采用知情同意书的方式来制造形式平等的假象，然而知情同意书仅仅是流于形式，已然进化为格式合同。大量的格式合同被重复使用，受试者只能被动地接受其中条款，格式条款显然是为主办方的利益定制的，一旦发生纠纷，受试者的利益还是得不到有效的保护。

2. 实然：我国医学临床试验受试者权益保护现状

前已述及，受试者权益保护在医学临床试验中具有举足轻重的地位，受试者的权益是否得到全面的保护关系着医学临床试验的发展前景和医学科学的进步。在国际上，1964年《赫尔辛基宣言》的出台成为统御国际社会医学研究伦理问题的纲领性文件。我国在医学临床试验受试者权益方面也做出了很大的努力，现拟就我国实践中对受试者权益保护的成果和困境进行梳理，旨在通过对现状的说明探求问题所在，为受试者权益保护的完善做铺叙。

（1）现行法律的规定

医学临床试验是新型医疗器材和医药产品进入市场的前置性程序，同时具有高风险性特点，国家出于维护公共利益的宗旨和管理公共事务的职责，必然要通过行政强力的方式对医学临床试验和受试者权益保护进行规制和管理，其显著方式就是出台法律文件，而我国相关法律文件的制定一般是以国际社会的通行规则为指向的。

1998年，我国以世界卫生组织制定的《药物临床试验规范指导原则》为参照，发布了《药品临床试验管理规范》（试行），作为指导我国药物临床试验的重要文件。随着社会的进步和发展，该文件的具体规定逐渐不能满足实践的需求，于2003年重新进行了修订，命名为《药物临床试验质量管理规范》（以下简称GCP），其中有"受试者的权益保障"这一章节来专门保护受试者权益，成为我国药物临床试验行政管理和保护受试者权益的主要法律依据。

GCP是我国医药临床试验管理与国际接轨的一大表征，确立了受试者利益优先的指导原则，其内容具有明显的保护受试者的向度。第一，设定了资格准入制度。GCP规定医药临床试验的开展，必须在经过国家食品药品监督管理局认定资格的专业机构进行，对实施机构的设施与条件都作出了比较细致的规定，还要求具体执行的研究者，应当具有专业技术职务和行医资格。此举可以督促医疗机构提升临床试验的条件，加强对医务人员的培训，降低受试者参加临床试验的风险。第二，要求设置独立的伦理委员会。此机构的直接目的是保障受试者的权益和安全，由不同性别、不同资格、不同专业的人员构成，其职责是对受试者在临床试验中的潜在风险进行审查，全面评价临床试验的研究方案及依据、受试者的选定和保护。伦理委员会的设立是我国在受试者权益保护方面的重大进步，使我国受试者权益保护有了专门的机构保障。第三，规定了受试者的具体权利。GCP确认了受试者生命健康权的至高无上地位，将对其生命健康的保障置于科学和社会利益之上，整个文件中贯穿着对受试者生命健康的保障；知情同意权也受到极大的重视，对研究者的说明告知义务进行了详细的规定来保障受试者知情权；受试者的隐私权得到认可，要求研究机构和研究者保护受试者的个人信息；等等。

虽然GCP的出台使我国医学临床试验受试者权益保护前进了一大步，但是其中还是存在很多纰漏之处。例如，对伦理委员会的职责范围没有作出明确的规定，对具体审查的时间和频率未作要求，并且未能通过有效的制度设计保障伦理委员会的中立性和公正性；对临床试验的稽查和监察程序未作说明，该部分内容显得空洞乏力；受试者知情同意情况、试验资料的初始记载等问题，规定的较为笼统，缺乏实践操作性。这在一定程度上使GCP在实践执行中贻阻不畅，是造成诸多问题的重要原因。

(2) 现实困境检视

虽然 GCP 的制度对临床试验受试者权益进行了有力的保护，但是现实中仍然面临着诸多困难，这些困境并非一朝一夕形成的，并不是靠政府法律文件的制定就能解决的。

首先，观念未得到扭转。医学临床试验的背后往往有巨大的经济利益驱动，一旦通过试验证明其安全性和有效性，申办者和研究者就会获得巨额的经济回报。因此，研究者一直对临床试验乐此不疲，往往会漠视作为弱势群体的受试者的权益和尊严。GCP 虽然明文规定了受试者权益优先的原则，但是现实中经济利益导向的色彩仍然很浓厚，致使受试者的利益被蚀空，在观念上并未得到适当的扭转。

其次，权利未得到重视。权利是法律化的利益，是利益的法律化表达，只有通过立法的形式认可受试者的利益，才是合法的、有保障的。诚然，GCP 把受试者的诸多权利纳入法律保护的范畴，但是权利的实现需要一整套配套机制的有效实施。一方面，将受试者的应然性权利落实为实然性的存在；另一方面，还要赋予受试者充分的救济途径。唯有如此，才能真正保障受试者的权利，但是目前还没有达到这一要求。

最后，机构建设未跟进。伦理委员会的设置对受试者权益的保护具有不可估量的意义，但是我国伦理委员会的机构建设在很多方面都难以保障其作用的发挥。我国的《药物临床试验伦理审查工作指导原则》仅仅属于部门规章，立法层级较低，约束力不强；从内容上看，我国的条款规定较为笼统，不够细致，在具体的实践操作中受到层层阻隔；从伦理委员会的独立性看，并未规定具体的执行机构，监管者的权利也尚未明确，监管责任形同虚设，使伦理委员会的实效大打折扣。

3. 借鉴：医学临床试验受试者权益保护的美国经验

他山之石，可以攻玉。面对我国在受试者权益保护上的诸多现实困境，全球语境下医学临床试验受试者的权益保护实践势必会为我国走出困境提供经验。对国际实践的考察关键在于找寻实践与环境的对接点，提炼出受试者权益保护的客观规律。

(1) 美国实践

美国在医学临床试验受试者权益保护方面的实践具有十分重要的借鉴意义，其实践运行主要体现在以下几个方面：

首先，在受试者损害责任的认定方面，主要是依据正常的医疗标准是否得到遵守和受试者的知情同意权是否得到保障。在美国，医学临床试验被视为是一种医疗行为，美国对一般疾病的治疗标准，医生在给患者诊治疾病时通常依靠正常的医疗标准制定医疗方案。[1]因此，一旦发生受试者损害，法院一般会依据正常的医疗标准来判断研究人员责任的承担。如果符合，则不属于研究人员应该承担的责任；如果不符合，则应该认定研究人员承担责任。另外，美国多个法案都规定了受试者的知情同意权，尊重和保护受试者的知情同意权是研究人员的义务，一旦违反即构成侵权行为。因此，在判定受试者损害责任的承担时，受试者知情同意权是否受到应有的尊重和保护被视为标准之一。

其次，在受试者的损害补偿方面，美国的实践做法是政府的强制补偿方案和研究机构的自愿补偿方案相结合的方式。强制补偿方案分为联邦保险方案和国家疫苗伤害赔偿方案，联邦保险方案主要针对疾病患者为评估医疗保险的利益进行医疗试验而受损害的情形，国家疫苗伤害赔偿方案主要考虑到疫苗损害的潜伏性特点，其损害的显现需要很长的时间，只要参与医疗疫苗试验而受损害，该方案就会给予相应的补偿。研究机构自愿补偿方案是美国受试者损害赔偿的主体，因为美国 2/3 的医学临床试验都是由企业发起的，该补偿方案的具体内容要视情况而定，并未有统一的规定。

最后，在机构伦理审查委员会认证体系建设方面，美国是由医学与研究公共责任组织、美国医学院协会等五大组织联合打造该认证体系，具有很强的专业性和灵活自主性，大大减少了政府的监管难度和成本。其认证的目的是保障医疗试验参与者的权益，并将这种责任细化为每个机构成员的责任，秉承受试者利益高于医学试验的科学价值和社会价值的指导原则。认证标准的结构与内容相互配合，涵盖了对所有主体在医学临床试验中的规制和保护。认证程序采用客观标准，虽然有对受试者的倾斜保护，但是"认证过程的客观化又不会导致对受试者的过度偏袒"。[2]该认证体系对政府的作用也是明显

---

[1] 参见林义顺："临床研究中保护人类受试者——历史与美国现状"，载《福建医科大学学报》（社会科学版）2005 年第 1 期。

[2] 田冬霞、张金钟："美国机构伦理审查委员会认证体系的启示"，载《中国医学伦理学》2006 年第 4 期。

的，随着认证体系辐射范围的扩大，形成一种对政府认证职责的分担，节省了很多制度资源和成本。

（2）经验启示

从上述美国实践运行的总结可以看出，美国对医学临床试验受试者权益的保护体系是较为全面的，具有很强的倾斜保护受试者倾向和伦理性。透视美国对受试者保护的实践，可以提炼出对我国医疗试验受试者权益保护的启示。

第一，应确立受试者损害的无过错归责原则。在传统侵权法理论中，归责原则主要是分为过错原则和无过错原则。在医学临床试验中，如果主办方在试验中存在明显的过错最终导致受试者的权益受到损害，很容易适用过错原则来划定责任，对受试者进行经济赔偿或补偿；但是由于医疗试验具有很强的专业性，在过错认定中存在很大的困难，很难认定过错是否属于研究方以及过错的程度，此时适用过错原则不利于受试者的权益保护。在无过错原则下，"无论研究者是否存在过错，都必须对受试者的损害进行赔偿"；[1]还大大减轻了受试者的举证负担，扩大了对受试者权益保护的力度和范围。

第二，建立强制补偿机制和自愿补偿机制相结合的补偿机制。可以借鉴美国的做法，强制补偿机制以国家补偿为主体，专门针对那些以公共利益为指向的医疗试验和具有潜伏性和长期性的医疗试验，旨在使受试者获得及时、有效地救济；自愿补偿机制以申办者和研究者为主体，虽然具体的补偿内容很难统一规制，但是可以从几个大的方向为自愿补偿提供指引。例如，"为受试者购买医学临床试验保险、建立受试者损害补偿基金等"；[2]还可以建立专门的为受损害的受试者提供医疗救助活动，开通"绿色通道"，为受试者提供专门的、优惠的医疗服务。

第三，加强我国伦理审查委员会的建设。美国机构伦理审查委员会的完善也是得益于一系列的医学临床试验事件，我国目前也处于该风口浪尖，不端科研事件的发生和公众的关注是我国建立伦理审查委员会的重大契机；要

---

[1] 曹永高："论完善我国人体药物试验法律制度的几个问题"，载《法律与医学杂志》2006年第4期。

[2] 王岳："论我国亟待建立的药品不良反应研发与救济基金制度"，载《中国药物应用与监测》2004年第4期。

发动行业协会的力量推进伦理审查委员会的建设，既保证了专业性和灵活性，又能够降低政府的监管压力和成本。

4. 思辨：我国医学临床试验受试者权益保护的发展方向

无论是对理论逻辑的论述，还是对实践进路的梳理，最终都要落脚于现实境况的完善。理论层面的论证为完善受试者权益保护提供逻辑基础，实践层面的梳理旨在找出现实中的纰漏和域外的先进做法，为我国受试者的权益保护提供借鉴。具体而言，我国医学临床试验受试者权益保护的完善可以从以下几个方面着手：

（1）权利向度

在受试者权益保护体系中，受试者的法律权利是其利益的法律化，其利益的法律化表达使其权益保护有了法律保障和制度依托。一般而言，在医患关系中，患方的每一项权利都有医方的义务与之对应，在医学临床试验法律关系中，尤其要注重受试者的如下几项权利。

首先，受试者的生命健康权。在理念上，要建立受试者生命健康权的至高无上性地位，受试者的生命健康权高于医学试验的科学价值和社会利益价值；在制度设计上，申办者要保证试验品的安全性，确保其不会对受试者的生命和健康造成重大损害，伦理委员会要定期对试验的风险进行评估，及时叫停那些风险较大的试验项目。其次，受试者的知情同意权。知情同意权是指受试者在参加试验以前以及实验过程中，要充分了解相关的信息，再决定是否参加试验。基于双方信息分配的极不对称性，应该明确规定研究者的说明义务以及提供信息的内容和范围，规定知情同意书的签订、修改和审查制度。最后，受试者的隐私权。隐私权随着《中华人民共和国侵权责任法》的出台成为一个具有法律意义的重要权利，医学临床试验关乎人的尊严，主办方尤其要注重受试者隐私权的保护，包括受试者的姓名、病史等个人资料应当严格保密，公开的信息中不得含有受试者的真实姓名，还应建立对应的惩戒制度，追究违反规定披露受试者个人信息的人员的责任。

（2）机构向度

借鉴美国经验，我国临床试验的机构建设至少应该包括伦理委员会制度和行业自治组织制度两项内容。

首先，完善伦理委员会制度。将伦理委员会纳入《中华人民共和国药品管理法》，规定其人员的构成、权限和职责、审批程序，以提高该制度在我国的立法和效力层级，提高伦理委员会的法律地位；同时，制定伦理委员会具体工作的实施细则，为伦理委员会的具体工作提供参考意见，保障其工作实施的技术性和程序性。

其次，确保伦理委员会的独立性。一方面，在人员构成上要综合法学、医学等不同行业的专业人才，保证非医学专业人员的一定比例，并建议将受试者纳入考虑范围；另一方面，由卫生行政部门掌握伦理委员会的人事任免权，并给予其一定的拨款，以此来避免医药公司等试验机构因为为伦理委员会提供经济支持而干扰其独立性。

最后，加强对伦理委员会的监管。我国目前对伦理委员会的监管环节较为落后，致使伦理委员会的日常工作得不到有效的约束。基于我国的基本国情，建议由卫生行政部门作为主要的监管主体，此举也有利于保证医学临床试验的专业性和独立性；伦理委员会的建立实行注册审批制，以提高准入门槛，通过严格准入制度来确保伦理审查的专业性。

(3) 责任向度

基于对受试者权益进行全面保护的目的，我国医学临床试验的责任领域应实行无过错责任原则。所谓无过错责任，是指"行为人主观上有无过错在所不论，只要法律规定其应该承担民事责任的，行为人就应该对其行为所造成的后果承担民事赔偿责任"。[1]

在医学临床试验中，受试者处于明显的弱势地位，在经济实力、社会地位、信息分配等方面都处于弱势，理应需要法律的倾斜保护。而在无过错责任下，除非医学临床试验主办机构能够证明试验行为与损害结果之间没有因果关系，否则其就要承担赔偿责任。因此，受试者的举证负担大大减轻，更有利于对受试者权益的保护；适用该原则的目的并非是对研究者的行为进行惩戒，而是对受试者的损害进行弥补，符合现阶段风险的社会化分担趋势，当然，这一理想图景的实现还有赖于保险制度的完善。然而，过分地强调对受试者的保护也不意味着忽略研究机构和申办者的利益，除了贯彻无过错原则之外，还应该在研究机构和申办者之间建立分担风险、分享利益的机制。因此，在法律制度的设计上要寻求一个平衡，既要保护受试者权益，也不能疏忽研究机构和申办者的利益。

---

[1] 张新宝：《中国侵权行为法》（第二版），中国社会科学院出版社1998年版，第60页。

(4) 保障向度

如前所述，如果在医学临床试验领域内实行无过错责任原则，研究机构和申办机构的经济风险和责任就会明显增加，因为无论其是否存在主观上的过错，一旦发生受试者损害，就要承担经济赔偿责任。因此，为了减轻研究者和申办者的经济负担，鼓励医学科研活动，同时实现风险的社会化分担，应该实行强制责任保险制度，并建立医学临床试验救济基金制度。

就强制责任保险制度而言，应要求研究方和申办方必须购买责任保险，因为保险制度的建立是分担风险、保障受试者权益的重要路径。一旦发生损害，受试者既可以向申办方要求损害赔偿，也可以向保险公司直接申请赔付，这对受试者权益保障而言无疑是一个进步。

就医学临床试验救济基金制度而言，该救济基金可以由国家或地方的卫生行政部门或者相关社会团体来发起建立，可以把医药生产企业、研究机构、试验机构作为基金的出资主体。一旦发生损害，受试者提出索赔请求，并经过法定程序认定医学临床试验研究机构和申办者应负经济责任时，可以向基金会申请损害补偿。这一制度既有利于新医药产品的研发，又有利于受试者的权益保护，形成一个良性的社会共同救济机制。

(二) 医学临床试验责任保险的法律构筑

保险制度的社会价值与法治价值会随着社会的不断发展而逐渐升华，医疗事业发展中的保险制度介入并不少见，这种介入往往是出于患者权利和利益的一般性保护。但是伴随医疗事业的深化与发展，更多具有风险性的医疗发展环节愈发需要得到保险制度的"青睐"，临床试验责任保险即是如此。临床试验责任保险定位对于医疗事业发展有着巨大推动价值的临床试验，从受试者权益出发，通过险种和保险制度的设计实现临床试验风险的对冲。客观上讲，临床试验责任保险的价值在于为临床试验排除后顾之忧，有利于促进医疗事业的发展。但是，现实中临床试验责任保险并未得到临床试验申请者和研究者的足够重视，这在某种程度上也导致了临床试验的未知性向高风险性转化，最终会对受试者的合法权益产生损害。我国临床试验责任保险的法律构筑应当着眼于现实需求，在明确临床试验责任保险法律属性和既有境遇的前提下，寻求临床试验责任保险发展的法治向度。

1. 临床试验责任保险的现实需求

临床试验责任保险并非是一种常规的、具有广泛适用性和商业性的保险类型，它的发展源于作为一种社会事件或者具有法律意义事件——临床试验的广泛开展，因利益关联者和社会问题的利益诉求出现而具有了现实的需求。具体而言，临床试验责任保险发展的现实需求既源于临床试验"先天"的风险，又源于临床试验引发的侵权问题，还源于特定法律规定背景下的必要性推进。

（1）一般需求：临床试验的风险与保险

保险的基本价值风险分担，就现代商业保险的发展理路细言之，保险就是通过商业化运营实现集中化风险的分散，进行在一定范围内实现风险的"可控"与商业价值的发掘。与此同理，临床试验责任保险也是寻求临床试验过程中主体风险的分担，作为责任保险的一种其还具有行为警示与安全规促的间接效应，但是归根结底临床试验责任保险发展的一般需求在于临床试验的既定风险。

临床试验是医疗事业发展中较为定型的科学实验手段，是一种科研价值、商业价值以及伦理价值兼具的言说场域，因此不可不谓是发展与矛盾相结合。与此同理，临床试验的风险也是多种维度的，一般我们可以从临床试验的主体维度进行切入，通过参与主体风险的明确进而确定临床试验的潜在风险类型。临床试验的参与主体一般包括申办者、研究者和受试者，我们可以做一个比喻，从一般市场经济产品买卖逻辑出发，申办者和研究者构成临床试验意义上的"经营者"，而受试者构成作为交易相对方的"消费者"。在这对拟制的"买卖关系"中，各个主体面临着不同的风险类型。首先，申办者往往带有一定目的开展临床试验，这种目的或盈利或公益，但其风险主要表现为试验不良反应后果、必要服务性支出和合规成本等。申办者作为临床试验的发起人和主要责任人既是整个临床试验活动的管理者，又需要尽到最大程度的管理与注意义务。在可预知范围内对受试者造成的损害风险、项目研究所产生的研究费用以及临床试验既定的法律合规申报程序，种种风险的存在无形中成为临床试验申办者所需要负担的成本。并且如果项目进展不顺利，申办者仍应承担相应的资金链条断裂风险，相应的前期投入也可能会转化为沉淀成本。因此，申办者的主体风险主要表现在成本支出与责任承担两个方面。研究者作为"经营者"的另一个组成部分，是临床试验的直接主导者，其所承担的风险类型表现为因临床试验引发的医疗损害风险、违规风险以及研究后期可能存在资金供给不足与项目研究失败连带责任的风险。需要指出的是，临床试验中申办者与研究者往往存在着不同程度的利益勾连，但是研究者的主要风险类型仍然在于试验过程中的违法违规风险。受试者作为临床试验中的被动一方，其风险一方面源于其物质与精神投入成本与收入之间的不匹配风险，另一方面源于临床试验对生命健康权引发的可预知的或不可预知的风险。可以讲，受试者的风险主要是一种被动的风险，并且"买卖双方"信息鸿沟的存在会加剧这种风险承担。

"合法的药品临床试验亦有可能对受试者造成伤害，发生损害时申办者和研究者应承担何种侵权责任，这是不可回避的问题。"[1]综上所述，临床试验的主体风险主要可以概括为四个方面：第一，技术风险，即因具体药物、医疗试验方法所产生的对主体的风险影响；第二，违约风险，即主体收益与成本之间的不匹配以及高成本和未知成本状态下的资金风险；第三，道德风险，即申办者与研究者未尽法定注意义务和管理责任，忽略受试者的人权保护；第四，法律风险，因法律合规产生的成本以及因医疗损害产生的法律追诉等。更进一步讲，当这四类主观维度的风险类型与客观维度作为临床试验客体的药物、器械等自身存在的不确定性风险叠加，临床试验的风险将会更加无法预知，并且可能会对主体尤其是受试者产生持续性、差异性的伤害。因此，风险层次的多元与复杂构成临床试验责任保险的一般需求。

（2）问题需求：临床试验中的肆意与受试者人权保护

虽然我国法律对药品临床试验有相对较为繁琐和复杂的程序性规定，但是这些程序性规定并未在药品临床试验的发展中发挥应有的作用，受试者的人权保护缺失成为众矢之的。《中华人民共和国药品管理法》第19条第1款规定，"开展药物临床试验，应当按照国务院药品监督管理部门的规定如实报送研制方法、质量指标、药理及毒理试验结果等有关数据、资料和样品，经国务院药品监督管理部门批准"，由此看来，临床试验具有新药上市严格的法定标准。《药品注册管理办法》（2007年版）第31条也对药物临床试验的四期设定进行了详尽阐释，概览而言，临床药物试验的第一期针对一般人群的安全性评价，而后三期均涉及对"适应症患者"分析评价，其中第31条第6款规定，"Ⅳ期临床试验：新药上市后应用研究阶段。其目的是考察在广泛

---

[1] 芦淑萍、郭遐："对药品临床试验受试者的损害赔偿责任"，载《中国医院》2013年第4期。

使用条件下的药物的疗效和不良反应，评价在普通或者特殊人群中使用的利益与风险关系以及改进给药剂量等"。从法律规定来看，受试者参与到临床试验具有法定的要式主义，并且需要遵守着严格的法定标准。但是，现实发展中我们发现很多与药物临床试验相关，存在违规违法嫌疑的社会活动，如大学生廉价"试药族"的出现、"职业试药人"的利益招募、打着免费旗号的"送药式"试药、病危病人的风险试药等。在医药企业、医院和临床试验代理机构的利益勾连下，法律与法规明文规定的强制性义务遭到无端的"变通"，受试者的人权保护存在着极大的道德风险。可以说，临床试验对于医疗事业和社会发展的重要性决定了我们不可能因其存在的风险性而完全对其予以禁止，而旨在防止临床试验道德风险的法律规定遭到漠视又表现出我国现有法律体系对临床试验的关切不足。药物临床试验并非是一场单纯的受试者生命健康权与医药企业利益的交换，我们需要对受试者的基本人权和肆意临床试验可能产生的群体性问题进行足够的认知与预防。

（3）时代需求：举证责任倒置后的临床试验保险发展契机

《中华人民共和国民法典》侵权责任编第六章专章规定了有关医疗损害责任的法律规定，通过医疗机构过错责任原则的确定明确了医疗纠纷中的归责原则。而在稍早的司法解释之中，如2008年《最高人民法院关于民事诉讼证据的若干规定》第4条第8款就规定，"因医疗行为引起的侵权诉讼，由医疗机构就医疗行为与损害结果之间不存在因果关系及不存在医疗过错承担举证责任。"临床试验作为一种特殊的医疗行为，理应承继医疗纠纷的举证责任倒置原则。综合司法解释的举证责任倒置和《中华人民共和国民法典》侵权责任编中的过错责任原则，其目标无非有两点：其一，通过举证责任倒置，强化医方责任意识，缓和医患关系。在医患关系冲突之中，由于专业性限制，患者往往不具备举证能力，因此将证明责任转为更容易接近证据事实医方有利于诉讼进展，有效处理医患纠纷；其二，通过举证责任倒置，强化证据意识，提高医方行为的规范性。"医学的未知性决定了医学研究有着不能完全预测、不可能完全解释清楚的必然性和风险性"，[1]医方证明责任的强化会对其正常医疗行为带来正向激励，即通过证据意识的强化推动医疗行为的规范性。

---

[1] 沈毅等："'举证责任倒置'对临床试验的考验"，载《解放军医院管理杂志》2004年第5期。

以上两点均为临床试验责任保险的发展创造了条件，一方面，举证责任倒置力图通过强化医方责任，缓和医患冲突，这种做法的积极性毋庸置疑，但是究其根本是将证据责任的天平进行倾斜，没有贯彻一般的"谁主张、谁举证"原则。在这种状况下，临床试验责任保险可以作为医方临床试验风险的对冲，实现法律责任天平的再次平衡。另一方面，举证责任倒置下强化了医方获取证据素材的正向激励，为临床试验责任保险的理赔和后期的条款设计提供了丰富的程序性和实体性素材，有助于临床试验责任保险制度的可持续发展。法律责任设计的初衷在于缓和医患关系，促进医方医疗行为的规范性，而这恰恰也是临床试验责任保险制度的发展初衷。因此，从法治化进程发展来看，临床试验责任保险制度大有作为空间。

2. 临床试验责任保险的法律属性

厘清临床试验责任保险的法律属性是辨明临床试验责任保险发展向度、梳理临床试验责任保险发展逻辑的必要前提。目前，临床试验责任保险并非是我国境内保险公司的主流险种，从可获取的平安保险、长安保险、永诚保险和民安保险的"药物临床试验责任保险条款"出发，可以较为清晰地展示临床试验责任保险的法律属性。

（1）临床试验责任保险的一般目标

临床试验责任保险是以药品或其他医疗手段在临床试验中可能产生的法律风险为承保对象的一种保险类别。临床试验责任保险的法律目标可以包含三种层次。第一，从临床试验责任保险的制度需求来说。一方面，临床试验保险的推出与发展是为了促进医疗事业的发展，尤其是新药的研发和医疗手段的升级，它是为人类整体医疗事业的科研水平和应用水平服务的。第二，从临床试验责任保险的受益人来看，它是保障医疗临床试验中受试者基本权益的一把利器。在临床医疗试验中，受试者往往因信息不对称和单纯利益的感性冲动造成自身处于弱势地位，因此通过医疗责任保险可以有效对受试者的权益损害进行及时弥补。第三，从临床试验责任保险的制度价值来说。一方面，作为一种责任保险，临床医疗试验责任保险是以"责任保险"对冲"法律风险"。换言之，作为广义财险的反手，临床试验责任保险的风险特殊性在于其临床试验过程中可能产生的法律赔偿风险，通过责任保险的形式，对投保人和受益人的利益损失进行有效的衡平与弥补。另一方面，临床试验医疗责任保险并非是一种肆意的"保障"，它以自身的保险条款和程序性，通过临床试验投保人的成本预先支出促进和督促其医疗临床试验的规范性提升。虽然医疗临床试验具有多维度的复杂风险，但是风险不能成为医疗事业停滞不前的借口，临床试验责任保险是与临床试验活动相关的成本支出，是一种事前成本支出，具有风险警示效应。并且，临床试验责任保险自身严谨的逻辑性和程序性对投保人的行为具有一定的合规指引作用，某种程度上可以促使临床试验发起人提高最大注意义务。综上所述，临床试验保险是一种兼具法律价值和社会价值的财险险种，对医疗事业的发展和临床试验受试者的权益保障具有积极效用。

（2）临床试验责任保险之主体维度

临床试验责任保险的主体维度正是回归基础保险关系的主体逻辑，通过临床试验责任保险所涉及的利益主体及其相关的权利义务，明晰其法律关系构成。具体而言，保险关系的一般主体维度在于投保人、被保险人和保险人、受益人之间的利益关系和法律节点，而临床试验责任保险的责任保险属性又决定了需要对投保人、被保险人和保险人的主体适格性和其应尽的法律义务进行必要的明确。保险人即具有法定保险资质的，提供临床试验责任保险的保险机构。临床试验责任保险的受益人即医疗临床试验中受试者，包括了我国药品法定四个阶段的不同的受试者群体。从范围界定来看，受试者参与临床试验的主观动机不影响其成为适格临床试验责任保险的受益人，只要其具有法定的民事行为能力，或者与所开展医疗试验具有群体契合性，在不违背伦理和道德的前提下，任何人都有可能成为临床试验责任保险的受益人。

临床试验责任保险的投保人与被保险人主要是指与临床试验活动的开展直接相关的机构与个人，从具体的保险条款设计来看，包括了三类具有特殊性的主体：第一，临床试验的申报机构，即具有法定医疗临床试验申报资格的机构；第二，临床试验的研究与保障机构，包括参与医疗临床试验的组织和个人，如医生、护士、咨询机构、医院以及其他相关协同组织；第三，对临床试验开展履行监督责任部门，如伦理委员会。从以上三类构成可以看出临床试验保险投保人与被保险人的主体适格性在尊重合法性的基础之上，最大程度地开展责任保险与临床试验，尤其是临床试验医疗责任的责任主体相关联。从临床试验的开展而言，临床试验责任保险的主体范围是非常广泛的。

从投保人和被保险人的义务来看，主要涉及与临床试验医疗责任保险开展相关的实体性义务和程序性义务，具体包括以下四项。第一，诚实信用义务。投保人和被保险人在临床试验责任保险合同签订时应当履行信息告知义务，确保其提供的与保险额度和保险方式开展相关的信息真实，尤其是科研风险的真实信息。第二，变更通知义务。投保人和被保险人在履行契约过程中，如果与风险直接相关的医疗方案和试验手段发生重要变更，应当履行契约附随义务，及时将相关情况予以告知。第三，最大注意义务。投保人和被保险人应当按照相关法律规定，在医疗临床试验中提升规范性，最大限度地降低风险发生的可能，并做好各项风险预案。第四，契约附随义务。在临床试验医疗责任保险的理赔与诉讼中，投保人和被保险人应当配合保险机构完成相关证据搜集、信息提供和情况释明的义务。

（3）临床试验责任保险之保险责任

临床试验责任保险的保险责任主要是临床试验责任保险合同中明确约定的作为保险人的保险机构应当承当的法定与约定责任。具体来看，临床试验责任保险的保险责任主要有以下三个方面值得注意。首先，临床试验责任保险责任的开端是法定经济赔偿责任的承担，除此之外还包括相关的法律程序性费用。作为财险的一种类别，临床试验责任保险承载的风险是医疗临床试验中，申办机构、科研机构与监督保障机构依法应负的法定赔偿责任，并且需要承担由保险事故引发的相关仲裁和诉讼费用。其次，临床试验责任保险秉承首次索赔原则，即保险公司仅就保险事故双方——投保人、被保险人和受益人之间的首次索赔开启理赔程序，承担保险责任，不对保险事故进行重复或二次赔偿。最后，临床试验责任保险存在保险责任的除外情形，即在符合法定或约定的除外事项发生时，保险人免除保险责任。一般而言，这些情况包括了因不可抗力引发的保险事故、违法或被保险人存在主观故意的保险事故、被保险人不履行合同义务下的保险事故等。综合而言，临床试验责任保险的保险责任虽然主要为保险人一方的义务履行，但是其主要还是在合法性基础上，以诚实信用的私法精神为内核，强调临床试验责任保险合同签订与履行的要式主义。

3. 临床试验责任保险的既有境遇

临床试验责任保险对于我国医疗事业发展而言并非是新鲜物，但是与我国医疗事业与医疗科研迅猛发展相比，临床试验责任保险作为一种兼具市场化和法治化的制度保障仍然没有得到充分的重视。换言之，临床试验责任保险仍然未能在临床试验活动的实践中发挥应有的"保驾护航"的制度效能，维护受试者权益。

(1) 我国临床试验责任保险的法律特征

首先，实质非强制性，责任保险作用未能得到充分认知。我国现有法律体系关于临床试验责任保险的相关规定主要表现在有关药品管理和药品试验法律规定中，其中联系最为密切的是国家食品药品监督管理局发布的《药物临床试验质量管理规范》，该规范第39条第1项规定，"申办者应当向研究者和临床试验机构提供与临床试验相关的法律上、经济上的保险或者保证，并与临床试验的风险性质和风险程度相适应。但不包括研究者和临床试验机构自身的过失所致的损害"。从本条规定来看，临床试验责任保险应当具有一定的强制性，但是这种强制性可以因申办者的经济补偿承诺而抵消，因此其实质上不具有强制性。并且，配合其他相关法律规定，我国立法并未对临床试验责任保险进行明确的概念界定与使用，更多是一种广义保险的形式规定。例如，2010年国家食品药品监督管理局发布的《药物临床试验伦理审查工作指导原则》在关于伦理审查主要内容的附件中规定了"保险和损害赔偿"作为"受试者医疗和保护"的最末条款。在2015年年初关于《药物临床试验质量管理规范》征求意见稿中，我们也并未发现临床试验责任保险相关的立法趋势。值得一提的是，在2013年发生的张某诉拜耳医药公司、人民医院合同纠纷案中，北京市朝阳区人民法院曾经给国家食品药品监管总局发出司法建议，内容为"建议建立保险措施备案制度"，国家食品药品监督管理总局也对此进行了积极的回应。"从法律进度的角度看，北京市朝阳区人民法院的判决及司法建议函对中国受试者权益保护无疑具有里程碑意义"，[1]但是这些有益的尝试也并未对我国临床试验责任保险的发展产生质的推动。

其次，市场准入门槛高，但现有保险市场供给不足。由于临床试验责任保险并未得到充分的法律重视，加之临床试验责任保险的开展需要对医疗临床试验的专业性进行充分的信息掌握与风险评估，因此，我国临床试验责任保险的市场准入门槛是较高的。从目前市场主体的参与度来看，仅有部分公司提供了普遍性的临床试验责任保险业务，出于市场准入成本和效益追逐的

---

[1] 韩梅、王思成："法律视角下临床试验受试者权益保护的分析与建议"，载《中医杂志》2013年第20期。

考虑，临床试验责任保险市场还未形成足够的气候，在缺少强制性需求的前提下，临床试验责任保险的供给也呈现出短缺的特征。

最后，保险条款设计未能形成标准化，约定优于法定。从我国现有保险机构关于临床试验责任保险的条款设计来看，与保险责任和保险合同履行相关的保险费用、保险期间、赔偿额度和赔偿范围均缺乏相应的法定标准。因此，我国临床试验责任保险的发展仍然处于一种诚实信用原则之下投保人与保险人之间的自由约定模式。保险条款设计缺乏足够的标准化使得在临床试验责任保险的具体实践中，作为保险人一方的保险机构成为强势一方，这样就会通过有保险条款设计的倾向性，最终导致临床试验责任保险形同虚设，不利于其市场化发展。

(2) 我国临床试验责任保险的实践困境

法律制度的激励不足使得我国临床试验责任保险面临着诸多实践困境：首先，临床试验责任保险覆盖率较低，在法律已有明确规定的前提下，仍有大部分受试者无法享受临床试验责任保险的合法权益。[1]其次，临床试验责任保险险种不丰富，目前我国临床试验责任保险是一种普遍性的责任保险形式，并没有依照药物临床试验的阶段性和不同风险的特征以及不同投保人和被保险人的特质来设计具有层次性和针对性的险种。再其次，临床试验责任保险发展中的国外保险人的介入并未提升我国临床试验责任保险的水平，反而因信息偏在程度的提高而增加了发展的难度。伴随我国医疗科研与国际接轨，国际保险公司对临床试验责任保险的提供成为申办者的一种选择，但是这种选择会带来保险责任认定的"水土不服"，无法使受试者的权益得到充分的保护。最后，临床试验责任保险的赔付程序设计较为严苛，并未体现出便利被保险人和有利于受试者快速受偿的原则，繁琐的程序设计没有对医患关系的缓和起到疏导、疏通的作用，并且存在着诸多保险机构回避责任的情况。

4. 临床试验责任保险的发展向度

临床试验责任保险的发展向度在于通过法律环节的完善，实现其法治化构筑。从某种程度上说，临床试验责任保险既助推医疗科研事业的发展，又为医疗临床试验活动提出法律警示。在此前提下，我们认为，应当从以下几

---

[1] 参见许重远等："当前国内临床试验保险调查分析"，载《中国药学会药物临床评价研究专业委员会 2015 年学术年会会刊》。

个方面着手进行临床试验责任保险的法律构筑：

(1) 完善临床试验责任保险的法律体系

宏观的法律体系缺乏是造成目前我国临床试验责任保险强制性缺乏和普及度较低的根本原因，目前我国"宣示性"的相关立法规定不足以为临床试验责任保险的发展插上翅膀，因此，从临床试验责任保险的长远看，首当其冲需要完善的是临床试验责任保险的法律体系。一方面，应当在缺乏临床试验责任保险条例规定逻辑清晰的前提下，通过高位阶的立法宣示与明确促成临床试验责任保险的宏观指引。临床试验责任保险作为财险的一种，具有鲜明的特殊性，其适用人群并非普通大众，而是参与临床试验责任保险的受试者。因此，通过规范性文件和其他法律规定，出台临床试验责任保险条例既迎合了我国保险法发展的一般规律，又符合临床试验责任保险发展的一般定位。更为重要的是，在此前提下，我们应当寻求高位阶法律的详尽"宣示"，即在药品管理，乃至食品安全相关的高位阶立法中，赋予临床试验责任保险足够的发展认可，进而为其合法性和合理性发展铺平道路。另一方面，临床试验责任保险的法律体系发展原则为激励与指引、强制与普及相结合。"强制与普及"强调临床试验责任保险在医疗临床试验活动中的排他性投保和完全普及度，而"激励与指引"则是在尊重保险机构营利性追求和考量医疗临床责任保险申办与研究机构必要成本的前提下，形成相关补贴与激励措施，循序渐进地将医疗临床试验活动的风险控制在可控范围之内。

(2) 落实临床试验责任保险相关主体监管责任

法律执法与监管机构作为法律实施的重要组成部分，同样对临床试验责任保险的法律构筑起到至关重要的作用。与我国宣示立法趋势相适应，临床试验责任保险的监管往往流于形式，临床试验责任保险更多处于一种法外自由的发展空间，因此也就不难理解保险机构在临床试验责任保险合同设计的强势地位，以及实践中临床试验责任保险无法起到对受试者权益的应有的保护作用。我们认为，落实临床试验责任保险的主体监管责任应当分层次逐一进行。具体来看：第一，完善临床试验责任保险的公共监管，即通过医疗卫生和保险监管部门监督临床试验责任保险的普及程度与发展质量，从各自权力运作的专业领域实现发展趋势的有效监控。第二，以强化内部监管为核心，强化伦理委员会的保险备案义务，明确申办机构、科研机构的保险缴纳义务。第三，完善临床试验医疗责任保险的私人实施制度，尤其是赋予受试者足够的教育引导和风险警示，强化其参与临床医疗试验活动的保险意识。

（3）丰富临床试验责任保险的险种设计，通过条款的合理化设计平衡各方利益冲突

如前所述，目前我国临床试验责任保险的险种设计相对单一，其发展特征呈现出普遍性和趋同性特征。医疗临床试验活动究其目标客体和申办主体而言存在着多元化的组合可能，相对单一的险种设计虽然能够对医疗临床试验活动提供一般性的保险支撑，并且降低了保险机构的运营成本，但是无法从根本上发挥临床试验责任保险对医疗科研事业的支撑效用。我们认为，应当针对医疗临床试验不同的标的客体、不同的申办主体组合形成有针对、多元的险种供给，这样就可以在丰富我国临床试验责任保险体系的前提下，更好地促进医疗科研活动的开展，保护受试者的基本权益。除此之外，应当认清目前我国保险机构在临床试验责任保险中的强势地位，通过临床试验责任保险条例的出台强化保险费用、赔偿范围、保险额度等意思自治领域的法律指引作用，促成临床试验责任保险合同条款的标准化，平衡各方利益冲突。

（4）强化临床试验责任保险参与的各方信息披露义务

"在民法视域中，受试者知情权是一项持续性的精神性具体人格权。"[1] 临床试验责任保险合同的订立过程就要求投保人、被保险人和保险人之间关于医疗临床试验风险告知的真实性，即双方应当如实披露有关保险合同成立的关键事项。类推来看，目前我国临床试验受试者权益损害的关键问题也是在于受试者对临床试验风险的信息偏在，进而促使其非理性动机的盲目参与。因此，信息披露义务既是临床试验责任保险自身发展的法律要求，又是临床试验责任促进受试者权益保护的社会要求。一方面，强化临床试验责任保险投保人和被保险人的信息披露义务有助于临床试验风险的公开与揭示，并且有助于提高投保人和被保险人在具体医疗临床试验中的注意义务；另一方面，临床试验保险活动中保险人的信息义务披露可以形成对医疗科研风险的二次告知，并且有助于临床试验责任保险的社会推广。综上所述，风险与保险信息在利益关联主体之间的无障碍流通会从本质上推动临床试验责任保险的社会发展。

---

[1] 刘学民："临床试验受试者知情同意权的民法意象"，载《湖北警官学院学报》2014年第8期。

四、药品临床试验行为

药品是医学科技的重要产物和代表,其目的是拯救人类的生命、维护人类的健康,其作用的至关重要决定了医疗药品一旦发生不利状况,其后果是十分严重的,这就显示出药品临床试验的重要性。无论是前期的基础研究、临床诊断,还是新型药品的研制和推广,甚至是处于前置阶段的新兴医学理论和方法,在规模化应用之前,都离不开医学临床试验。目前,医学领域内有很多试验是针对动物的,但是即使经过动物试验证明可行的药品,也要以人体为对象进行试验,因为人体与动物有所不同,有着其独特的生理机制和特征,有些药物在动物体内无害,并不代表其对人体无害。因此,药品临床试验对医药技术的发展起着不可或缺的作用,以药品临床试验为支撑的医药科技的进步,对困扰人类健康的诸多疾病起到了很好的控制作用,缓解了人类因疾病产生的痛苦,维持了生命机体的健康,契合人类的根本利益,应该给予其积极评价。

但是,我们同时也要看到,在历史上药品临床试验也对人类的生命健康造成过不可估量的损失。尤其是战争期间,国际社会对人权的强调出现暂时的松懈,法西斯国家惨无人道地利用战俘和殖民地平民进行药品临床试验,致使很多无辜的人失去生命。二战结束后,药品临床试验的局面并未得到有效的规制,很多地方和机构有着严重的滥用药品临床试验的情形。以美国披露的艾滋病药物 AZT 试验为例,当时在部分非洲国家进行该药物的临床试验,以相当部分的艾滋病感染者为受试对象,但没有很好地控制母婴传播渠道,致使大量的艾滋病携带者将艾滋病病毒传染给新生婴儿。其实,药品临床试验在当下也有着很多限制性因素。其中受试者因为专业知识的缺乏、维权意识的不足而使其自身的权益得不到有效保障便是一大障碍。具体而言,受试者作为弱势一方,对很多药品的效应缺乏正确的理解和认识,很容易受研究人员和申办者的误导,发生损害事件或者权益受损在所难免,其利益受损后的维权困境,一直是药品临床试验发挥其应有作用的现实障碍。如何通过多种途径对药品临床试验的受试者权益进行全面维护,是医学界和法学界共同面临的一大问题。

(一) 药品临床试验概述

1. 药品临床试验的概念及原则

所谓药品临床试验,是指"在人体内进行的药品系统性研究,以证实或者揭示试验药品的作用、不良反应以及试验药品的吸收、分布、排泄和代谢"。[1]显然,药品临床试验是为了证明或者确定药品的效果以及人体对试验药品的反应,是药品进行规模化推广应用的前提。药品临床试验以人体为试验对象,试验之前并不能准确评估该药品对人体的作用,人体对药品的反应也难以准确预知,试验过程中难免会出现部分受试者受到损害的情形。因此,药品临床试验首先应当遵循伦理性原则,在伦理性的框架要求下展开试验。另外,药品临床试验是一项医学科学活动,是科学试验的一种,是验证医学基础理论和医疗技术可行性的必经阶段,需要遵循科学性原则,以确保药品临床试验的顺利进行。

伦理性与科学性是药品临床试验必须遵守的两大原则,二者并非相互独立,而是有相互冲突的一面,也有相互配合的一面。首先,就伦理性而言,药品临床试验对于医疗科技的发展和人类健康福利的保障有所裨益,但是受试者的安全性是药品临床试验首先要考虑的问题,这也是国际社会的一致共识。比如,《赫尔辛基宣言》《人体生物医学研究国际道德指南》等国际公约,都强调要把保护受试者的安全问题置于药品临床试验的首位,任何有损受试者生命与健康的药品临床试验都有悖于其试验的目的和初衷。我国《药物临床试验质量管理规范》也对受试者的权利保护作出了规定,要求药品临床试验的进行要尽可能避免对受试者造成损害,并使其受益最大化。其次,就科学性来说,药品临床试验是医疗科技获得进步所必经的阶段,无论科学多么发达,都必须在初步试验的基础上才能大规模地向市场推广新的药品。为了保证临床试验结论的正确性,尽量提高试验的效率,节约试验成本,需要改善药品临床试验的方法。比如,采用比较研究的方法,对选取的受试者进行分类处理,设立对照组,使结论的论证更加具有说服力;采用双盲法,尽量减少受试者心理作用对试验结果的影响,保证临床试验的客观性。一般而言,伦理性与科学性是相互配合的,伦理性是科学性的前提和指引,科学性的实

---

[1] 芦淑萍、郭遐:"对药品临床试验受试者的损害赔偿责任",载《中国医院》2013年第4期。

施能够提升试验的伦理性。但是,二者也有相互冲突的一面。比如,在双盲法当中,由于所有的参与主体事先都不知道受试者的试验安排,一旦出现紧急情况或者突发状况,很容易出现处理不及时或者处理不当的情形,有损受试者的健康和生命,有违伦理性原则。因此,我们要正确处理伦理性和科学性的关系,减少二者的冲突与张力,使二者尽量相互协调,发挥各自的积极作用,保障药品临床试验的顺利进行。

2. 药品临床试验的主体

药品临床试验的主体一般包括申办者、研究者和受试者三方。申办者,通常是指药品临床试验的发起者和组织者,负责申请、组织临床试验,提供必要的试验经费,监督临床试验的进展情况,一般包括药品生产企业、药品研究机构等;研究者,是具体实施药品临床试验的一方,只有在具有"药品临床试验机构"资质的医疗机构中执业的医师才能执行具体的试验工作,一般是由申办者来遴选,二者之间一般具有长期的合作关系,研究者的资质和能力是对其信赖的关键;受试者,是药品临床试验的重要参与者,直接关系着临床试验顺利进行与否,与其他二者相比处于明显的弱势地位,其权益很容易受到损害,维权的境况也不容乐观,一般包括志愿者和患者。[1]其中,受试者权益的保护是当下药品临床试验需要重点关注的问题。

申办者是药品临床试验的组织者,是主要的责任主体。国外的药品临床试验申办者一般都是制药公司,在新药品研发过程中和推向市场以前,需要经过临床试验论证其安全性和有效性。我国的药品临床试验申办者除了制药公司以外,还包括从事药品研发的专业机构和高等院校,这些机构和院校的主要工作是从事药品的研发,为了保证药品研发的科学性,需要进行临床试验。根据我国《药物临床试验质量管理规范》的规定,申办者应当对药品临床试验中相关主体的损失承担主要责任,为受试者提供相应的保险,以确保其权益受损后能够得到及时有效的补偿;一旦发生受试者受害的情形,申办者要给予其必要的经济赔偿;同时,申办者有义务向研究者提供一定的担保,在经济上和法律上都明确相互之间的关系和责任。

研究者需要具备相应的资质条件,由其中经验丰富的执业医师具体执行,制定药品临床试验方案,并获得内置的伦理委员会的批准之后才可执行;研

---

〔1〕 参见韦松:"论医疗责任保险的发展",载《保险研究》2003年第7期。

究者有义务向受试者履行说明义务，不能向其隐瞒相关事实，不得编造虚假信息误导受试者，使其作出非真实的意思表示；在临床试验的进行过程中，有必要对试验过程进行必要的控制，采取合理措施尽量保护受试者的安全，一旦发生突发状况，要及时启动预案机制加以应对；科学执行试验方案，按照要求和约定作出药品临床试验的相关决定，并对结果负责。

受试者是药品临床试验的关键主体，由于信息壁垒和专业知识的限制，受试者在临床试验的主体结构中处于明显的弱势地位，导致其权益容易受到损害并且处于维权相当困难的尴尬境地。这就要求申办者和研究者充分履行自己的义务，在临床试验开始前有必要向受试者说明与该次临床试验相关的所有情况，让受试者对其有全面的认识和理解，同时签订同意书。一旦发生受损害情形，受试者都有权要求申办者或研究者对损失予以赔偿，具体由哪一方主体来承担要视情况而定，如果是因为药品本身或者实施方案的原因，可要求申办者进行赔偿；如果是因为研究者不合理的医疗行为导致受试者损害，可直接要求医疗机构承担赔偿责任。需要说明的是，试验开始前双方签订的同意书，并不能成为申办者和研究者的免责依据，签订同意书是保障受试者知情权的途径，是申办者和研究者履行说明义务的手段，而不是为该二者经济赔偿免责的"挡箭牌"。

3. 药品临床试验的法律原则

药品临床试验中需要给予受试者的权益保护以重要关注，在伦理性和科学性的框架下进行试验。其实，在法治国家的总体要求下，为了达到上述目的，药品临床试验也要按照法治化的路径进行架构，需要遵循一定的法律原则。

首先，不伤害原则。在对受试者进行药品临床试验时，不仅要对受试者的真实意思予以尊重，还应该保障其生命安全和身心健康不受损害，在尊重其精神自由的同时保障其生命和健康，这就是不伤害原则的基本要求和内涵。在美国，如果受试者为患者，药品临床试验的基本原则之一就是"不加重患者病情"，其要求研究者和申办者不能通过药品临床试验使患者的病情加重，这有悖于医疗机构救死扶伤的神圣职责，也违反了患者前来就医的最初目的。在我国的药品临床试验中也要积极引用这一原则，对患者等受试者的生命健康予以重要关注。具体来说，在进行药品临床试验时，要有明确的法律依据和科学依据，事先需要进行充分的科学论证，明确所要研究的目的、解决的问题、可能产生的不利后果以及相应的解决措施，尽最大努力保障受试者的生命和健康不受损害。

其次，自主性原则。在药品临床试验中，申办者和研究者要充分尊重受试者的个体自主性，受试者有权利自主决定是否参加或者是否继续参与药品临床试验，任何人都不得剥夺该权利。自主性原则的基本要求是尊重有自决能力的个体的意思和想法，尊重其经过周密考虑与权衡后选择，而不是为了让受试者作出对试验方有利的决定而对其隐瞒真实情况，更不是肆意地剥夺受试者按自己想法行为的自由。对于那些没有完全自决能力的受试者也要给予更多关怀，比如儿童、罪犯、精神病患者和因患病而全部或部分地丧失这一能力的受试者。在受试者没有完全自决能力的情况下，试验方要与其监护人进行充分协商，履行告知说明义务，以便由其作出符合受试者利益的决定。试验方不能依凭信息强势和利用职权之便，而将受试者或其监护人蒙蔽起来，要充分尊重其自主决定权。

最后，及时赔偿原则。药品临床试验往往会涉及数额较大的研究经费，根据其目的，可以考虑由该临床试验的申办者来承担，因为制药公司或者研究机构一般是药品临床试验的受益方，试验成功后往往会给其带来较大的经济利益。我们强调，受试者在参加药品临床试验之前要签订同意书，表明其自愿参与临床试验，但是一旦出现损害后果，所签订的同意书并不能作为试验方的免责证据。因为药品临床试验涉及人的生命健康，不能完全取决于受试者与试验者的意思自治，需要国家进行特别规定，要符合法律法规关于药品临床试验的强制性规范。因此，即使受试者之前曾经作出过不追责的"承诺"，如果发生损害后果，试验方也应予以赔偿。

（二）药品临床试验中受试者权益保护之现状

在药品临床试验中，往往会涉及多个相互冲突的利益，其中，最明显的就是受试者权益保护和临床试验科学价值之间的矛盾，这就需要我们进行具体的衡量与选择。我国《药物临床试验质量管理规范》对这一利益冲突作出了明确的规定，[1]要求我们把受试者的基本权益置于最高位置。然而，要加强对受试者权益的保护，首先要明确在药品临床试验中，受试者一般享有哪

---

[1] 我国《药品临床试验管理规范》第9条规定："临床试验的质量管理体系应当覆盖临床试验的全过程，重点是受试者保护、试验结果可靠，以及遵守相关法律法规。"

些权利,在此基础上,进一步地剖析我国对受试者进行权益保护的现状。

1. 药品临床试验中受试者享有的基本权利

根据药品临床试验中受试者和试验者的地位对比和药品临床试验的特点,受试者主要享有生命健康权、知情权和隐私权。

第一,生命健康权。生命健康权是人最基本的权利,也是受试者在药品临床试验中最需要关注的权利。临床试验的试验者对此负有高度的注意义务和充分的告知义务,要严格按照临床试验的实施方案及科学性原则进行试验行为,坚决杜绝临床试验中的随意性行为,更不能用欺骗、隐瞒等手段迷惑受试者,以获取受试者的同意和合作。在一些高风险的药品临床试验中,尤其要重视该类药品可能产生的风险,制定应急预案机制以应对突发状况,随时控制可能发生的风险,以最高的注意程度保障受试者的生命健康权。此外,在生命健康权的外延中,还包括受试者的身体权。比如,试验科研中,有些试验会涉及患者或者志愿者的活体材料,包括血液、毛发、牙齿等,以这些活体材料为基础进行药品临床试验。很多情况下,试验者往往会利用职务之便,出于某种目的多取检材。即使是为了科学研究的需要,甚至是这种行为在一定程度上促进医学科技的进步与发展,这种对受试者身体权造成破坏的行为都是不允许的。

第二,知情权。所谓受试者的知情权,是指"试验者向受试者告知一项试验的各方面情况后,受试者自愿确认其同意参加该项临床试验的过程"。[1]作为受试者知情同意权的证据,试验者和受试者之间需签订知情同意书,并注明试验内容的告知情况。受试者知情权的实现以试验者告知义务的履行为前提。就告知信息的内容来看,试验者在试验开始前,需要向受试者说明试验的目的及内容、试验药品可能存在的风险、不良后果及效果、受试者自由退出的情形和程序、意外情况的处理预案以及受试者隐私资料的保密级别等事项,并告知受试者的权利和义务,使受试者充分了解其所参与的药品临床试验。就告知信息的方式来看,信息告知的方式关系到受试者能否准确地了解试验的真正目的,因而显得十分重要。那些含混不清的表述、刻意减短受试者独自考虑时间的传达,都会影响到受试者的自主决定,容易误导其作出非真实的意思表示。信息告知方式的选择与药品临床试验的风险系数有关,风险越高,告知的方式越应该细致。总而言之,试验者应该视情况采取必要

---

[1] 王岳主编:《医事法》,对外经济贸易大学出版社2010年版,第322页。

的措施，确保受试者能够准确地接收与试验有关的所有信息，尤其要使其对试验潜在的风险有一个充分的理解，这是保障受试者知情权的基础。需要补充的是，对于那些理解能力严重受限的受试者，要更加尊重其知情权，如果以正常人为受试者能够得出相同的试验结果，就不应该选择理解能力受限的患者为受试者。

第三，隐私权。隐私权是公民的基本权利，在药品临床试验中显得尤为重要，因为参与药品临床试验的受试者一般都是患者或者出于经济考虑的志愿者，这部分群体对获取社会尊重有着强烈的愿望，如果其隐私得不到保障，会严重打击其自尊心。对受试者隐私权的保障，需要从以下方面予以关注：其一，关于受试者的身份资料，除非法律法规有明确规定，非经受试者同意，试验者不得公开或者向其他机构传阅受试者的个人资料；其二，关于药品临床试验的报告，临床试验的结论会以报告的形式来呈现，甚至还会向社会公开，目的是获取药品推广的行政许可，未经受试者同意，试验者不得以任何形式将受试者的个人资料、患病情况向社会公布；其三，关于试验过程的公开，有些临床试验需要以录像或者图片的形式记录试验的过程，在此情况下，试验者需要征得受试者的同意才能将其具有身份特征、隐私特性的材料或者部位予以公布，否则试验者不得公布。

2. 药品临床试验中受试者权益保护的现状

据统计，我国有近七千家医药生产企业，每年报批的新型药品有一万多例，其中有千余类需要进行药品临床试验，直接参与的受试者人数高达50万。[1]由此可见，药品临床试验在我国是广泛存在的，受试者的权益亟需给予保护。然而，令人尴尬的是，我国目前还没有一部专门规制药品临床试验的法律，一旦受试者的权益受到损害，其仅仅能从一些效力层级较低的规章或者其他部门法里面寻求帮助，而这些规范性文件没能对临床试验中双方权利义务关系、经济赔偿标准等问题予以规定，显然不能满足受试者权益保护的需要。因此，我国目前的药品临床试验受试者权益保护的现状还不够乐观，需要对现实加以正确认识。

首先，我国关于受试者权益保护的法律体系还不是很健全。目前，我国

---

[1] 参见陈炜："无过错责任原则在临床试验受试者保护中的适用"，载《西北医学教育》2006年第5期。

关于药品临床试验的法律规范主要包括《中华人民共和国刑法》《中华人民共和国执业医师法》《药物临床试验质量管理规范》等文件,缺乏效力较高的、专门针对药品临床试验的法律规范。利益受损的受试者在寻求法律维权时,首先面临的问题就是法律选择的困境。在发生临床试验损害后,受试者更为关注的是生命健康权和财产权,上述法律法规大多为公法性质,其中缺乏对受试者进行民事赔偿和经济补偿的条款,受试者的权益保护预期就难以达到。因此,我国需要制定专门针对药品临床试验的民法规范,对临床试验损害的责任承担和责任范围进行统一界定,以此来对受害的受试者进行全方位的保护。

其次,受试者权益受损的发生机制复杂,损失认定较为困难。人体的生理机制极为复杂,并且不同体质的人对药品的反应程度也极为不同,受试者身体受损后,很难说明到底是哪些原因导致的损害,每种原因力的大小更难界定,这就给受试者维权带来了极大的困难。更为不利的是,参与药品临床试验的受试者一般都是带病患者,以此为试验对象使得药品的试验更有针对性,结论也更为可靠。但是,问题在于,参与试验的患者本身就患有严重的疾病,其身体机理较为复杂,一旦试验药品在受试者体内发生不良反应,很难认定试验药品的作用力大小。我国目前还没有专门鉴定临床试验损害事件的专业机构,药品损害事件的因果关系判断缺乏权威性和专业性,阻碍了受试者的利益维护。另外,我国作为一个人口大国,随着经济发展水平的提高和人口老龄化的加速,医药市场潜力巨大,国外制药企业逐渐开始重视我国市场,每年都进行大量的药品临床试验。国外制药企业申办的药品临床试验,涉及的主体关系更为复杂,试验内容和告知的信息更加具有专业性,很容易误导受试者,这就人为地加大了受试者受损害的概率和维权的难度。

最后,药品临床试验主体的法律意识和维权意识不够。受我国法治建设的阶段性限制,我国公民的法律意识和维权意识水平都相对较低,这也是我国药品临床试验受试者权益保护困境的原因之一。其一,试验者一方的法律意识不强。申办者和研究者在药品临床试验过程中,往往主要关注试验的技术性问题,包括试验方法的选择、试验对象的锁定、试验过程的记载与分析等,而忽视了受试者的权益保护问题,这主要是因为试验者的法律意识不强,没有给予受试者的权益特别的重视。这导致的直接结果就是受试者的权利,尤其是知情权被忽视,受试者很有可能在没有充分了解试验内容的情况下参与临床试验，导致利益受损。其二，受试者一方的维权意识较弱。我国临床试验虽然已经有了几十年的发展历史，但是社会公众至今尚未对此形成一个比较理性的认识。一方面，受试者由于缺乏必要的专业知识，即使试验者已经履行了必要的信息告知义务，也不能保证受试者对药品临床试验形成正确的理解；另一方面，受试者的选择对象一般都是那些经济条件较差的患者，研究者为了进行临床试验往往会支付一定的经济报酬，受试者一般会为了得到免费的治疗或者经济报酬而参与试验，自我保护意识较差。

（三）药品临床试验中受试者权益保护之构想

针对药品临床试验中存在的关于受试者权益保护的困境，有必要对此进行特别的制度设计，对受试者的权益进行特别保护。其中，笔者建议从立法、权益保障制度、归责原则的重塑、医疗责任保险等方面加以完善。

1. 完善权益保障立法

要完善药品临床试验方面的立法，一方面就要完善药品相关立法。药品临床试验的目的是证明药品的有效性和安全性，药品是整个临床试验的最终载体，通过完善药品立法，"规范药品管理体系，对于促进药品临床试验向法治化转轨具有重要意义"。[1]其一，完善《中华人民共和国药品管理法》，加强对药品的监督与管理，明确药品的监督管理主体，规定由药品监督管理部门作为药品临床试验的监管主体，规定其职责，促使其依法履行。其二，完善药品的注册管理制度，对拟上市销售的药品安全性和有效性进行规范评价，为了保证在市场中流通药品的质量，制定统一的药品质量规格和标准，严格按照此类标准进行药品的审批，对符合标准的药品统一核发批文。

另一方面，制定专门的药品临床试验法律法规，保障受试者的权益。近年来，我国虽然在药品临床试验领域制定了一系列的法律规范，比如《药物临床试验质量管理规范》《药品注册管理办法》等法规的颁布，这些都使我国的药品临床试验逐步合理化，但是目前我国还没有一部专门针对药品临床试验的法律，亟需出台相应的法律予以规范。为了更好地保护药品临床试验受试者的合法权益，需要进行多方面的努力。比如，国家应制定一部统一的"受试者权益保护法"，专门对药品临床试验所涉及的主体权利和义务进行规定，促使申办者和研究者规范自己的行为，使保护受试者利益的活动有法可

---

[1] 董文勇："我国医疗责任保险法律制度构建的问题与方案"，载《河北法学》2014年第6期。

依；规定从事药品临床试验的医疗机构和医务人员必须具有一定的资质和科研能力，不断进行后续的培训，提高自身的医疗技能；通过法律规定，限定受试者的选定范围，防止那些利用自己的强势地位要求受试者必须接受药品临床试验情形发生。另外，对于那些最弱势一方的受试者，应该制定更为严格的法律规范，以最大限度地保护其利益，将其利益受损的风险降至最低。

2. 完善权益保障制度

明确并尊重受试者的权利，是保护受试者利益的基本前提。要完善受试者权益保障制度，要从其基本权利着手。

第一，完善知情权保障制度。受试者之所以处于相对弱势的地位，其中一个重要原因就是信息分布的不对称，需要建立完善的知情权保障制度，确保信息分布的均衡。其一，要求试验者在事前履行必要的告知义务，将药品临床试验所涉及的目的、内容、可能的危害后果及解决措施等告知受试者，使受试者在对相关内容充分了解的情况下签订同意书；同时，处于举证责任的考虑，试验者有必要将履行告知义务的过程予以记载，以证明义务履行的情况。其二，试验者要选择合适的方式进行相关信息的传达，确保受试者能够接收并理解临床试验的信息。针对不同的受试者，试验者要采取不同的信息传递途径，将临床试验的信息准确地传达给受试者。比如，对于婴幼儿患者、精神病患者等不具有完全民事行为能力的受试者，要对其监护人履行告知义务，由监护人决定是否参与临床试验。其三，尊重受试者的自主决定，确保受试者完全自愿参与药品临床试验。只有受试者自愿签署的同意书才具有法律上的效力，如果试验者利用其职务之便、行政地位等优势强制要求受试者进行试验，这就违背受试者的真实意思。

第二，完善隐私权保障制度。隐私权作为公民的基本权利，在药品临床试验中也显得极为重要，保障受试者的隐私权对于构建受试者权利保障体系极其重要。一方面，通过禁止性规定，使试验者承担保障受试者隐私权的义务。比如，规定试验者一方未经受试者同意，不得公布其参与临床试验的有关个人信息，不得将受试者的病历资料、治疗过程等有关信息公之于众，不得通过摄像等形式将受试者的显著部位予以公示，等等。赋予试验者一系列的义务，关键是要其具有强烈的法律意识和义务意识，因此要不断加强对试验者的宣传教育和法制培训，组织相应的考核，对于考核不合格者暂停其作为试验者的资格。除此之外，受试者也要有较强的权利意识和维权观念，提高自我保护意识，对于那些有损自身隐私权的行为要坚决予以抵制，如此一来，也可以倒逼试验者逐渐规范自己的行为，切实保障受试者的隐私权。另一方面，针对违反前述规定的行为要制定相应的处罚措施。比如，如果试验者违反规定将受试者的隐私信息予以公布，卫生行政管理部门可以通过行政处罚的方式对试验者进行行政处罚；受试者可以申请要求其对受损的名誉进行经济赔偿；情节严重者，可以由有关部门追究其刑事责任。通过建立多种处罚措施相结合的惩戒体系，对试验者形成一种威慑，使其能够规范自己的行为，保护受试者隐私权。

3. 重塑归责原则

如果按照传统的侵权法律理论，侵权行为的归责原则一般界分为两大类，即过错责任原则和无过错责任原则。

其一，过错责任原则并不适用于药品临床试验中受试者权益的保护。过错责任原则的主要意义在于，对有过错一方当事人进行惩戒，形成一种无形的威慑，防止过错方和其他人再次侵权。具体到药品临床试验中，如果试验者在临床试验过程中确实存在过错，按此原则追求其法律责任，要求其对受试者给予一定的经济赔偿显得很合理。但事实上，药品临床试验中的损害事件都和试验者的主观过错无关，亦即大多数情形中，制药企业和研究机构并没有主观过错，这时候如果还是坚持适用过错责任原则，就会因为试验者无过错而使受损害的受试者得不到法律的有效保障。作为变通，司法实践中不乏选择适用公平责任原则解决此类纠纷的案例。在公平责任原则下，争议双方都没有主观的过错，但是由一方来承担损失后果又显失公平，因此要求无过错方给予受损害方一定的经济补偿。[1]现实中，受试者的实际损失远远大于经济补偿数额，单靠试验者补偿性质的经济"慰问"难以弥补受试者受到的损失。因此，过错责任原则和公平责任原则都不适用于药品临床试验中受试者权益的保障。

其二，根据药品临床试验的特点，有必要确立无过错责任原则。与过错责任原则不同，无过错责任原则下，行为人无论有无过错，只要法律规定其应该承担民事责任的，行为人就应该就此承担相应的法律责任。因此，二者的价值取向是有区别的。过错责任原则的价值立意是对侵权方当事人进行惩

---

[1] 参见张泽洪："论医疗责任保险的强制"，载《中国保险》2010年第10期。

戒，防止其再次做出侵权行为；无过错责任原则的价值目的并非对当事人进行惩戒，而是对那些无法避免、无法预料的损害和风险进行分散化处理，对该类风险进行社会分配和分担。药品临床试验风险就属于该类风险，主要原因在于，药品临床试验的直接目的是证明药品的有效性和安全性，最终还是为了医疗科技的进步，促进医药科学的发展，进而改善人类福祉。但是，药品临床试验造成的后果可能是非常严重的，一旦发生损害，会对受试者造成难以挽回的损失，这种风险由处于弱势地位的受试者来承担显然不合理。反观试验者一方，其具有雄厚的经济实力，药品临床试验的成功也会给其带来巨大的经济收益，是临床试验的受益方，由其来承担试验失败或者失误的风险合情合理。因此，有必要在我国药品临床试验中引入无过错责任原则，但凡受试者受到人身损害，不再追究试验者是否有过错，必须要求试验者对损害的后果予以赔偿。

4. 建立强制性的医疗责任保险

如前所述，在药品临床试验领域适用无过错责任原则，无疑会加大制药企业、研究机构等申办者和研究者的经济压力，不利于激发其进行医学科研创新的积极性，为了与该归责原则相适应，笔者建议将其纳入医疗责任保险的适用范围以内，"强制要求从事新药研发的机构购买医疗责任保险，将经济赔偿风险予以分散化"。[1]

一方面，在药品临床试验领域适用医疗责任保险的合理性。其一，在制度设计的价值初衷上，对药品临床试验受试者的权益进行保护与医疗责任保险的制度价值是不谋而合的。二者都是强调对处于弱势地位的患者或者受试者进行特殊保护，目的之一都是促进医疗科技的进步，改善人类的生存条件，维护生命安全和身心健康。价值理念的趋同是医疗责任保险可以适用于药品临床试验的基础，加上药品临床试验属于医疗机构和医务人员的正常职务行为之范畴，更为医疗责任保险的适用提供依据。其二，药品临床试验中无过错归责原则的适用，使得引入医疗责任保险尤为必要。在无过错归责原则下，制药企业和研究机构无论是否有主观过错，都应该对发生的损害承担赔偿责任，这无疑会大大加重试验者的经济负担，制约其进行科研创新的积极性。如果购买了医疗责任保险，发生损害事件以后，在约定条件实现以后，可以

---

〔1〕 王岳主编：《医疗纠纷法律问题新解》，中国检察出版社2004年版，第89页。

由保险公司代为赔偿，如此一来，就大大减轻了试验者的经济赔偿责任，更为重要的是，受试者的损失也能够得到足够、及时的弥补，医疗责任保险的一般性作用得以发挥。因此，无论从二者的价值理念出发，还是从医疗责任保险对药品临床试验的作用来看，都有必要在药品临床试验领域引入医疗责任保险制度。

另一方面，需要构建适合药品临床试验的医疗责任保险制度。前文对构建医疗责任保险制度已经有了一般性的设想，基于药品临床试验的特殊性，可以考虑针对其特点建立适宜的医疗责任保险制度。其一，在保险费率的制定上，可以要求试验者事前对临床试验进行充分的论证和风险评估。根据其风险系数的大小确定保险费用的高低，对于风险较高的临床试验项目，需要缴纳的保险费用也就高；反之亦然。保险公司也应具备对临床试验项目进行独立风险评估的能力和水平，以确定试验者提供的评估报告的准确性和可靠性。其二，保险的赔付上，和一般性的医疗责任保险一样，赋予第三受益人对保险人的直接支付请求权，同时要求保险人承担投保人对第三人的抗辩义务，这样的制度设计对三方主体而言都是有利的。

第六章
医疗责任保险法律制度的保障机制

如何妥善解决医疗损害责任纠纷问题不仅是我国面临的急切任务，也是世界其他国家共同面对的难题。因为不管一个社会的医疗技术多么先进、社会保障体系多么完善，医疗行为的结果都具有很大的不确定性，医患双方的信息占有也具有很强的不对称性，这就决定了医疗损害责任纠纷的普遍性。其实，医患矛盾不仅仅是医患双方之间的矛盾，从更深层次上来看，它是社会公众对生命健康权的追求与数量有限的医疗资源之间的矛盾与对立，这一矛盾是客观存在的，不因经济发展和社会进步而转移。因此，我们在探讨医疗责任保险法律制度的时候，也要在更深的层次、从更高的界域来加以认识，在医疗卫生事业的基本规律下，与国家法治建设进程相结合，坚持一定的基本原则和价值取向，来建立健全的医疗责任保险法律制度。

第一节 医疗责任保险制度的价值取向及立法原则

构建我国医疗责任保险制度，既要关注制度层面的完善，也要坚持宏观理念和原则的指引。除了进行医疗意外损害补偿基金制度、医疗损害责任承担机制、医疗纠纷专业化解决机制等制度性建设以外，更重要的是坚持一定的价值取向和指导原则。这在一定意义上也是我国医疗责任保险制度建设中要着重关注的问题。就价值取向而言，是指我国医疗责任保险制度的价值保护倾向，指称制度所要保护的对象和制度完善的意义，在具体的制度建设过程中，要在该价值取向的指导下，有针对性地对利益客体进行有效保护；就指导原则而言，它为医疗责任保险制度的设计提供了切实可行的指南，对制度的运行和实施具有重要的指导意义。

一、价值取向

我国医疗责任保险制度的完善，要以所要坚持的价值取向为核心来展开。

医疗责任保险是保障受害患者的利益能够得到弥补的有效举措，它不仅仅是要弥补受损的经济利益，最终还是要以社会公众的健康权为导向；除此之外，制度的成本效益分析也是必不可少的考量因素，这也是任何制度建设都应该要考虑的问题，它关系着医疗责任保险制度是否具有长效性和持久性；医疗责任保险领域内，医患双方、保险人和被保险人的利益地位都处于非均等状态，在当下医患矛盾尖锐、医疗资源供应不足的情势下，构建医疗责任保险制度应该坚持社会正义性的价值取向。

（一）生命健康性

生命健康权作为人的一项最基本权利，其重要性已经得到国内外的一致认同。比如，《中华人民共和国宪法》第 21 条就对公民的健康权作了专门的规定，要求国家要大力发展医疗卫生事业，保护公民的健康；国际社会对公民健康权的维护和重视程度也日益提升，从《世界人权宣言》到《经济、社会和文化权利公约》，这一系列的人权公约都对人的健康权作了规定。国内外对健康权的一致认同，彰显出这一权利在权利系谱中的序列越来越高，受重视的程度也越来越高。

随着生命健康权的发展，其权利性质也在发生变化。传统意义上的生命健康权是一种典型的消极权利，即要求其他人或其他主体不能对人的生命健康权造成威胁，通过不作为的方式对人的生命健康权进行保护。[1]与 20 世纪关于权利理论的进化步伐相对应，生命健康权的权利主体关注，逐渐由社会个体转向社会整体，由关注个人的生命健康权转化为关注社会的公共健康。另外，生命健康权的性质也发生着改变，因为社会公共健康的极端重要性，需要给予特别的保护，原来的消极保护已经不能满足其权利保护的要求，需要设定一定的制度和举措，对社会公共健康权进行积极主动的保护，其权利的积极属性日益显露。这一转变意味着，健康权的保护要进一步地深化，不能只靠禁止他人及国家肆意侵犯的方式来进行保护，还要通过国家和个人的积极作为来加以保护。[2]

健康权的保护要通过多元化的渠道和途径才能得以实现，但是相较于其他形式和方面，医疗服务是保障生命健康的屏障，是维护生命健康权的底线，

---

[1] 参见路艳娥："健康权的法理学思考"，载《河北法学》2009 年第 3 期。

[2] 参见杜承铭、谢敏贤："论健康权的宪法权利属性及实现"，载《河北法学》2007 年第 1 期。

保护社会公众的生命健康也是医疗服务活动的目标。在医疗责任保险的制度设计方面，也要坚持保障公民生命健康权的目标，不能仅仅停留在分散医疗风险、转嫁经济损失的层面上。其所设计的医疗纠纷解决机制，不仅仅是要解决医患双方的利益纷争，更重要的是通过纠纷的解决达到保护整个国民生命健康权的目的。只有坚持这一价值取向，才能使医疗责任保险制度超越利益弥补的框架，使整个社会的生命健康权处于较高的价值位阶上。比如说，在进行医疗责任保险制度的完善时，要求医疗机构根据其责任大小，对受损害的患者提供相应的医疗服务，使患者的生命健康权得以实现，而不是单纯地要求医疗机构和医务人员对其进行经济补偿。这样的做法更加有利于患者利益的保护，因为患者获得的经济赔偿往往数额很小，不足以涵盖其进行后续治疗的费用。

（二）成本收益性

在"经济人"假设下，成本与收益的博弈是人类任何社会活动都要予以考虑的重要问题，在制度经济学的语境下，制度的产生、变迁和发展，都要考虑制度的成本和收益。只有一个制度的收益之和大于成本之和时，该制度在经济上才具有合理性，其存在和运行才具有可持续性和长久性。我们在构建医疗责任保险制度时，也要坚持成本收益分析的基本价值取向，在制度建构过程中，始终用成本与收益的对比关系来衡量制度设计的可行性，在此理念指导下实施进一步的具体措施。

其一，关于医疗责任保险制度视野下的成本收益分类。成本与收益的分类有很多种，不同的标准衍生出不同的类型划分，在医疗责任保险制度视野下，成本与收益的分类主要关注主体标准，根据承载主体的不同，成本与收益可以分为个人成本与社会成本、个人收益与社会收益。前者是以社会个体作为成本收益的承载主体，后者是以社会整体作为成本收益的承载主体。采用该分类方法是由医疗风险及医疗损害责任的特性决定的。医疗风险的客观性和普遍性，使其风险的发生概率居高不下，对社会个体而言都构成了威胁；加上医疗损害的后果极其严重，对医疗纠纷事件一旦处理不当，就会损害正常的医疗秩序，危及社会整体的利益。在构建医疗责任保险制度时，要考量这一成本与收益的对比关系。就成本而言，要考虑成本是否增加、增加了多少、成本增加的结构及性质为何，比如，增加的是经济成本还是非经济成本、是私人成本还是社会成本，等等。就收益而言，要着重考虑受害患者受损利益的补偿会给其带来的收益,医疗机构和医务人员经济赔偿责任的转嫁给其个体及其医疗技术水平提高带来的影响等收益。需要说明的是,这里的成本与收益的衡量在实践中是很难做到的,有时候甚至是不可能的,我们只要求在价值理念层面予以重视,以此为指导对医疗责任保险制度的构建提供指引。

其二,关于医疗责任保险制度中进行成本收益分析所要关注的其他问题。其实,对医疗责任保险制度进行成本收益的分析,不能仅限于可观察到的范围,还应重视制度的外部性效应。"当一个个体的行为给其他不相关方当事人带来成本或利益,但是该个体在作出决定时并没有将这些外部影响考虑进去时,外部性就产生了。"[1]在传统经济学理论中,外部性是一种行为或力量对另一种主体或力量的附带性影响,是不同经济力量之间的相互作用。如果一种经济行为会给外部主体带来好处,即所花费的成本小于其产生的收益总和,就被视为正外部性;反之则被视为负外部性。在医疗责任保险制度构建中,我们也要考虑到制度的外部性问题,不能仅仅局限于直接的成本与收益,还要看到制度产生的外部性。比如,医疗纠纷的合理解决、受害患者的利益得以合理补偿,有利于化解医患冲突,缓和医患矛盾,使得医疗机构和医务人员能够专注于提升医疗技术水平,有助于促进社会进步。

(三) 公平正义性

古往今来,公平与正义一直都是人类追求的理想目标,这一价值观念,引导着人类社会不断前进。何谓公平与正义,历史上,不同的学者提出过不同的观点。早在19世纪中期,约翰·密尔就曾提出关于社会公平与正义的阐述:"社会应当平等地对待所有应当平等地获得这种平等待遇的人。"[2]福利经济学家认为,社会正义的基本要求和原则是为最大多数人谋取最大幸福,正义的社会是要通过一定的制度安排来最大限度地满足最大多数人的幸福要求。我国也有学者提出对公平正义的看法,认为社会正义应当包含多个层面的含义,既包括社会秩序的稳定,又包括维持这一稳定秩序的指导原则,"社会正义的价值指向是社会的稳定秩序、和谐统一及发展进步状态"。[3]

---

[1] See Feng Liu, *Environmental Justice Analysis: Theories, Methods, and Practice*, Lewis Publishers, p. 27.

[2] 杨豹:"哈耶克论'社会正义'",载《新疆大学学报》(哲学人文社会科学版)2007年第1期。

[3] 李巍、仲崇盛:"论社会正义的基本内涵",载《理论与现代法》2006年第4期。

在生命和健康领域，公平与正义问题表现得更为明显。比如，个人健康与公共秩序、公共健康的关系问题、个人健康保障与公共服务的供给问题、作为弱势群体的权益保护问题、饱受诟病的医疗资源分配不公问题等。可以说，在生命安全与健康问题上，公平与正义处于核心位置，是处理利益冲突和价值冲突的指导原则。医疗责任保险制度与前述健康领域公平与正义问题的解决没有直接的关联，但是它作为弥补受害患者经济损失、转移医疗机构和医务人员经济赔偿责任的有效制度，对保障人们的生命健康有着内在的驱动性。在医患关系的对立中，患者一方由于经济实力较差、专业信息不对称等原因，处于明显的弱势地位，尤其是在经济落后地区，医疗资源的不足更是加剧了这一现状。在健康领域内，强调公平与正义，无疑会对缓解这一局面产生有利影响。医疗责任保险制度的首要目标恰恰就是保障受损患者的经济利益，是公平与正义理念的现实感召。

然而，相较于前两者，公平与正义显得较为抽象，并不仅局限于制度的设计与完善，更重要的是社会理念层面的升华，单靠制度上的建设还不足以实现社会公平与正义，需要在全社会范围内培育社会公平与正义的意识土壤。我国需要"培育公民意识、法律意识，强化程序正义，培育公民社会的基因，社会正义在中国方可实现"。[1]

综上，构建医疗责任保险制度需要秉承生命健康性、成本收益性和公平正义性三大价值理念，此三者并非是彼此独立的，相互之间有着很强的内在关联性。对生命健康的强调，离不开对公平正义的贯彻，也要对其进行成本收益的分析，尽量实现以最小的成本获取最大的收益；对成本收益的分析，要以生命健康和社会公平正义的保障为基础；在维护生命健康和成本收益合理的前提下，才能最大限度地实现社会的公平与正义。另外，构建医疗责任保险制度的价值取向也是一个非常复杂的问题，需要一系列的制度基础、思想观念的配合，与一个国家的经济发展水平、社会意识觉醒程度和医疗技术水平密切相关。对价值取向的关注，旨在为医疗责任保险制度的建设提供一个清晰的价值定位，在此指引下，才能进行健全的制度设计。

---

[1] 麻宝斌："社会正义何以可能"，载《吉林大学社会科学学报》2006年第4期。

二、立法原则

要实现我国医疗责任保险制度的法治化，完善相关立法，首先就要明确基本的立法原则，在此指导下进行具体的立法工作，注重发挥其对法律价值和制度设计之间的桥梁作用。医疗责任保险的立法原则与其制度的价值目标相对应，不仅对医疗责任保险立法活动具有指导意义，还可以为其执法和司法活动提供指引。在确定医疗责任保险的立法原则时，不能单单从立法角度进行界定，重要的是根据当前医疗责任保险存在的现实问题和制度的价值目的，有针对性地提出立法原则，只有这样，才能实现立法原则的应有效用。笔者建议，从以下几个方面进行考虑。

第一，医疗责任保险的立法工作要遵守宪法和法律。《中华人民共和国宪法》是我国的根本大法，规定了我国的基本性质和公民的基本权利，是其他任何法律制定的基础，关于医疗责任保险的法律规定也要符合我国的宪法和法律规定。现阶段，我国关于强制医疗责任保险的很多地方性规定都有违反此项原则之嫌。比如，《中华人民共和国保险法》将强制医疗责任保险的立法权限赋予法律和行政法规，但是很多地方通过地方性行政命令方式强制推行医疗责任保险的做法明显与此规定相违背，应该予以修正。[1]遵守宪法与法律，是我国任何立法活动需要遵守的基本准则，其他立法活动必须在此原则框架下进行，医疗责任保险立法也不例外。唯有如此，才能保证正常的法律秩序，促进医疗卫生事业的健康有序发展。

第二，在平衡医患双方利益的基础上，着重保护受害人利益原则。我们在承认医患双方处于法律上平等地位的同时，还需注意到患者的弱势地位。医疗责任保险与传统的责任保险一样，以分散风险为最基本的价值，但是与责任保险和社会观念的变迁相适应，受害人的利益保护也同样是医疗责任保险的价值旨归。在一定意义上看，保护受害人的利益是医疗责任保险制度的首要价值目标。受害人遭受医疗损害后，会严重影响其生命安全和身心健康，如果不能及时获得足够的经济赔偿，将会严重影响社会的安定团结。医疗责任保险要以保护受害人的利益为价值目标之一，发生医疗损害以后，保险公

---

[1] 参见肖柳珍：《中国医疗损害责任制度改革研究》，中国政法大学出版社2014年版，第236页。

司应及时地对受害患者进行赔偿。

第三，通过化解医疗风险、减轻医患双方经济负担，促进医疗卫生事业健康稳定发展原则。医疗活动旨在维护人类的健康和安全，是人类社会必不可少的，但基于其较高的风险性和专业性，会不可避免地会给患者造成人身损害，损害患者切身利益，也容易引发医患纠纷。如果医疗机构和医务人员耗费大量的时间和精力来处理医患纠纷，会严重影响其正常的工作秩序，进而导致其进行医疗行为时过于保守，反而不利于对患者的治疗，也有碍于医疗卫生事业的健康发展。医疗责任保险制度的目的不仅在于弥补受害患者的损失，还在于转移医疗机构和医务人员的经济责任，使其能够从繁重的经济赔偿和医疗纠纷解决中解脱出来，专心从事医疗活动，提高自己的医疗技术水平。这样的结果将促进医疗卫生事业的健康发展，为社会公众提供较高水平的医疗服务，保障社会公众的健康和安全。

第二节 医疗损害赔偿责任承担机制

医学作为一门实用科学在整个人类史上占有举足轻重的地位，对于保障人类健康、延长人类寿命大有裨益；但是医学同样还是一门不断摸索前进的科学，人类基因的不断变异、生态环境的日益恶化、身体机能的因人而异，都使医学在发挥作用中面临巨大的挑战。在此过程中，医疗损害的发生在所难免。医疗损害的严重后果往往会超过受害人的承受能力，单靠传统的侵权责任赔偿无法填补医疗损害，所以，顺应时下多元化救济的理念，实现责任风险的分散化，建立多元化的医疗损害赔偿责任承担机制已为必然之势。

"面对医疗损害威胁社会稳定的破局，探索医疗损害赔偿责任的承担机制成为突出重围的重大课题。"[1]然而，揆诸实际，我国目前在此方面存在诸多流弊，增加了受害人寻求援助的难度，成为社会不稳定的一大因子。置身于国际视野的宏大场域，我们会发现多元化救济理念已成主流，个体风险的社会化承担已成为应对各种风险的正解之道。所以，探寻多元化的责任承担机制，尤其是对现有机制的内部责任进行优化配置，是应对医疗损害不断增加

---

[1] 曾言、李祖全：《医疗责任强制保险制度研究》，湖南师范大学出版社2009年版，第184页。

的正道。

一、医疗损害责任语言学考究及社会化承担

引发医疗损害的医疗侵权行为，是现实中极为常见的侵权行为类型之一，《中华人民共和国民法典》侵权责任编中也把该类行为设专章进行界定，对行为主体的责任、权利和义务进行法律化表达。我们研究医疗损害责任承担机制的逻辑起点，就是要回归到医疗损害责任的概念上，进而界定医疗侵权行为的类型，这是对医疗损害责任进行全面解读的基础。

（一）医疗损害责任的语言学考究

2010年7月1日起颁布实施的《中华人民共和国侵权责任法》首次引入了"医疗损害责任"这一概念，把医疗纠纷中的损害赔偿责任统称为"医疗损害责任"。该话语体系的构建，旨在终结解决医疗纠纷时事实援引和法律适用不统一的乱象，引起了理论界和实务界的广泛关注。

所谓医疗损害责任，是指医疗机构及医务人员在医疗过程中因过失，或者在法律规定的情况下无论有无过失，造成患者人身损害或者其他损害，应当承担的以损害赔偿为主要方式的侵权责任。一般而言，医疗损害表现为患者的死亡、残疾、组织器官的损伤以及身体机能的恶化等，简而言之，即对患者生命健康权的侵害。随着权利意识的增强，医疗损害的外延扩展至对患者名誉权和隐私权的侵犯，以及由此给患者带来的财产及精神上的损害。由此可见，医疗损害既包括医方有过错造成的损害，也包括无过错时造成的医疗意外损害；既包括生命健康权的损害，也包括名誉权、隐私权的损害；既包括财产权损失，还包括精神损失。显然，医疗损害并不必然导致医疗损害责任，按照主流的法律责任构成要件说，只有存在医疗过失行为，且该过失行为与医疗损害后果之间存在因果关系时，才被认定为医疗损害责任。

（二）医疗损害责任的社会化承担

医疗风险是风险社会中诸多风险的一种重要表现形式，是对社会主体利益的重大威胁，关系着人们的身心健康和生命安全，如果由个体来独立承担此类风险，势必会给个体造成极大的经济压力，由医患双方中任何一方来作为责任主体都有碍社会的安定。通过风险分散的形式，社会整体成为集合风险的承担者，是应对医疗风险的有效举措。其实，这不仅是由医疗损害责任风险本身的这一特性决定的，还是侵权责任之社会化分担的一大表现。随着

社会网络系统的逐步完善，社会个体之间的联系越来越密切，个体与整体的黏性越来越强，风险的传播速度和危害系数也随之加强，由社会整体来承担潜在的风险正是顺应了这一趋势。

1. 医疗损害本身的特点决定

医疗行业具有特殊性、专业性和高风险性，由于医疗活动是对人生命和身心健康状况的诊治，一旦发生医疗损害，其后果非常严重；各种新的医疗技术手段的应用，人类对新疾病的不可掌控性，使医疗损害具有复杂性和不可预期性。一旦发生医疗损害，对受害方而言，可能关乎生命，后果严重；对侵权方而言，赔偿数额可能超出其承受能力。因此，必须建立多元化的赔偿责任承担机制，分散风险，共担责任，这是一种共生共赢的救济模式，不仅可以减轻侵权方的负担，还可以使受害方得到及时的救治。

2. 责任风险分担的法理基础

侵权责任的社会化是责任风险分担的法理基础。按传统的侵权损害赔偿责任，受害方的损失要由侵权方加以赔偿弥补，这是以责任针对性为基础的。但是随着社会连带性的不断加强，侵权行为超越了纯粹的私人间的权利义务关系，逐渐具有社会性，损害责任完全由侵权方承担不仅显失公平，还会因为超出其责任承担能力而使受害方得不到救济。正如戴维·M.沃克所言，从社会的角度看，这是一种损失的移位，即把某人所受的损失转移给被认为造成损失的人或对损失之发生负有责任的人，在某种程度上把这种损失转移至企业或整个社会。分析此观点可知，损害责任的社会化是指不仅仅由侵害人承担责任，还可能由社会不特定的多数方来分担。

3. 风险社会情势下的必然选择

1986年德国著名社会学家贝克公开发表的《风险社会：新的现代性之路》一书，被公认为是风险社会理论的开山之作，得到了社会学家吉登斯和人类学家杜格拉斯、韦达夫斯基的强力支持，很快风险社会理念就遍及全球。在风险社会的场域中，风险的发生具有偶然性和高机率性；风险的传导机制也发生了变化，由原来的单向传递演变为多维扩散，呈现风险的异质化；社会的内生性契合，使个体之间的依附性增强，导致风险发生时会加快其传导的速度。风险社会的这些特征都使人类个体拙于应对诸多风险，在整个社会连带性日趋加强的形势下，由社会整体联合应对社会风险、分散责任风险显得尤为必要。医疗风险作为社会风险的一种，其后果非常严重，单靠社会个体的力量难以应对，需要个体联合起来，以社会整体的姿态共同应对。

二、医疗损害赔偿责任承担的现状考量及缺陷透视

医疗损害赔偿责任承担机制的现实状况是导致医患关系冲突、医患纠纷不断地现实原因，对这一现状进行深刻、准确地剖析是我们维持良好医患关系的重要方面。受害的患者要维护其自身的权益，医疗机构和医务人员一方也要维护自己的合法利益；另外，全体患者的整体利益诉求也要得到相应的制度回应。通过一定的制度安排平衡错综复杂的利益关系，是建立完善的医疗损害赔偿机制需要解决的重要问题。现实中，我国在此问题上所面临的困境主要表现在制度性缺失和操作性困境两个方面。前者意味着我国在弥补医疗损害、抵御医疗风险上的制度建设较为滞后，后者意味着我国现存的制度在具体的实践操作中还不尽如人意。如此一来，我国的医疗损害赔偿责任承担机制的建立和完善还有很长的路要走。

（一）制度性缺失

应对医疗损害需要健全的社会制度建设，既要有预防性的设计，又要有保障性方面的完善，只有二者相互配合，才能使医疗损害的风险降至最低。预防性的制度旨在将医疗损害风险扼杀于萌芽阶段，尽量降低医疗损害风险的发生概率；保障性的制度目的是对已经发生的医疗损害风险所造成的损失予以弥补，关键是建立完善的责任承担机制和损失弥补机制。但是，我国目前在此两个方面的制度建设上都显得较为滞后，体现在医疗保障不完善和医疗责任保险不健全两个方面。

1. 医疗保障不完善

社会医疗保障在医疗损害责任承担体系中发挥兜底作用，完善的社会医疗保障是现阶段应对医疗损害的基础性工程，在目前我国不断加快社会保障体系建设的形势下，探讨此问题显得尤为必要。我国现有的医疗保障体系具有相当大的局限性，制约了医疗损害责任承担机制的完善和优化。医疗保障层次单一，只能称为大医疗保障，没有根据特殊人群细化为具体的医疗保障种类和层次；医疗保障的地区差异过大，也没有形成区域转移和联动机制，在如今人口流动速度加快的前提下，无疑显得不合时宜；在中国城市化进程中，医疗保障也忽视了一些特殊人群。

2. 医疗责任保险不健全

医疗责任保险在我国保险体系中占有重要地位,是医疗损害责任承担机制的重要组成部分,是医疗损害责任分担和社会化的重要形式,通过各种形式的医疗责任保险最终把医疗风险加以分散,应当是我们完善医疗损害责任承担机制的重要考量。在我国保险业整体不景气的大环境下,医疗责任保险更是捉襟见肘,很难满足现阶段的需求。在我国传统的思维定位中,保险一直未被置于正确的位置上,社会上对保险存在的不公正认识严重制约了医疗责任保险的发展,医疗责任保险难以深入开展;另外,医疗责任保险体系不完善,险种单一,不能满足医疗损害赔偿的需要;当发生医疗损害时,投保人获取理赔的时间长、程序多、难度大,服务质量有待提高;保险公司本身的业务能力也参差不齐,市场上的很多保险公司经营管理能力低下,专业技术人才缺乏。种种乱象都使医疗责任保险没有发挥出其在医疗损害责任承担中应有的作用。

(二) 操作性困境

前述已经提及我国目前关于应对医疗损害责任风险制度建设的滞后性,但是就现阶段已经建立的应对体系而言,在具体的实践操作上也存在困境。不同性质的医疗机构处理医疗损害事件的态度和效果有很大的差别,这种人为性的因素影响了受害患者获赔的可能性和难度;户籍的城乡二元制、地域经济发展水平的差别,也使得相同或者相似受害患者的利益弥补大有不同,这些因素都使得现阶段的制度建设在实践的运作中面临障碍。

1. 医疗机构性质的影响

总体而言,我国医疗机构的性质大体分为公立非营利性质和私立营利性质两种,尤其是"十二五"以来,国家鼓励私人资本入驻医疗行业,打破了公立医院垄断医疗资源的局面,但是医疗机构性质和地位的差别又会对受害患者索赔的难易程度产生影响。公立医院属于非营利性组织,其承担损害赔偿责任的财力有限,加上政府有关部门的支持,使受害患者难以获得应有的赔偿;反观私立医院,不仅具有雄厚的财力,而且出于生存竞争的考虑,它们不得不通过提高服务质量来争取更多的"病源",在发生医疗侵权的时候也会积极办理理赔事宜。这种因为医疗机构的性质而影响受害患者索取理赔的情况,明显是有违公平原则的,也影响着公众的就医选择,应该建立统一的理赔标准和索赔程序。

2. 户籍制下城乡差别大

长期以来，我国实行城乡二元制的户籍制度，在新中国成立初期，该制度发挥了一定的积极作用，但是随着城市化进程的不断加快和人口流动速率的明显增长，该制度逐渐成为束缚城市化进一步深化的枷锁，是妨碍实现全民统一福利的瓶颈。在城镇地区，雄厚的地方财力可以为当地居民承担必要的医疗保障，各种保险业务较为发达成熟，医疗资源也较为丰富，居民在享受优质医疗资源的同时，一旦发生医疗损害也可以通过多方渠道实现救济，如医疗保障、医疗保险、社会救助、社会救济等；而在农村尤其是经济较贫困地区，本身医疗资源欠缺，质量低下，各种社会保障体系相当不完善，农民寻求救济的方式较为单一，医疗救助权难以实现。农村地区发生医疗损害的风险较城市地区高，但是得到救济的途径却很有限。

3. 举证责任分配不合理

根据现行法律规定，发生医疗纠纷或者进行医疗损害索赔时，通常是由受害患者一方，即原告承担举证责任，这也符合民法上对举证责任的通行做法。但是这种举证责任分配规则既不利于更好地保障受害一方的合法权益，也不利于有效地解决医疗纠纷，反而会激化医患矛盾，甚至会影响社会稳定。医疗活动具有很强的技术性和专业性，非专业人员很难掌握理解，受害患者尤甚；在医患双方力量博弈中，患方毫无疑问地处于弱势地位，信息分配也存在明显不对称的情形，对于很多技术性较强的问题，受害患者根本无法举证；另外，由原告一方承担举证责任，无疑又加大了其索赔的时间和财力成本，这些事实都加重了受害一方的负担，有失公平。应该对现行举证责任分配规则进行改革，在医患双方之间公平分配举证责任，保障双方诉讼地位的平等，实现实体正义和程序正义。

三、医疗损害赔偿责任承担制度重构

综上所述，要想建立完善的医疗损害赔偿责任承担制度，需要以现实存在的问题为突破口，有针对性地提出完善的建议。具体而言，可以从以下几个方面进行修正：

（一）设计原则

医疗纠纷的顺利解决是医疗损害赔偿责任承担机制的重要组成部分，在确定医疗损害赔偿责任承担机制的设计原则时，也要把医疗纠纷的妥善解决

作为考量因素。最关键的是明确利益的基准，不仅包括医患双方当事人主体的利益，还包括社会整体的利益关怀，只有将二者同时兼顾，才能保证医疗损害责任赔偿制度的健康运转，维护医患主体的利益，促进社会的公平与正义。具体而言，要坚持以下几个方面的基本原则。

第一，损失预防原则。医疗损害一旦发生，就会伤及患者生命健康，轻者会造成身心健康的部分损害，重者会导致器官功能的坏死甚至是生命的丧失。然而，人是社会上最珍贵的资源，是社会进步的源动力，人的身心健康和生命是极其宝贵的，保护人的身心健康和生命安全是最基本的社会价值目标。事实上，我们最主要的任务并不是研究如何对发生的医疗损害进行及时有效的弥补，而是考虑如何将医疗损害风险降为零，这就需要我们将损失预防原则作为处理医疗损害责任的基本原则。在进行具体制度建设的时候，只有以此为依据，渗透预防为主的基本原则，才能切实将医疗纠纷的发生遏止在摇篮中，使医疗纠纷的发生风险降至最低概率，真正保护人类的安全利益和健康利益。

第二，重视医患双方的利益平衡原则。医患关系始终是医疗纠纷的核心与关键所在，处理好医患双方的利益平衡、切实保护二者的基本利益，是妥善解决医患纠纷、建立合理的医疗损害责任承担机制的前提和基础。虽然，医方与患方相比，在信息的占有、医疗行为的决定权等方面具有绝对的优势，患方则处于明显的弱势地位，社会上往往会形成对患者的天然同情心。但是，医方在应对威胁人类健康的疾病与风险中发挥着不可或缺的作用，如果一味地强调保护患者利益，而忽视医方的利益维护，则不利于科学的医疗损害责任承担机制的建立。在一定程度上，医患双方的地位是平等的，我们不能偏袒任何一方的利益。试想，如果我们对二者提供非均衡的利益保护，会将医方置于较高的风险环境中，引发其保守医疗等不作为情形，反而会有碍于对患者利益的保护。

第三，ADR与司法诉讼相结合原则。司法诉讼以国家强制力为后盾，通过司法途径解决纠纷是执行力最强的方式，能够最直接地保护当事人的利益。但是，医疗损害纠纷的解决并不适宜以司法诉讼为优先的路径选择。其一，司法资源具有有限性，司法诉讼解决争议的核心是双方的权利义务关系要非常明确，但是，医疗纠纷因为其发生原因十分复杂、专业，争议的解决具有很强的技术性，直接通过诉讼途径来解决医疗纠纷会造成司法资源的浪费，因为单纯地通过法律很难界定二者的权利义务关系。[1]其二,司法诉讼借助于法律解决纠纷,医疗纠纷具有很强的医学专业属性,诉讼制度解决纠纷的成本会非常高,不符合成本收益原则。因此,有必要建立 ADR 机制优先的纠纷解决制度,既有利于纠纷的专业化解决,减轻司法机关的负担;那些 ADR 机制无法解决的纠纷由司法诉讼来解决,可以大大提高司法资源的利用效率。

(二) 健全立法

如前所述,当今文明社会下,法律经纬日益成为社会的基本共识,法律承担着防止社会陷入丛林法则的职责。法律的完善是一个国家治理体系成熟的重要表征,也是社会系统良性运行的保障和体现,医疗损害赔偿责任承担机制的建立同样也需要相关法律制度的健全和完善。

目前的法律法规中,对医疗损害责任作出规定的有《医疗事故处理条例》和《中华人民共和国民法典》侵权责任编,但是这其中也不乏冲突和不尽合理的地方。首先,受制于篇幅,《中华人民共和国民法典》侵权责任编对医疗损害责任的规定并不全面详尽,很多概念性的语词尚且模糊,对举证责任的分担未作出专门合理规定,需要出台一些配套的司法解释予以澄清;其次,《中华人民共和国民法典》侵权责任编和《医疗事故处理条例》存在冲突,主流观点认为,新近出台的《中华人民共和国民法典》侵权责任编的规定应该予以适用,同时对《医疗事故处理条例》相关条文予以废止。

就健全立法体系的维度而言,除了上述对现有立法加以完善之外,还应出台专门的"医疗损害责任赔偿法",对主流认可的多元化责任分担机制加以立法承认。不仅要厘清医疗机构与服务对象之间的特殊关系,规定所适用法律的界限,还要着重于解决医疗损害纠纷,包括医疗损害责任的鉴定、损害赔偿的责任划分、诉讼适用的法律规范等细节性问题。

(三) 完善制度

众所周知,保险是实现责任分散化的最佳形式。所谓保险,是为了保证经济社会生活的安定有序,通过集结社会上的多数闲散资金,根据一定的计算标准,对双方约定的事故所造成的损失予以补偿的经济制度。医疗损害往往会涉及人们的生命和身心健康,后果的严重性决定了较高的索赔数额,这是一般个体所难以承受的,保险制度便理所当然地被引入医疗损害责任承担

---

[1] 参见肖柳珍:《我国医疗损害责任制度改革研究》,中国政法大学出版社 2014 年版,第 236 页。

机制中。综观发达国家的通行做法，医疗责任保险俨然成为对抗医疗风险的最佳手段，德国、瑞士、英国、美国等国家都建立了各具特色的保险体系，我国也应该建立适应我国国情的医疗责任保险体系，扩大医疗责任保险的覆盖面。这不仅可以使受害患者及时获得足额赔偿，还能够减轻医疗机构的理赔负担，对缓和紧张的医患关系也大有裨益。

包含医疗保障在内的社会保障体系在医疗损害责任承担机制中发挥兜底作用，社会保障源自于福利国家思想，医疗保障是以国家为主体，由国家、社会和个人共同缴费构建的一种社会保障制度，在医疗损害责任的诸多承担机制中，医疗保障处于优先序位。因此，更应建立覆盖全民的、统一标准的医疗保障体系，并尽可能减少地区差异，实现医疗保障的跨区域、无障碍流通。

实现限额赔偿制，这是出于保障我国医疗卫生事业健康发展而采取的必要举措。其一，在医疗损害责任分担时，要给予受害患者必要的保护，保证其包括身心健康和财产在内的利益损失能够得到补偿；其二，考虑到不限额度的医疗损害赔偿制度会大大加重医疗机构的经济负担，成为我国医疗卫生事业健康发展的制约性因素。目前，我国经济发展水平有限，地域差别较大，在我国实行不限额度的医疗损害赔偿制度是不现实的，应在多方主体共同参与的同时，实现医疗损害的限额补偿，兼顾个体和整体的利益，实现受害患者利益补偿和医疗卫生事业健康发展的共赢。

（四）内部优化

在现有医疗损害责任承担机制下，大部分责任都是由医方来承担的，就医方责任的内部分配而言，通行的做法是由医疗机构来承担责任，这显然是不合理的，因为医务人员也应该按其过错程度承担相应的责任。首先，医疗损害是指由于医务人员主观上的过错给患者造成身体或精神上的损害，医务人员的医疗活动虽然是其职务行为，但是作为主观过错的主体，不能一概认为其不应承担赔偿责任，应根据其过错程度承担相应的责任，对于轻微过错的可以免责；其次，一概由医疗机构承担损害责任，无形中会加大其负担，使医疗机构陷入囹圄，妨碍其发展；最后，规定医务人员承担相应的责任，可以提高医务人员的警惕意识，督促其谨慎、认真地工作，不断改进医术、提高技能，也有利于其个人的职业发展。

四、结论

在风险社会的语境下,风险无处不在,各种风险充斥着整个社会。随着人口老龄化程度的不断加深,社会发展给人类健康带来的副作用日渐呈现,医疗科技的大规模应用也使得医疗行为和后果充满不确定性,患病几率和医疗不确定性的增加,都使医疗风险的发生概率急剧上升,人们面临着前所未有的医疗风险,其所引发的医疗损害对人类的健康、生命和财产都构成了严重的威胁。与之相对应的是,医疗损害责任承担机制在制度构建和具体操作中都不尽完善,更是加剧了医疗风险事件的严峻性。其实,合理的医疗损害责任承担机制的建立,是应对医疗风险的有效途径,也是医疗责任保险在现实中得以有效应用的基础之一,对于构建符合我国国情的医疗责任保险制度也有所裨益。医疗损害责任承担机制,旨在合理划分医疗损害的责任承担,进而使受害方的利益得到充分有效的弥补。一方面,通过对医疗损害责任主体及责任范围的界定,为医疗责任保险在实践中的运用奠定基础;另一方面,促进医疗损害责任承担机制的完善,为受害患者维护自己的合法权益提供指引,更好地保障受损的利益。因此,我们要通过理念原则的重塑、立法的完善和制度的构建等诸多方面,建立医疗损害责任承担机制,为我国医疗责任保险制度的法治化建设提供制度基础。

第三节 特殊体质受害人的救济

在侵权责任系谱中,受害人的特殊体质与侵权行为相竞合致使损害后果大大超出预期的现象屡见不鲜,不管实务界还是理论界都各执一词,最高人民法院第24号指导性案例的出台一定程度上缓解了这一局面,但是其背后隐藏的理论支持和法政策考量值得我们思考。理论上,由于"蛋壳脑袋"规则的式微,在受害人特殊体质问题上出现了对因果关系的曲解和公平责任原则的滥用之势,因而亟需因果关系程度论的救赎;实践中,基于最高人民法院指导性案例对现实审判的指导意义,该案例必定会对司法实践带来很大影响,囿于该指导案例的僵化性和局限性,难免会使该问题的审判运作陷于诸多困境。因此,在坚持因果关系程度论的同时,要综合多维因素进行分析,并明确不同因素在整体序列中的价值位阶。

在风险社会的宏观场域下,社会风险具有高频率的同时,个体之间的快速传播也是导致风险异质化的重要因素。随着社会节奏的加快,人与人之间的关联越来越复杂,受困于对个体利益的过度强调,侵权纠纷也不断发生。在一个奉法律为信仰的社会中,诉诸法律解决纠纷是人们趋同一致的理性选择。在诸多侵权案件中,由于受害人特殊体质与侵权行为的竞合而致使损害后果超出预期,一直都是理论界和实务界倍感棘手的问题。所谓受害人特殊体质,是因为受害人客观存在的、不管其自身知晓与否的某些身体上的特殊体质或疾病,与侵权人的侵权行为相竞合,致使最终的侵权后果大大超出可预期的正常范围。该问题的复杂性就在于它超越了传统侵权责任四要件的理论范围,容易曲解原因力理论、滥用公平责任原则;实践中,则很难认定侵权行为和受害人特殊体质之间的关系和责任范围,造成审判中的诸多困境就在所难免。

一、问题的缘起:最高人民法院第 24 号指导性案例引发的思考

2014 年 1 月 26 日,最高人民法院发布了第六批指导性案例,其中引人注目的就是第 24 号案例:荣某英诉王某、永诚财产保险股份有限公司江阴支公司机动车交通事故责任纠纷案。本案中,被告王某在驾车行驶过程中与原告发生刮擦,致使其受伤,经交管部门认定被告负全责,原告无责任,永诚保险公司也表示对责任认定无异议,愿意承担限额范围内的赔付责任。原本平凡的一起交通事故因为一纸鉴定引起了业界的热论,双方分歧的焦点也在于此,即相关部门出具的司法鉴定认为"损伤参与度评定为 75%,其个人体质的因素占 25%"。经过中级人民法院的再次审理,判决被告承担全部责任,否定了该鉴定意见对赔偿结果的影响,排除了因为受害人特殊体质减轻侵权人责任的可能性。至此,该案引发的讨论和思考远未结束。

本案中,原告与被告之间属于典型的侵权与被侵权关系,《中华人民共和国侵权责任法》第六章专门规定了机动车交通事故责任,《中华人民共和国道路交通安全法》第 76 条也规定了机动车发生交通事故时的责任承担问题。由此可见,该案在法律适用问题上是不存在疑义的,因此,原被告双方就责任划分与归属问题是达成一致意见的,即被告王某负全责,永诚保险公司承担赔付责任。但是,争论的焦点就在于司法鉴定意见上,该鉴定意见对损害后果的发生原因进行了比例划分,将受害人特殊体质囊括进来,最终给法院裁

判带来不确定性的指引。虽然该案历经两级人民法院审理,最后也达致定分止争的裁判效果,甚至最高人民法院将该案作为指导性案例予以发布以期达到指导裁判的作用,但是就受害人特殊体质对侵权责任的影响和司法裁判逻辑的实践运行指向引发的思考才刚刚开始。

传统侵权责任理论认为,构成侵权行为的要件包括主观过错、违法行为、损害后果和因果关系,也即四要件说。这一逻辑链条是侵权责任理论的核心,是用以区分违法行为和正常行为的尺度,在维护个体权益的同时也维护了社会公共秩序。由此可见,特殊体质在侵权责任中的地位之尴尬,因为只有违法四要件具备之后,特殊体质才有可能对侵权责任造成影响。理论而言,很多学者把特殊体质与可预见性相关联,认为受害人的特殊体质增加了侵权行为的不可预见性,有必要对因果关系理论予以完善,并修正原因力理论和公平责任原则的适用;实践层面,形形色色的疑难问题增加了侵权行为的复杂性,由受害人特殊体质影响侵权责任承担的纠纷也时常发生,给法律实务操作带来很多挑战,如果处理不妥很容易导致双方权益纷争,有损社会稳定。

二、受害人特殊体质之于侵权责任的理论辩难

理论上的探究及其演化脉络的厘清,是界定受害人特殊体质在侵权责任理论体系中的地位的必然要求,是指导其在司法实践中稳妥运行的根基。追溯源头,受害人特殊体质起始于英美法系中的"蛋壳脑袋"规则;伴随着法律政策倾斜的转向和法治理念的进化,该问题的理论适用逐步身陷囹圄,以对原因力理论的曲解和公平责任原则的滥用为典型表征;在此背景下,亟需宏观上的超越以实现理论上的自洽,因果关系程度论的提出就旨在达致受害人特殊体质问题的自我救赎。

(一)缘起:"蛋壳脑袋"规则的边缘化趋势

1. "蛋壳脑袋"规则的立意

当我们把研究的视角延展至全球境遇,不难发现英美法系国家关于受害人特殊体质对侵权责任的影响问题已日臻完善,在很早之前就演化出了一套指导此类案件的"蛋壳脑袋"规则。该规则的命名源自于一个形象的比喻,即受害人的脑袋如蛋壳般经不起打击,被告在不知悉该特殊情况时,出于主观上的过失打击对方头部,原本只会引起轻微不适的行为却使原告遭受远超出预期的损害。英国法官Mackinnon指出:"因过失行为加害于他人者,应忍

受被害人具有增加损害发生可能性及扩大损害范围之特异体质,加害人不得以受害人之头壳异常脆弱作为抗辩。"[1]在美国,受英国规则的影响也秉承这一理念,即"若被告的行为对一般人构成义务违反,因原告特别容易受影响,使损害程度异常严重时,被告应该对其全部损害负责"。[2]

2. "蛋壳脑袋"规则的式微

"蛋壳脑袋"规则的要义就是由加害人来承担因其加害行为致使的损害赔偿责任,不论受害人的体质为何,其背后蕴含的法律理念是确定并保障体质异常者正常参与社会活动的权益。就规则的表层寓意而言,要求加害人在不知晓情况的前提下承担全部责任,难免有失公平,但是出于对人之生命和健康的倾斜考量,法律政策还是要加大保护力度。随着社会的进步,"蛋壳脑袋"规则的实践运用也受到限制,很多国家都开始摒弃此规则。原因就在于在现代风险社会下,侵权行为日益复杂,如果绝对地由加害人承担因加害行为和特殊体质竞合而导致的损害后果,会加重加害人的负担。因此,现实中很多国家的法院都转向"中庸式判决",加害人既不承担全部责任,也不完全不承担责任,而是在加害人侵权行为和受害人特殊体质之间按一定比例分摊损失。[3]

(二)困境:原因力理论的曲解和公平责任原则的滥用之殇

1. 原因力理论的曲解

为了挣脱"蛋壳脑袋"规则的束缚,学界涌现出理论突破与超越之势,诉诸原因力理论来为加害人责任之减轻辩护便是其中之一。所谓原因力,是指"当损害后果由多个原因构成时,每个原因对损害后果之发生或扩大所发挥的作用力"。[4]由此可见,构成原因力之基础的原因是指法律意义上的原因,具体到侵权责任法的构成要件理论,专指那些有过错的、可归责的原因。现实中有很多个多因侵权的事例:多个加害人的加害行为共同导致同一损害后果;加害人与第三人的行为竞合导致损害;加害人的行为与受害人的行为共

---

[1] Ovens v. Liberpool Corp. [1939] 1 K. B. 394,400-1. 转引自陈聪富:《因果关系与损害赔偿》,北京大学出版社2006年版,第57页。

[2] [美] H. L. A. 哈特、托尼·奥诺尔:《法律中的因果关系》,张绍谦、孙战国译,中国政法大学出版社2005年版,第157页。

[3] 参见周小锋:"特殊体质受害人损害赔偿问题研究",载《人民司法》2012年第13期。

[4] 杨立新:《侵权法论》(第二版),人民法院出版社2004年版,第525页。

同致使损害后果；加害人的行为与某些自然因素的作用共同导致损害后果。[1]受害人特殊体质虽然也是最终导致损害后果的原因之一，但是该事项本身并非是受害人的过错，不存在承担责任的归责基础，因此，受害人的特殊体质不能被当作是法律事实原因。严格来讲，通过原因力理论来寻求减轻加害人责任的理论支持是有违逻辑的。

2. 公平责任原则的滥用

除却原因力理论的转向，理论探索和司法实践中还有一个不可忽视的维度：公平责任原则对双方的统合规制。谈及于此，法律原则与法律规则的关系和适用序列就成为一个不可绕过的话题。法律原则是对社会中的普遍价值观念的法律表达，并集中彰显了人们为法律所设定的调整社会所应达致的目标。[2]公平责任原则是对当事人双方权利义务配置的基本指向，是民法的基本原则之一，反映在侵权责任领域即表征为公平责任原则。在因受害人特殊体质致使损害后果超出预期的情形下，为了摆脱"蛋壳脑袋"规则的阴影，学界呈现出向公平责任原则求助的趋向。但是，这在法理上是有疏漏的。首先，侵权责任法所讲的公平责任原则是有适用前提的，只有在双方均无过错的情况下，法院才会根据公平原则，由加害人对受害人的损失予以补偿，而这里所讲的侵权，加害人是有主观过错的；其次，对原则的适用要讲求序列，即规则在先，对公平责任原则的诉求不能打断侵权责任中因果关系的链条，否则就很容易导致该原则的滥用。

(三) 勃兴：因果关系程度论的自我救赎

要想真正地实现侵权责任的公平和均衡配置，就要从侵权责任理论体系内部出发，具体而言就是从因果关系这一理论基点做辐射散发。无需赘言，对此问题的讨论是以加害人的行为构成侵权为假设和前提的，即加害人的加害行为是符合侵权责任四要件说的（侵权行为、主观过错、损害后果、因果关系），除却因果关系，其余三个要件尚不存疑。在排除了受害人自身特殊体质的可归责性之后，只能以加害人的不当行为为入口寻求突破。因为加害行为并非导致损害后果的唯一起因，侵权行为只是从一定程度上、或多或少地致使损害结果的发生或加重，因此，因果关系程度论为减轻加害人责任实现

---

[1] 参见张新宝、明俊："侵权法上的原因力理论研究"，载《中国法学》2005年第2期。

[2] 参见付子堂主编：《法理学初阶》，法律出版社2006年版，第149页。

了理论上的自洽和救赎。

依据因果关系程度论来公平分配双方责任,要综合考虑多种因素才能予以科学确定。比如,加害人的主观过错程度、受害人和加害人是否知悉特殊体质、加害人的施害行为与损害后果关系的直接程度、损害后果的形态及可预见性等。唯有如此,才能实现责任的公平分配,下文会有详解,兹不赘述。

三、侵权责任下受害人特殊体质问题的司法裁判

我国法院实行分级管理体制,上级法院对下级法院具有指导倾向,最高人民法院统御全局,合理分配司法资源,达致司法效率的最优化。其中,通过颁布指导性案例来对全国各地法院进行司法指导就是最高人民法院的职能之一。基于指导性案例对法院司法裁判的影响之宏大,要谨慎行之并理性评价,以期使最高人民法院的司法指导性达到效果最优。

(一)指导案例对司法裁判的导向性

1. 指导性案例的效力定位

新时期推行的司法制度改革中的一大亮点就是建立案例指导制度,这也是我国在既有的司法体制和制度框架内进行的一大创新。但是,在具体的司法实践中,关于指导性案例的效力及适用规则尚无定论,也没有规范化的制度建设予以保障。学界对于指导性案例的效力也莫衷一是,有的认为我国作为成文法国家,应该确保法律的规范性和统一性,指导性案例不是正式的法律渊源,不应该具有正式的法律效力,只能赋予其参考价值;有的认为应该认识到大陆法系和英美法系相互融合的历史大势,吸收英美法系的有益营养,对我国法律体系的弊病予以弥患补阙,应该赋予指导案例事实上的约束力。这两种观点都有失偏颇,较为认可的观点是承认指导案例的"参照效力",[1]即要求法官在审判实践中根据具体条件,对案件事实和蕴含法理进行全面比对后,有条件地选择适用。这也是由指导案例制度追求公平正义的价值目标决定的。

2. 指导性案例的实践意义及缘由

虽然对指导性案例的效力在学理上达成了初步的统一,但是实践中并未

---

[1] 参见江勇、陈增宝:"指导性案例的效力问题探讨",载《法治研究》2008年第9期。

沿着这一理想路径运行。首先,《中华人民共和国宪法》明确规定了上下级法院、最高人民法院和地方法院之间的关系,即监督与被监督的关系,不仅如此,基于我国特殊的历史传统和国情,上级法院对下级法院还具有行政上的指导权,甚至会干涉到人事权的任命,下级法院势必会把最高人民法院的指导性案例视为案件审判的金科玉律,扭曲了指导性案例的应然效用;其次,监督权的权能表现为改判权和提起再审权,都是因为下级法院的法律适用或者案件事实认定有瑕疵,这又直接影响到法官的绩效考评,指导性案例代表了上级法院对特定疑难案件的态度,下级法院为了规避绩效考核的潜在风险,肯定会对上级法院颁布的指导案例趋之若鹜,以实现与上级法院指导意见趋向的同步,降低案件的错审错判率。

3. 第 24 号指导性案例的现实意义

自最高人民法院颁布新的一批指导性案例以来,对下级法院相关案件的司法裁判起到了至关重要的作用,对待该影响要客观评价、分清利弊,现以第 24 号指导性案例为视角,对该指导性案例的双面影响进行分析评价。第一,承担了法律解释的功能,填补了现有法律体制的不足,丰富了法治价值精神的内涵,代表了社会主流的利益衡量。[1]通过指导性案例,规范了法官自由裁量权的行使,使"相同情况受到相同待遇"的公平正义观落到实处,弥散了法律适用中的不确定性,还为法官裁判创立了具体的规则。第二,该指导性案例在具有积极作用的同时,还对现实裁判具有很大的僵化性指导倾向,如果不加以规范很容易适得其反。下级法院为了迎合最高人民法院的态度,对所有类似案件不加思辨地统一适用,反而不利于加害人和受害人双方的利益保护,也会使侵权责任法的基本价值理念(不是惩罚加害行为,而是对损失的补偿)成为空中楼阁。

(二)时下司法裁判倾向及现实困境

1. 受害人特殊体质案件的司法裁判倾向

现以"向某血友病案"的司法判决说明指导性案例颁布前法院的裁判倾向。2001 年某天,向某乘坐的三轮车被某一出租车刮蹭,致使向某跌出车外,导致肘部和膝关节受伤。经医院治疗,肘部伤势基本好转,但是膝盖部位却愈发严重,经司法鉴定,膝关节处的瘀血是由向某本身的血友病为基础引发

---

[1] 参见姚辉:"民事指导性案例的方法论功能",载《国家检察官学院学报》2012 年第 1 期。

的，所受外伤并非主因，只是诱发因素。双方就损害赔偿问题未能达成一致，诉至法院。一审法院认为，因为向某患有血友病，根据司法鉴定意见，此为所受伤势的主因，被告的外伤行为只是诱发因素，故向某应该承担适当部分的损失。由此可见，在指导性案例颁布前，法院审理此类案件是根据加害行为在损害后果中的作用力大小来判断损失承担比例的，其中还会适用公平责任原则，以求双方责任的均衡。

前已述及，在第24号指导性案例中，根据司法鉴定中心的鉴定意见，原告的损失75%是由被告的加害行为引致，25%是由其自身特殊体质原因加重的。根据一审法院的判决，就原告所受总体损害，被告因其加害行为承担75%的责任，剩余的由原告自己承担；但是根据二审法院的解释，认为在交通事故中要根据受害人对损失的发生或者扩大是否具有过错来确定是否予以减轻赔偿，原告对其特殊体质并不承担法律规定的过错，因此判决由被告承担全部责任。

由上述分析可知，在第24号指导性案例划定的交通事故侵权领域，如果经交管部门确定侵权者负全责，因为受害人的特殊体质导致损失加重时，加害人要对其后果全部负责，因为受害人对其特殊体质并无法律上的过错，所以不存在承担法律责任的基础。该指导性案例颁布之后势必会对下级法院的裁判造成很大影响，容易不加区别的适用，使司法裁判陷入现实困境。

2. 受害人特殊体质案件的司法裁判困境

在侵权责任法领域内，有数不胜数的侵权形式，每一种形式里面又包含了复杂多变的侵权行为和双方的利益博弈。第24号指导性案例中的侵权形式仅仅是交通事故范围内，并且交管部门鉴定认为加害人要负全责，加害行为对损害后果的作用力也比较大。但是下级法院出于法律裁判之外的其他因素的考虑，往往会忽略该案件的适用前提，不加区分地予以适用，最终不仅会使双方当事人的权益得不到均衡保障，还会使指导性案例的价值初衷落空。

其一，对指导性案例的盲目崇拜会加重加害人的责任和负担。如果对实践案件与指导性案例中的案件类型、案件争点、价值判断等因素不能正确把握，导致指导性案例的效用在现实生活中被无限放大，无疑会使当事人双方的责任失衡。其二，对指导性案例的非科学适用违背了指导性案例的价值初衷。指导性案例旨在追求"相同情况相同待遇"的理想愿景，通过解释法律、弥补缺漏、树立价值、确定规则等途径完善法律在现实中的运行，但是如果不加区分地予以适用，不仅不能达致公平正义的价值目标，反而有损社会正义的实现。

四、侵权责任下受害人特殊体质司法裁判的理性建构

受害人特殊体质在侵权责任理论和实践中具有重要地位，因为最高人民法院第24号指导性案例的颁布，该问题再一次吸引了诸多关注，正确理解该指导性案例，寻求司法裁判逻辑的内在突破，是保障侵权责任法精神价值之实现的重要征象。为此，要实现侵权责任下受害人特殊体质司法裁判逻辑的理性构建，宏观上要坚持因果关系程度论的指导思想和理念，微观上要综合多种因素进行具体的路径设计。

（一）总体理路构思：因果关系程度论

前已述及，受害人特殊体质在司法裁判的理论思辨中，是因果关系程度论实现了理论层面上的自我救赎，在对原因力理论和公平责任原则的转向受挫之后，只能在侵权责任理论的内部寻求突破与超越。因果关系是侵权责任构成的核心要件，因果关系程度论是对因果关系理论的修正，并未僭越该理论的外延。就因果关系理论以加害行为在损害后果中的作用力为主要线索，从而认定加害行为在多大程度上导致了损害后果的发生，继而确定加害人应该承担多少比例的责任。该理路构思的坚持正是对因果关系理论的有效对应，综合多种因素来客观评定加害行为的作用力，可以使双方当事人的利益实现均衡配置和有效保护，也是对侵权责任法损失赔偿之法律属性的回应，是社会实现公平正义的立基点。

（二）具体路径设计：多维因素的综合判断

《中华人民共和国侵权责任法》第1条规定："为保护民事主体的合法权益，明确侵权责任，预防并制裁侵权行为，促进和谐稳定，制定本法。"因此，该法的一个基本维度是明确界定有责和无责的范围，在个体自由和安全价值之间寻找平衡点，通过补偿、惩罚、预防功能的发挥，维系一个合理有序的社会形态。[1]在因果关系程度论的总体架构下，当侵权后果是由加害行为和受害人特殊体质竞合造成时，综合多维因素进行统合分析是必然要求。

加害人的主观形态是确定有无责任和责任大小时首先要考量的因素。"加

---

[1] 参见周小锋："特殊体质受害人损害赔偿问题研究"，载《人民司法》2012年第13期。

害人应就其故意行为所发生的一切损害负责",[1]所以当加害人主观为故意时,不论受害人的特殊体质为何,都要承担全责。加害人的主观形态除却故意与过错外,还有其是否知晓受害人的特殊体质情况,如果加害人知晓该情况,即使没有侵权之故意,对加害人仍要提出对自身行为较高的注意义务。[2]对于损害的可预见性也是因果关系程度论的一个考虑因素,如果加害行为造成的侵权后果是可预见的,就应该趋向于肯定因果关系,加害人也要承担较大的责任和义务,否则,侵权人的责任就要相应的减轻。关于损害的具体形态,要区分身体损害和精神损害来对待,如果是由于特殊体质加重形成的身体损害,加害人要承担较大的责任;如果是精神损害,基于其发生机理较为复杂,更多的可能是生理因素和生活环境所致,加害人的责任要相应地降低。

五、结论

患者所具有的特殊体质,是引发医疗损害的原因之一,很多医疗纠纷都是因此而得不到很好的救济,最终演化为医疗冲突,导致医患关系紧张。最高人民法院第 24 号指导性案例的出台,更是引发了理论界和实务界关于受害人特殊体质的诸多思考和有益探讨。在传统的因果关系理论和原因力解释的效力下,因受害人的特殊体质而导致的医疗损害大都适用公平责任原则予以补偿,受害患者的利益并不能得到充分的保障和有效的救济。保护因受害人特殊体质而引发的医疗损害,是医疗责任保险的重要补充,是受害患者利益保护机制的重要组成部分。对此,需要对传统的因果关系理论进行适度的突破,引入因果关系程度论,根据具体的损害案例中医疗机构和医务人员所实施行为与损害后果的原因力大小,判断其是否应该承担责任以及所承担责任的大小,以此为核心,构建受害患者的利益维护机制。同时,对多种因素进行综合考量,尤其是医疗机构和医务人员的主观状态、对受害患者特殊体质的知情情况等因素。通过因果关系论的突破和多维因素的考量,因特殊体质而受害的患者的利益势必会得到有效的维护,这不仅是对医患关系的缓和,还是对医疗责任保险制度的补充。

---

[1] 王泽鉴:《侵权行为》,北京大学出版社 2009 年版,第 181 页。
[2] 参见孙鹏:"受害人特殊体质对侵权责任之影响",载《法学》2012 年第 12 期。

第四节　医疗意外损害补偿基金

科学技术的进步促使大量新技术和新产品开始广泛应用于医疗活动，导致医疗意外损害的发生几率激增。而现行以公平原则为基础的分担模式又存在其固有的经济和社会流弊。为了克服现有救济模式的弊端，有必要引入多元救济理念，建立长效的医疗意外损害救济机制，其中不可或缺的就是医疗意外损害补偿基金的设立，本节拟就医疗意外损害补偿基金的相关问题进行探讨分析。

一、问题的缘起

近年来，随着科学技术在广泛领域内的超前应用、医疗组织数量和规模的不断增加，医疗风险随之加大，频繁发生的医疗纠纷可见诸报端，这不仅使医患关系日渐紧张，还是社会不稳定的一个重要因子。医疗活动涉及高新科技，医学科学本身就具有较高的不确定性，加上病人之间的体质特征和病理特征各不相同，把某一种医疗诊治技术一概应用于某一疾病就会可能引发医疗风险，所以，即使医务人员不存在主观过错，医疗意外风险发生的几率也在日渐增高，并成为医疗纠纷发生的主要诱因。

在处理医疗意外损害导致的医疗纠纷时，《医疗事故处理条例》给出了比较明确的依据，《医疗事故处理条例》第49条第2款明确规定："不属于医疗事故的，医疗机构不承担赔偿责任。"这意味着医疗机构在医疗意外损害中有了免责条款，由医疗意外导致的损失只能由患者承担，这显然是不公平的。因此，法官在审理此类案件时并未完全按此条款判决，而是根据《中华人民共和国民法通则》第132条规定："当事人对造成损害没有过错的，可以根据实际情况，由当事人分担民事责任。"由此判决由医患双方分担医疗意外造成的患者损害。[1]

法官根据公平责任原则由医患双方共同承担医疗意外损害责任的这种审判实践，不仅在法律根据上饱受质疑，还会给医疗机构增加额外负担，同时，

---

[1] 参见武咏、武学林："试论建立医疗意外保险制度"，载《中国卫生事业管理》2003年第9期。

医疗机构的补偿数额远未达到患者的受损数。所以，探索出一种多元化的医疗意外损害补偿机制显得尤为必要。反观医疗意外损害的特征，其后果严重性、不可归责性、偶然性决定了由全社会共同承担该损害才是合理的，这不仅符合风险社会下将风险责任社会化分担的总趋势，还有利于最大限度地补偿患者损失，解决医疗纠纷，维护社会稳定，医疗意外损害补偿基金的设立便是其中的重要组成部分。

二、相关概念思辨

概念的厘清和对其边界的诠释，是认清事物本质的前提条件，也是对其展开系统分析的基础工作。如果对医疗意外损害的内涵存有疑虑，遑论外延与相关行为的分界与交叉。现就对医疗意外损害的释义进行公理化考究，并从国际视角对其进行考察，以求对我国的启发。

（一）何为医疗意外损害

关于医疗意外损害的概念释义，学界一直存在不同看法。有学者认为："医疗意外损害是指医务人员在对患者诊治过程中，并非因医疗过失，而是患者病情发展变化和其他客观因素，造成的患者意外死亡。"据此定义，在临床实践中，医务人员受制于医疗技术而对一些疑难杂症束手无策，或者因患者的特殊体质、不可控的病情发展而导致的意外死亡等，均可认为是医疗意外损害。也有学者认为："医疗意外是指在医疗过程中由于病情或者病人的体质特殊而发生难以预料和防范的不良后果。"[1]

综合分析上述两种学界看法，均有其不尽合理之处。第一种观点仅仅将导致患者死亡的情形界定为医疗意外损害，第二种观点只将由于病情恶性发展和病人体质特殊而造成的不良后果界定为医疗意外损害，都不够全面，有失偏颇。我们认为医疗意外损害是指在医患双方均无过错的情形下，由于现有医疗技术的限制，或者病情的恶化、病人的特殊体质等一些不可归责于双方的客观因素给患者造成的严重不良后果。

其实，医疗意外损害只是现代诸多社会风险的一种，是现代科学技术不断进步的结果。现代科技发展下，医疗意外损害具有以下特征。第一，存在

---

[1]《医疗事故处理条例》起草小组编写：《医疗事故处理条例释义》，中国法制出版社2002年版，第143页。

的普遍性。每个人都有患病就医的可能性，都要接受医疗服务，借助医疗行为保持生命安全和身心健康，而医疗风险就潜伏在医疗行为中，因此，每个人都面临着医疗意外损害的潜在威胁，医疗意外损害其实是普遍存在于每个人的生活中的。其二，后果的严重性。诚然，现代医疗科技的进步使得人类抵御疾病风险的能力大为提高，大量高科技医疗设备的应用使得很多疑难杂症不断被破解，但是，这些医疗科技的应用使得人类在固有的疾病风险之外，又不得不面对医疗科技的不确定性风险，即医疗意外损害风险。此类风险一旦演化成现实的医疗损害，其后果往往超出人们的预期，远严重于疾病所带来的后果。其三，发生的不确定性。医疗意外风险潜藏在医疗行为中，其发生机制十分复杂，与患者的特殊体质、医务人员的医疗行为、医疗设备的正常运转都有着直接或间接的关系，具有无法预测、无法预防、无法事先遏止等特点。这就决定了医疗意外损害风险难以被精确地评估，更妄论采取措施进行防范及消除。

(二) 医疗意外损害救济机制的全球境遇

医疗意外风险与一国经济发展水平和社会进步程度相关，发达国家虽然有着先进的医疗技术和完善的社会保障体系，但是其医疗科技的不确定性风险也很高，同样也会有出现医疗意外的可能性。因此，并非只有我国面临医疗意外损害的难题，在研究如何应对医疗意外损害的风险时，如果将研究的视角延展至国际境遇，不难发现在社会福利较好的发达国家，已经演化出一套完善的制度设计来应对此风险。

瑞典于1975年开始推行病人赔偿保险制度，该保险实质上是对医疗意外损害给予补偿的意外险，是一种无过失责任险，与传统侵权责任并行不悖，构成了医疗伤害赔偿和补偿的双轨制，即医疗意外损害保险的赔偿与医疗机构给予的赔偿二者同时有效，患者获得保险赔付的同时，还可以向司法机关主张医疗赔偿的权利，只不过在数额上，法院会把保险赔付部分作抵扣。瑞典的病人赔偿保险制度具有诸多优势，不仅具备保险制度的有效性，还具有无过失归责原则的高效性，患者在主张自己权利时，没有必要提出证据证明医疗机构存有过失，便捷的程序设计最大限度地实现了程序正义，使医疗机构的赔偿金大多用于弥补患者受损的利益。

新西兰建立了意外伤害无过失补偿制度，在此制度下，通过法律规定要求全体国民必须缴纳一定数量的保险费用，从而建立起一个覆盖全体国民的保险体系，涵盖的范围十分广泛，但是理赔的对象仅仅是因为医疗意外而导致的损害。该制度从设立到成熟也经历了一个不断演化、不断完善的过程，主要表现在以下两个方面的内容：为了提高医疗意外损害事件的处理效率，逐步将其审理程序独立化，由专门的审理单位进行单独处理；为了区分医疗意外的类型，以医务人员是否合理医疗为标准，将医疗意外划分为医疗不幸与医疗错误，前者是指医务人员虽然合理地进行了医疗行为但是仍然发生了较为严重的意外后果，后者是指医疗机构和医务人员没有遵守相关的行为准则而导致的医疗损害。

法国在新世纪推行了新一轮的医疗改革，改革的一大亮点就在于对那些因医疗意外受到严重损害的患者，以"集体赔偿"的名义予以救济。按照法国《公共卫生法》的规定，因医疗意外受到损害的患者，按其受损害的程度及对其日常生活的影响程度，由国家专项基金予以补偿，而不是由无过错的医方承担救济受害人的责任。

除此之外，美国于近年来进行了专门的无过错医疗责任改革，所谓无过错医疗责任，"是指患者若遭受医疗所致之严重伤残，有权从赔偿基金或者其他组织获得医疗赔偿而无须证明医疗机构或医务人员实施的医疗行为存有过失的一种赔偿模式"。[1]无过错医疗责任模式的建立，大大降低了受损患者寻求救济的难度，并减轻了医疗机构的经济负担和诉讼压力，同时也被认为是社会福利的重要篇章。

综上所述，对于医疗意外损害，建立一种由国家政府牵头成立，由政府、社会、医疗机构、患者共同出资，交由专门的独立第三方机构管理的医疗意外损害补偿基金，来对其损失及时进行救济，已为国际大势所趋，我国也应该积极探索设立该基金。当然，需要说明的是，各国的实际国情千差万别，国内经济体制和国民意识发育程度也有很大的不同。比如说，新西兰国家面积较小，人口不多，区域发展水平差别不大，而我国地域辽阔、人口众多、区域差别较大。在建立我国的医疗意外损害补偿基金制度时，要结合我国实际国情，根据特有的政治、经济和文化发展水平，建立适合我国国情的医疗意外损害应对制度。

---

[1] Paul C. Weiler., "Reforming Medical Malpractice in a Radically Moderate-and Ethical——Fashion", *DePaul Law Review*, Vol. 54, 2005, p. 227.

三、医疗意外损害补偿基金设立之理论缘起

医疗意外补偿基金在当代境遇下的重要性及合理性已无需赘言，不仅是基于现代社会风险的社会化分担的要求，还是对其内生理论逻辑的追思，也是对其外生价值功能的体认。其一，理论语境下的医疗意外损害补偿基金有着其内在的支撑，因为着眼于利益补偿和弱势群体保护的医疗意外损害补偿基金制度，体现了对社会正义的追求，是社会保障和社会福利的组成部分；其二，探讨价值语境下的医疗意外损害补偿基金也有着重要的意义，因其利益平衡的属性和征象，对于受害患者的利益保护和医疗机构的正常运转都大有裨益，进而维护社会的和谐和公平，维护社会公众的整体利益。

（一）内生性根据之理论基点

1. 社会正义的内在要求

人类社会的进步之处就在于对社会正义孜孜不倦的追求，社会正义是任何一个社会子集解决所属问题的永恒主题。博登海默认为，社会正义可划分为分配正义和矫正正义，前者主要由政府来主导和实现，关注的是社会有利资源的初始配置问题；后者主要由被赋予司法权力的机关执行，关注的是如何对既有的社会规范进行维护和调节。[1]按此思路，传统的侵权责任法主要强调的是矫正正义，即当社会成员违反社会规范时所受到的惩戒。医疗意外损害并不涉及当事人主观过错，这就使常规的救济手段陷入法律适用的困境，单靠矫正正义已不能使受害方得到补偿，必须转向分配正义，集合社会有利资源，依靠社会的力量来应对个体风险。医疗意外损害基金正是这一原理的反映，通过社会多方的资金集合来对受害患者的损害进行救济，以减轻无过错双方的负担。

除此之外，通过合理方式分配社会整体的风险，不仅有利于个人活动的顺利进行，还能够体现社会的公平正义。在社会公平正义的语境下，社会资源的分配和社会义务的分担都是以个人对社会的贡献比例来划分的，尤其重视个体与整体的关系，当作为社会个体的个人遭遇意外风险，寻求合适的风险承担机制实现风险的"软着陆"，属于社会公平正义的范畴。设立医疗意外

---

[1] 参见［美］E. 博登海默：《法理学：法律哲学与法律方法》，邓正来译，中国政法大学出版社2004年版，第128页。

损害补偿基金，其直接目的是分散风险与负担，减轻个人的压力，实质目的还是实现社会的公平正义。

2. 侵权行为法的补偿向度

毋庸讳言，以民法为核心的私法一直坚持私有主体权利本位，但是随着社会的发展进步，大社会理念逐步兴起并得到学界认同，私法出现了公法化的趋势，民法也渐趋社会化，在坚持私主体本位的同时愈发注重社会问题的解决。作为这一理论趋势的实践反映，民法也更加注重对弱势群体的倾斜保护和社会责任，所以，传统侵权责任法的惩戒功能逐步削弱，补偿功能在逐渐强化。前已述及，传统侵权责任法并不能很好地解决医疗意外损害问题，原因就在于私法的惩戒制裁功能要以行为人主观过错为要件，而医疗意外损害中，医疗机构和医务人员往往并没有主观过错，这就使受害患者在维权时面临困难，导致其权益得不到法律的有效保护，侵权责任法补偿向度的延展恰好可以解决这一法律困境。以弥补受害患者损失为归旨的医疗意外损害补偿基金，在很好地解决侵权责任理论不足的同时，顺应了私法社会化的应然趋势，为受害患者的维权提供了法律依据和现实途径，通过损害赔偿的集体化承担，体现了社会对弱势群体的补偿和人文关怀。

3. 福利国家理论的广泛应用

根据福利国家理论，国家有义务"保障每个人在任何情况下体面的生活；保障每个人的生活不受意外事故的影响；帮助发展家庭；把健康和教育当作公共事业，从而普遍提高物质和文明水平；发展和改善公共设施，如居民住宅环境保护等"。[1]福利国家理论提出后得到诸多西方发达国家的竞相追捧，并很快付诸实践，建立了很多福利国家，如瑞典、挪威等北欧国家。起初，福利国家理论的主要目的是对社会弱势群体提供救助，以帮助其实现相对幸福的生活，二战以后，福利国家理论出现转型，强调实现社会的公平与正义，以社会合作为基础，共同应对社会风险，将创造社会福利的责任赋予国家，由其来承担提供社会福利设施的责任。关键在于，建立一种基于合作主义的制度安排，因为现代社会中存在很多利益共同体，很多情况下这些群体的利益又是相互冲突的，要实现群体利益的一致，减少利益摩擦，就要建立一种

---

[1] 陈凌："环境侵权之替代性损害赔偿研究"，载王树义主编：《环境法系列专题研究》（第1辑），科学出版社2005年版，第451页。

制度机制，在相互协商的基础上维护各自的利益，最终实现社会整体的利益最大化。医疗意外损害关乎人们的生命安全和身心健康，特别是在我国目前医疗保障和医疗保险不尽完善的情形下，一旦发生医疗意外损害，就会严重影响人们的基本生活。所以，出于提高我国社会福利水平的考虑，也有必要建立医疗意外损害补偿基金，以保障国民的基本生活。

（二）外生性根据之价值功能

1. 缓和医患纠纷，维护社会稳定

近年来，多起因医疗纠纷引发的伤人事件吸引了国人的眼球，医患纠纷再次作为一个社会敏感话题进入公众视野，尤其是在我国现阶段推行医疗体制改革的大背景下，如何缓和医患关系、妥善解决医疗纠纷是一个不可逾越的话题。医疗意外损害因为其后果严重性和不可归责性，不能依靠现有的法律解决机制得以有效解决，所以成了医疗纠纷发生的主要诱因。医疗意外损害补偿基金正是对症下药，发动社会的力量对受害方的损害予以集体化的补偿，可以缓和医患关系、解决医疗纠纷、维护社会稳定。

2. 减轻医方负担，促进医学发展

如上所述，当发生医疗意外损害时，依照现有的法律法规体系，医方不存在主观过错可以免责，难免会引起患者方的强烈不满，导致医患关系处于白热化。一旦发生冲突，就会破坏医方正常的工作秩序，扰乱医疗环境，使医方背负沉重的经济负担，甚至会陷入诉讼官司中难以自拔。医疗意外损害补偿基金的设立，可以对受害患者的损失进行补偿，安抚其情绪，保障基本生活，进而减轻医方经济负担，转而投入较多的资金与精力于医院发展上，促进医学进步。

3. 多元化救济理念的现实回应

在社会进步的浪潮中，社会个体间的连带性和相互依附性不断强化，社会风险的传播速度也随之加快，加之风险社会背景下社会风险的发生几率和危害性暴增，社会个体在风险面前往往显得力不从心，难以应对，多元化的救济理念应运而生。多元化救济，旨在通过一定的机制将损害分散给社会，让多方社会力量来对受害方的损失予以弥补和补偿，实现社会的整体福利。就医疗意外损害而言，损害补偿基金是多元救济机制的重要一极，对于完善我国的社会救济体系也大有裨益。

四、医疗意外损害补偿基金设立之路径探索

诚然,"社会转型的重要旨趣在于一套立基于现实背景的制度体系的建立",[1]医疗意外损害补偿基金作为一套制度规范,是一个系统工程,也需要一系列子制度的配合。笔者认为,主要涉及两个层面:思想意识层面和制度设计层面,前者主要倡导社会对医疗意外损害形成正确的风险意识,重视医疗意外风险;后者主要针对医疗意外损害补偿基金的制度化,寻求构建制度的具体安排。概括而言,可以从以下几个方面考虑:

(一) 风险意识

现代医学的进步,极大地增强了社会公众对医疗科技的信心,对很多疑难病症都认为可以通过先进的医疗技术来解决,无形中提高了人们对医疗机构和医务人员的预期和依赖,对医疗机构和医务人员的要求也随之提高。结果就是,一旦出现医疗损害事件,患者和公众就会首先把责任推向医疗机构和医务人员,认为其没有谨慎行事,没有尽到应有的义务,因为其自身的原因才发生这种损害事件。这是现实中不断发生医疗纠纷和"医闹"事件的原因之一。实际上,医疗风险无处不在,医疗意外也是如此。医疗意外的发生机制十分复杂,医疗机构和医务人员即使尽到合理的注意义务、谨慎从事医疗行为,也无法避免医疗意外的发生。人们需要重塑风险意识,正确认识医疗意外。对此,政府和医疗机构等要加强对医疗意外风险的关注,积极寻求防范和化解医疗意外风险的有效措施;医务人员要树立风险意识,在从事医疗行为时要掌握和患者的沟通技巧,使患者对医疗意外损害风险形成理性的看法,及时将相关信息告知患者及其家属,保障患者的知情权;新闻媒体等社会传播媒介要遵守职业道德,对发生的医疗意外损害事件进行如实、准确地报道,坚决反对虚假报道、误导社会公众等违反职业道德的行为,尤其要注意通过报道引导人们树立对医疗意外风险的正确认识,不得肆意扩大医学的作用,以至于让人们形成一种"医疗科技已经达到了无所不能的地步"的观念。

---

[1] 刘乃梁:"政府主导下的企业社会责任的时代进路——基于我国转型期的探索",载《经济法论坛》2013 年第 1 期。

(二) 资金来源

在福利国家理论的引导下，西方国家建立了健全的社会保障制度，医疗意外损害补偿基金是国家完善社会福利的重要征象。兴起伊始，主要是由政府来为社会福利提供财政支持，但是随着经济发展的停滞，通货膨胀日益严重，人口老龄化程度不断提高，传统的由政府出资建立社会保障制度的做法正在面临挑战和转型，其改革的方向应该是由政府出资转向多元主体共同出资。

具体到医疗意外损害补偿基金，也应该顺应这一情势，形成多元化的出资主体机制。首先，政府通过财政税收拨付资金，这应该是补偿基金的主要资金来源，具体到比例而言，应该根据不同地区、不同阶段的经济发展情况和人口构成比例而定，主要由地方政府来承担；其次，医疗机构来缴纳，通过分析医疗意外损害补偿基金的价值功能可以发现，医疗机构也是该基金的受益者，理应承担一定的出资比例；再次，由患者一方自行缴纳，补偿基金归根结底还是为了保护受损患者的利益，患者就医时应该根据不同病理病症和特殊体质缴纳适当的资金；最后，是社会捐赠和基金增值，包括企业、个人的慈善捐赠，和通过发行债券、专家投资来实现基金的保值增值。

(三) 监管机构

覆盖全民的医疗意外损害补偿基金涉及的数额特别巨大，关乎民众生命健康，必须建立科学的监督管理制度，通过专门的监管机构来负责基金的收缴和使用。这种具有公益性质的补偿基金之监管机构通常有两种模式可供选择。第一种模式是在现有的社会保障机构中设立分支机构，这种模式提高了政府的办事效率、精简了政府机构，但是容易造成财政资金和补偿基金混淆的问题，政府部门自监自管，也不利于对基金使用的监督。第二种模式是建立独立的第三方基金管理机构，专门负责补偿基金的管理和使用，这种模式既可以保障补偿基金的专款专用，也大大提高了基金申请和支付的效率，凸显出保障受害患者切身利益的根本宗旨。综上所述，应该采用第二种模式，设立专门的基金理事会，并接受政府有关部门的监督。

(四) 适用范围

毋庸置疑，医疗意外损害补偿基金适用于医疗意外，问题的症结就在于如何界定某一医疗损害是否为医疗意外，以及如何对医疗损害后果的严重程度进行鉴定判断。首先，应建立专门的医疗意外损害鉴定机构，通过权威鉴定，找出导致医疗损害的原因，只有那些因为不可归责于双方的因素导致的医疗损害才能认定为医疗意外，区别于由过错导致的医疗侵权。其次，赋予医疗意外损害的鉴定意见以诉讼程序上的证据效力，使之与诉讼过程相挂钩，从而减轻当事人的证明负担，更好地维护其权益，也有利于提高司法效率，节约司法资源。最后，医疗意外损害补偿基金不适用于精神损害，究其原因，一方面，精神损害认定起来比较复杂，操作起来比较困难，尤其是患者死亡给其家属造成的精神损害更难以衡量；另一方面，补偿基金的建立与完善也是一个渐进的过程，基金建立初期财力有限，应该首先考虑补偿那些具有可视性后果的损害。

五、结语

由于医疗意外损害的原因机制的复杂性、不可预测性和损害后果的严重性，在现实中给人们的生命健康和财产造成了严重威胁，也是诱发医疗纠纷的重要肇因。但是，在现有的归责体系和损害承担机制下，医疗意外引发的损失并不能得到有效的弥补。因此，有必要将此风险予以分散和化解，寻求合理的医疗意外损害风险的承担机制。受福利国家理论和风险的社会化承担理论的影响，人们面临的风险需要国家力量的介入，风险的分散要以社会整体承担机制的建立为基础，医疗意外损害补偿基金就是在这一理论趋向指引和现实困境的驱动下的制度产物。医疗意外损害补偿基金对于弥补受害患者的利益损失、缓和医患关系、促进医学发展具有十分重要的现实意义，也是对社会公平正义的制度回应，真正使社会正义从文本的词语形式转化为现实的制度愿景。其实，医疗意外损害作为一种重要的医疗损害的表现形式，是缓解医患纠纷所应该着重关注的领域，作为解决这一现实症结的制度回应，医疗意外损害补偿基金制度也是医疗责任保险的重要补充和组成部分。我们有必要从补偿基金的组成、基金适用的范围、监管机构的定位等诸多方面对其予以完善，建立适应现实需求的医疗意外损害补偿基金制度，最终维护患者利益、缓解医患纠纷、促进医疗卫生事业的发展。

第五节 医疗纠纷专业化解决机制

随着社会分工的细化，整个社会被分割为诸多子领域，纠纷解决机制的专业化是顺应该趋势的必然选择。在诸多纠纷解决途径中，以仲裁和诉讼为代表的公力解决机制，在风险社会的宏观态势下逐渐成为人们的显性选择。医疗活动具有明显的专业性和科学性，事关人们的身心健康和生命安全，一旦发生纠纷不易解决。在医疗纠纷频发的当下，我国医疗纠纷解决机制不科学是导致医患关系紧张的关键因素之一。通过对我国医疗纠纷专业化解决之现实逻辑的阐述，明确该专业化解决的价值功能和面临的现实困境，再结合医疗纠纷解决的国际实践，总结医疗纠纷专业化解决的现实经验，最后提出包括总体理念原则和具体制度建设在内的医疗纠纷专业化解决的路径设计。

近年来，科学技术的进步使新的医疗科技不断应用于医疗活动实践，新科技的不确定性使得潜在的医疗风险空前增长；市场经济的不断深化使得医疗机构的营利性质日趋强化，加上医务人员道德意识的下滑，导致医疗风险的主观导因激增；医疗活动关乎人们的身心健康和生命安全，一旦发生侵害后果十分严重，患者情绪难以安抚；随着医疗体制改革的不断推进和法制建设的不断完善，人们的维权意识和权利意识得到增强，诉诸法律成为人们解决纠纷、维护自身权益的显性选择。如此种种，都使得以医疗损害、医疗意外为代表的医疗纠纷数量呈指数增长，新时期医疗诉讼在司法机关的审判实践中占比也越来越大。若解决不当，不仅会造成医患关系的紧张，还会对社会稳定构成威胁，近年来频发的"医闹"事件就是最好的例证。基于现行纠纷解决体制对医疗纠纷之解决的无力回应，如何妥善解决医疗纠纷，成为司法界泼墨甚广的议题，在审判专业化的逻辑理路下，运用专业化的思路来解决医疗纠纷可能会达致理想的效度。

一、问题的提出

发轫于18世纪的工业革命开启了人类历史的新篇章，它不仅滚动了世界经济发展的巨轮，还深刻地影响了人类社会的运行方式，社会分工便是其贡献之一。随着科技的进步和社会的发展，社会分工日趋细化，整个社会俨然被分割成彼此独立而又相互关联的诸多界域，每一子领域都有其独特的分工特点。在时下风险社会的宏观场域之内，人们面临着越来越多的异质化和多频化社会风险，人与人之间发生矛盾与纠纷的概率之大已超出理性之预料。渗透于社会各个领域内的风险各具特色，由此决定了不同界域内的矛盾要采用不同的纠纷解决机制，否则就会降低社会治理的效用，有损社会稳定。

在法治经纬逐渐成为社会共识之时,人们的维权意识和法律意识得以提高,诉诸法律已成为人们解决纠纷、维护权益的显性选择。审判的专业化路径是在社会分工精细化的时代大势下衍生出来的,该路径探索是对社会进化的司法回应。随着纠纷的复杂化和专业化倾向的增强,我国现行的民事诉讼、刑事诉讼、行政诉讼三诉并行的司法体制,已然不能顺应这一救济的整体性趋向,审判的专业化逻辑正是对这一弊病的有效克服,有利于维护司法权威、提高司法效率、维护个体权益。

医学科学是一门极具科学性与专业性的实践科学,医疗设备在高新科技的推动下不断丰富创新,新的技术也广泛应用于临床医学,这些都使医疗科学升至新的发展阶段,医疗水平不断提高,医疗机构和医务人员对很多疾病的治愈能力得到提升,能够切实地保护民众的健康和生命,进而延长寿命。但是,鉴于医学科学的复杂性和医方的主观原因,医疗活动给患者造成损害的例证近年来也多见诸报端。就我国现有国情而言,医患双方不管是在经济实力还是专业信息方面,都呈现出悬殊的强弱对比,加之现阶段我国的医疗保险体系、医疗责任保险制度尚未完善,加剧了医疗冲突的复杂性。如何低成本、高效率地解决医疗纠纷成了实务界和理论界共同面临的难题。

我国现行医疗纠纷的解决方式主要包括协商解决、行政调解和民事诉讼。其中,民事诉讼途径因其有严格的程序保障和国家强制力的权威后盾,能对医疗纠纷作出终局性的、具有执行力保证的裁判,具有明显的优势;但是,面对日益增长和复杂多变的医疗纠纷,囿于司法资源的短缺,民事诉讼在解决医疗纠纷上显得捉襟见肘。因此,顺应社会分工情势下审判专业化的现实逻辑,医疗纠纷的解决应强调专业化,立足于医学和法学的基点来妥善处置医疗纠纷,这既是对医学科学的尊重,也是对医疗纠纷解决规律的顺从。

二、医疗纠纷专业化解决的比较考察

他山之石,可以攻玉。发达国家和地区在社会治理方面有着很多值得我们借鉴的有益经验,其在解决医疗纠纷层面的历史演变和实践经验对于妥善解决现有医疗纠纷问题大有裨益。现就几个典型发达国家和地区医疗纠纷的专业化解决探索进行梳理,以期提炼演进规律指导实践改进。

(一)美国模式

在这个由来自不同国家和民族的移民组成的社会中,每个公民的合法权益只能依靠法律才能得以保护，这种保护是由法院以正义之法律为依据来确认的。美国人对法律的依赖势必造成诉讼社会的形成，在相对健全的法律体制下，美国的医疗纠纷，"特别是医疗纠纷的定性和赔偿这两个核心问题，主要由陪审团、法官根据事实和各方聘请的专家鉴定意见依法决断"。[1]

在美国，医疗纠纷案件被统一定性为侵权之诉，由专设的医疗法庭负责审理，法官和陪审团都是具有丰富经验的法医学者或医学专家，能够较为准确地认定案件事实、分清医患双方责任。从医学上，判定医疗机构和医务人员的医疗活动是否科学合理，与患者病症是否具有直接针对性；从法律上，认定医疗活动是否构成侵权，是否应当承担赔偿责任，以及应当承担多少赔偿责任。在美国，医疗诉讼中虽然存在赔偿数额的容忍度问题，但是具体的赔偿数额并不是由法官来定，而是由陪审团来决定，而陪审团出于对受害患者的同情，往往会给予较高的经济赔偿；随着惩罚性损害赔偿原则在美国大多数州的广泛应用，医疗损害赔偿数额更是居高不下。

（二）日本模式

"通过法院审判解决纠纷是日本解决医疗纠纷的基本途径。"[2]法庭审判的归旨在于程序保障，唯有依靠公正的程序才能实现审判所诉求的正义。所以，法庭审判的时间和经济成本是很大的，囿于人力、物力和财力，日本法院在审理医疗纠纷诉讼时存在严重的超期审判现象。为此，日本于2002年针对医疗纠纷诉讼中存在的低效繁冗问题进行诉讼体制改革，以期实现医疗纠纷解决的低成本和高效率。

在听取多方意见的基础上，日本最高人民法院采取了如下举措以优化医疗诉讼体制。首先，最高人民法院成立医事关系诉讼委员会，掌握下级法院对医疗纠纷案件的审理情况，定期举行委员会会议，解决医疗诉讼案件审理的长期化问题；其次，设立医疗诉讼集中审理部，该部门是基本法院的下设部门，由法官、医生、律师等组成，专门审理医疗纠纷诉讼案件；最后，建立了专家委员会制度，该委员会由具有法学、医学和诉讼专业知识和经验的各界专家组成，对有关争议焦点、案件事实、证据采纳等问题发表专业意见，

---

[1] 戴维："国外的医疗纠纷处理"，载《国际医药卫生导报》2002年第5期。
[2] 宋平：《医患纠纷诉讼程序研究》，厦门大学出版社2012年版，第42页。

必要的时候还可以出庭质证,以弥补法官专业知识的空缺。[1]

(三) 经验总结与启示

总结以上发达国家和地区的司法实践可以看出,医疗纠纷诉讼的审判有着明显的专业化、高效化倾向和权益导向。第一,注重专门审判组织制度和专业审理人员队伍建设,入嵌于时兴的审判专业化逻辑理路。社会分工的细化催生出审判实践的专业化,医疗活动具有很强的专业性和科学性,并且事关患者生命健康和医疗机构巨大经济的赔偿,如果由非医学专业背景的法官审判此类案件,不利于案件事实的判定和双方权利义务的划定。第二,注重医疗纠纷案件处理的高效化,以减轻双方主体和审判机构的讼累。在我国,寻求法律保护的受害患者绝大多数属于经济能力一般的阶层,亟需医疗机构所承担的经济赔偿来获取损失的弥补,如果医疗纠纷诉讼案件的审理周期过长或者程序复杂,无疑会增加受害患者的额外负担,于法院而言,案件审理的高效化也有利于提高司法效率,减轻讼累的负担。第三,强调医疗纠纷解决的权益保护倾向,以维护社会稳定为旨趣之一。现代社会对个体利益的尊重和保护上升到一个前所未有的高度,医疗活动对人的生命价值至关重要,一旦发生医疗损害后果不堪设想。因此,要强化医疗纠纷解决的权益保护向度,诉讼目的不是惩罚医疗机构和医务人员的过失行为,审判机关应以此为解决医疗纠纷的指导原则。第四,探索并建立多元化的医疗纠纷专业化解决渠道。事实证明,基于双方自愿达成的处理结果更容易使当事人的接受和执行,因此有必要推行医疗仲裁制度,由专业化的医疗仲裁机构对当事人的医疗纠纷进行仲裁。例如,目前,美国、德国、墨西哥等国家均建立了医疗仲裁机构,其效果十分显著,不仅使得医疗纠纷的处理更为有效,还分解了审判机构面对医疗纠纷的受案压力。

三、我国医疗纠纷专业化解决的现实逻辑

前已述及,随着社会分工的细化,审判的专业化势必会成为解决现代纠纷的司法趋向,发达国家和地区的司法实践就是很好的表征。目前我国三大诉讼并行不悖的诉讼格局已然不能适应这一趋势,尤其是在医疗纠纷诉讼领域中,如果不能实现医疗纠纷的专业化解决,不仅会使医疗纠纷得不到科学

---

[1] 参见夏芸:"日本医疗诉讼改革及对鉴定结论的评价",载《证据科学》2009年第3期。

解决，还会延长医疗纠纷的处理周期，增加各方主体的额外负担。审视我国现实环境，我国医疗纠纷司法审判中存在很多亟需解决的困境，有效发挥医疗纠纷专业化解决的价值功能，对于走出困境有着莫大的现实意义。

（一）医疗及其他领域内专业化纠纷解决的大胆尝试

1. 其他领域专业化解决纠纷的探索

经济的发展催生出很多社会问题，长期粗放式的增长模式给环境造成很大的压力，环境问题已成为一个不容忽视的社会问题。作为一个现代性社会矛盾，环境问题以其波及范围广、社会危害大、损害后果严重等特点俨然成为理论和实务界共同面临的难题，如何正确处理环境纠纷关乎社会的安定和人们的身心健康。鉴于环境问题的主体不确定性、原因的复杂性和事实调查的专业性，通过专业化的途径妥善解决环境纠纷业已成为通认的选择。

任何一个法治完备的社会，司法都是救济权利的最有效的保障，诉讼是最权威、最终极的纠纷解决机制，环境问题也不例外，针对环境纠纷的专业化解决，多个地方进行的司法机构改革让人看到希望之光。20世纪80年代末，武汉市某区人民法院在当地环保局的技术支持下，就曾经尝试过建立专业的环境法庭，专门解决环境纠纷诉讼案件；经过10多年的摸索前进，2004年，大连市和晋州市正式成立了环保法庭。但是，囿于当时环保立法和政策的失位，使得这些专门法庭未能有效发挥案件审理作用，仅仅扮演了环境执法协助者角色。新时期，环境污染和破坏呈愈演愈烈之势，环保立法也相继出台到位，环保法庭也迎来了新的发展阶段。自2007年以来，各地环保法庭如雨后春笋般纷纷设立，这些大胆的尝试契合了审判专业化的发展规律，不仅为我国环境纠纷司法解决机制注入了新鲜血液，还为其他领域内矛盾纠纷的解决提供了参考的样本。

2. 医疗纠纷专业化解决的创新与试错

医疗纠纷之专业化解决的重要性已自不待言，设立专门的医疗审判机构的呼声已充斥了整个学界和实务界。例如，全国人大代表、浙江大学眼科研究所所长姚克就曾经建议设立专门的医事法庭，专门处理医疗纠纷案件，并且独立办案，还要实行有医学领域内专家学者参与构成的陪审团制度，以此来拓宽医疗纠纷的处理渠道。重庆市渝北区人民医院院长刘明涛也有同样的感悟，认识到医事活动的风险性和不确定性，医疗纠纷的发生概率近年来也居高不下，建立"专门的医事法庭，同时实行有相关专业人员组成的陪审团制度，凡是发生医疗纠纷，必须到医事法庭解决"。[1]

然而，有志之士的奔走呼吁鲜有落实，医疗纠纷的专业化解决仍然任重而道远。正如代表所言，建立专门的医事法庭并实行由专业人员组成的陪审团制度，是解决医疗纠纷的高效之道，但是箴言并未落实的现实原因也是很复杂的。我国目前的医事立法还不完善，即使有专门的医事法庭，法律适用的不统一也会限制其作用的发挥；我国现行司法体制也制约了该探索的实践化，"冰冻三尺非一日之寒"，要从根本上解决该问题还是要将其杂糅到司法改革的系统工程中。

(二) 我国目前医疗纠纷解决面临的现实困境

医疗卫生作为基本公共服务的一大要素，已被置于顶层设计的高度予以安排，诚然，医疗纠纷已经阻滞了我国医疗卫生事业的发展。我国目前已经衍生出一套解决医疗纠纷的特有机制，虽然发挥了一定的现实作用，但是实际效果与社会预期却相去甚远，仍然面临着很多现实困境。

第一，医疗纠纷案件数量增长速度快，相关案由种类繁多，诉讼制度的局限性日渐彰显。[2]由于医疗活动的专业性和科学性，医疗纠纷极具复杂性，主审法官往往不具有相关的专业知识，使得其在案件审理过程中难免会过度依赖医疗损害责任鉴定机构出具的鉴定意见，但是我国目前的医疗损害责任鉴定还存在很多缺漏，给医疗纠纷案件的正确审理设置了障碍。例如，在"二元化"的鉴定体制下，多头鉴定和重复鉴定现象严重，鉴定意见往往不一致，有损医疗损害责任鉴定的权威性；鉴定机构缺乏中立性，由医学会组织的鉴定，通常与卫生行政部门有着密切的关联，这样的鉴定意见有损医疗损害责任鉴定的公信力。

第二，诉讼解决以国家强制力做后盾，增强了现实执行力的同时，还使案件判决具有很强的对抗性。从心理上讲，在日益紧张的医患关系阴影下，患者对医务人员具有一种天然的不信任感，医务人员出于自我保护的目的也会有防御性医疗的倾向，医患双方似乎不能和谐相处。案件判决的对抗性，

---

[1] "设医事法庭解决医疗纠纷"，载 http://www.cqwb.com.cn/cqwb/html/2009-01/12/content_126964.htm.

[2] See Thomas E. Greer, J. D., "Alternative Dispute Resolution in Medical Liability Cases", *AAOS NOW*, July 2009 Issue.

势必会加剧医患双方的对立，使二者之间的心理张力更加剧烈，难免会引发其他社会矛盾。这就给本来就紧张的医患关系蒙上了一层阴影，医患纠纷的解决需要从细节入手，运用专业的纠纷解决机构来妥善处理，可以考虑成立由医学专家和法律人士组成的纠纷调解小组，该小组为独立的第三方，这样就保证了纠纷处理的专业性和权威性，使医患双方都能够接受调解的合理结果。如果一味地诉诸司法途径，使医患双方频繁地对簿公堂，反而不利于医患关系的缓和。

第三，医疗纠纷案件的审理周期长、诉讼难度大、维权成本高。由于法官医学专业知识的匮乏，要实现正确处理案件的预期，必须借助于医疗损害责任鉴定的核心证据，然而我国医疗损害责任鉴定存在的诸多乱象很难为法官提供可采信证据，多数鉴定周期超过1年，致使案件审理周期冗长，诉讼难度极大；医患双方，尤其是受害患者需要承担高额的诉讼费、律师代理费和医疗损害责任鉴定费等费用，使本来拮据的经济状况雪上加霜，高额的维权成本往往会使患者望而却步。这一司法现状使得受害患者的维权举步维艰，造成的直接后果就是患者长期处于利益受损的状态，严重影响其正常的生活和工作，甚至会扰乱社会秩序。

结合以上对目前医疗纠纷解决的困境分析，医疗纠纷专业化解决所蕴含的价值功能恰好能够解决该现实难题。首先，专业化的审判机构和审理人员可以解决现行法官专业知识的不足，由医学专家、临床医生和法学学者组成的陪审团还可以为法官献言献策，减轻对鉴定证据的依赖，提高判案的独立性；其次，专门的医事法庭独立判案，不受其他机构的干扰和制约，大大提高了案件审理的效率，缩短了案件审理周期，节约了司法资源，减轻了法院讼累和当事人的经济负担；最后，专业化的司法团队可以提高判决的公信力，对当事人个体权益保护的强调也体现出极大的人文关怀，通过法律的合理适用确保了实体正义的实现，通过专门审理程序的适用达致了程序正义，司法公正的实现大大缓和了医患矛盾，有利于社会稳定。

四、我国医疗纠纷专业化解决的路径设计

医疗纠纷的解决方式无论为何，都是要内嵌于司法制度之中，是现阶段司法体制改革的重要一极。但是，立足于医疗纠纷的专业化和复杂性特点，其解决机制又有其特有的内生逻辑。宏观上，要秉承实质公平、程序正义和综合效益的理念原则，坚持上述三原则的总体指导性地位；微观上，要综合机构建设、人员建设和程序建设，通过各个要素的专业化来实现纠纷解决机制的专业化。

（一）秉承的理念原则

"公平问题是一个人类价值问题，是人类的一个永恒追求，是政治社会中所有价值体系追求的一个最高目标。"[1]任何社会规范都将公平作为重要的价值目标和内在追求，无不把公平渗透于自身的规范结构中。医疗纠纷关乎患者的生命价值，与社会构成细胞的家庭密切相关，如果处理不当将有损社会的安定，所以解决医疗纠纷时尤其要注重对社会公平旨图的强化。在医患纠纷的主体型构中，医患双方处于对立关系结构下，由于双方存在利益的冲突，患者在经济实力、信息占有等方面都居于明显的弱势地位，一味地强调形式公平，会弱化对患者权益的保护。因此，要更好地维护患者的个体利益、维持社会整体利益的均衡态势，就要侧重于结果公平的维度，把实质公平作为解决医疗纠纷的指导理念。

程序正义自法律诞生以来便是其孜孜追求的价值内涵，对实质公平的过分强调容易陷入结果导向的牢笼，在法制建设的推进下，解决医疗纠纷时法律适用的统一已经指日可待，对程序适用的规范和程序正义的实现却需要更为漫长的历程。在现有的程序框架内，要规范运用解决医疗纠纷的诉讼程序，尤其是作为证据采集核心的医疗损害责任鉴定程序，既要讲求鉴定程序的效率和成本，克服纠纷解决的周期困境，也要在程序适用的过程中注重对双方当事人权益的均衡保护。

在风险社会的宏观场域下，任何风险都不会独立发生，风险之间的内在关联和快速传递已成为该种社会形态下风险发生机理的一大特征。如前所述，医疗纠纷已成为我国目前医疗卫生事业发展的瓶颈，医疗纠纷关乎患者及其家属的生命健康、精神状态和经济境况，关乎医疗机构的精力转移和资金投入，关乎医务人员的医疗行为，频发的医疗纠纷会妨碍医生自身医术的提升，阻滞医学科学的进一步发展，性质恶劣的"医闹"事件还会扰乱正常的医疗秩序，造成医患关系的紧张，是社会不安的一大因子。因此，处理医疗纠纷要追求综合效益，在各方利益的对峙格局中谋求公平和均衡。

---

[1] 邵诚、刘作翔主编：《法与公平论》，西北大学出版社1995年版，第2页。

(二) 具体的制度建设

诉讼社会是社会现代化和法治现代化的产物,体现了公民理性和社会文明。"在现代法治社会国家中,审判组织不仅是司法权的载体,而且是司法制度的核心,其构造与运作直接体现着一个国家司法制度的特点,是司法制度各部分的交融点。"[1]具体到医疗纠纷的专业化解决机制,其核心部分也是审判机构的专门化,内容蕴涵是指依附于人民法院建立专门的医事法庭,专门办理医疗纠纷案件,接受人民法院的监督,但不受其具体审判业务上的干扰;尝试推行专门的医疗陪审团制度,陪审团成员由具有法学和医学专业知识背景的理论界和实务界专家组成,为主审法官提供专业知识和智力支持,以弥补其医学知识的空缺。

机构和制度的建设离不开人才的培养和选拔,专业人才机制能否合理化运作是医疗纠纷能否实现专业化解决的关键所在。首先,要实现人才素质和制度诉求的无缝对接,根据制度机制的价值蕴涵决定专业人才的知识背景,合理解决医疗纠纷,要求审判人员要具有丰富的相关司法审判经验,具有医学和法学双重知识背景;其次,优化人才的选拔机制,不局限于体制内的考试遴选,可以从外部聘请符合要求的专业人员,灵活的人才选拔机制才能实现人员构成的科学化,激发其工作的积极性和主动性;最后,要加强专业审判人员的后续学习,跟进当下法制建设的步伐,及时了解掌握医学发展态势,更好地解决时兴的新型医疗纠纷。

审判专业化的逻辑要义之精髓就在于程序的专业化,审判专业化的归旨在于通过专业人员和机构快速的解决纠纷,脱离专业程序的支持,这一目标恐怕会成为无稽之谈。一方面,建立专门的审判程序,根据医疗纠纷的独有特质和利益诉求,设计合理运作的正当程序,实现医疗纠纷的快速有效解决,比如建立特殊的证据链接制度,由司法部门出具的医疗损害责任鉴定意见可以直接作为案件审理的证据,这样就可以减少程序的繁琐,减少医患双方的程序成本和时间成本;另一方面,专门程序的实践运行要符合程序正义的基本框架,不能一味地追求高效率和低成本,要建立符合正义要求的司法程序,在保障程序公正的基础上追求高效率,实现利益保护和效率成本的综合效度。

---

[1] 兰岚:"审判专业化的逻辑要义分析",载《知识经济》2012年第8期。

五、结论

妥善解决医疗纠纷的核心是医疗损害责任的界定与承担，构建多元化的医疗纠纷解决机制，是化解医疗纠纷、维护医患双方利益的关键。然而，医患纠纷的专业化解决之道并非易事。医疗活动具有很强的专业性，如果没有接受过专业的知识教育和丰富的实践经验，就会受制于信息壁垒，不能很好地理解和掌握与医疗损害有关的信息；另外，医疗损害引发的纠纷又与医事法律密切相关，了解医疗纠纷法律知识和程序也是解决医疗纠纷的关键所在。正是由于医疗纠纷的解决需要具有医学和法学等多方面的专业知识，才使医疗纠纷的专业化解决之路显得极为坎坷。正如前所述，医疗纠纷的妥善解决是医疗责任保险的适用基础与前提，如果不能合理界定当事人的责任和范围，就妄谈医疗责任保险的适用，其制度效应会大打折扣。因此，需要明确构建医疗纠纷解决的专业化之道与医疗责任保险的关联，明确其重要意义。在公平正义理念的指引下，重点关注医疗纠纷解决的人员专业化和组织专业化，一方面，由具有医学和法律专业知识的人担任解决医疗纠纷的主体，克服医疗纠纷解决的专业化壁垒；另一方面，构建解决医疗纠纷的专业化组织制度，从医疗纠纷的特点出发，注重纠纷解决的程序正义和效率，构建包括调解、仲裁和诉讼在内的多元化解决渠道。

第六节 医疗受害人对保险人的直接诉讼制度

医疗责任保险作为责任保险的重要组成部分，以分散法律责任、维护被保险人和第三人的利益为归旨，迎合了风险社会下责任社会化分担机理，是我国新一轮医疗改革中着重强化的版块。我国医疗责任保险制度仍存在一些问题，医疗受害人不能直接起诉保险公司就是一个很明显的问题，这使医疗受害人的合法权益不能得到很好的保障。为此，理论上，应对合同的相对性作适当的突破和修正，使受害人可以直面保险公司；实践中，要建立三位一体的医疗责任保险出资结构，还要在险种、费率、适用范围和纠纷处理等方面进行系统的制度设计。

"今日法律之趋势，皆认为未能由责任保险补偿过失行为之后果，本身即构成在经济上不负责之行为。"[1]在法治经纬渐为社会治理之契领的时代，风险的社会化分担已成为人们应对各种社会风险、保障受害人利益的重要趋势。随着医疗领域内的诸多乱象浮出水面，如何保障医疗受害人的合法利益成为矫治弊病的核心基点，医疗责任保险则是最大限度保障受害人利益的制度屏障，反观我国的医疗责任保险制度，制约其价值功能的重要障碍就在于医疗受害人不能直接诉讼保险公司。本节拟就以医疗受害人对保险公司的直接诉讼为视角，从责任保险理论和合同相对性理论的角度进行逻辑证成，结合英美国家的域外经验，分析我国目前进行制度革新的现实驱动和利好环境，并就具体的制度设计提出建设性的路径探索。

一、医疗受害人直接诉讼医疗责任保险公司的理论缘起

理论证明的逻辑是任何制度建设的首要选择，也是制度在实践中运行的合理性保障。因此，对任何制度性建设的探讨都离不开理论层面的发现和追认。

（一）责任保险理论的内在要求

责任保险，根据《中华人民共和国保险法》规定，是指以被保险人对第三者依法应负的赔偿责任为保险标的的保险。[2]以此定义可以推知，责任保险实现了法律责任的分散化承担，这既是责任保险的目的宗旨，又是该类保险的价值功能。医疗责任保险，从类别划分上判断属于责任保险中的职业保险，是指主要以医疗机构为投保主体，以医疗机构和医务人员在诊疗过程中的过失行为致使患者受伤或者死亡导致的损害赔偿责任为保险标的的责任保险。

医疗责任保险在我国现如今医患关系紧张、医疗纠纷频发的情势之下显得尤为必要。第一，它具有分散责任的功效。一方面，通过赔偿责任的分散化，减轻了被保险人因给付赔偿而遭受的经济损失；另一方面，赔偿主体的多元化增加了受害人寻求救济的途径，满足其受损利益，有利于社会秩序的安定。第二，医疗责任保险关乎第三人利益，根据外部性理论，其具有一定

---

[1] 袁宗蔚：《保险学——危险与保险》（增订三十四版），首都经济贸易大学出版社2000年版，第566页。

[2] 参见王伟编著：《保险法》，上海格致出版社2010年版，第208页。

的社会分配功能。资源的占有者通过购买责任保险，使保险公司聚集了大量的社会财富，从而建立了保险基金，以对受害人的损失予以赔偿，弥补其受损利益，实现社会资源分配过程中的弱者倾斜和保护。

虽然医疗责任保险具有诸多价值功能，但是还要辅之以一系列的配套制度予以保障，保险人、被保险人和第三人之间的直接请求关系是其发挥作用的关键。损害发生后，受害人作为第三人与其他二者相比明显处于弱势地位，囿于合同的相对性，如果没有赋予受害方针对保险人直接的请求权，会使其受损利益真正处于保护的真空地带。唯有允许受害人在一定条件下可直接起诉医疗责任保险公司，才能实现医疗责任保险的内在价值。

（二）对合同相对性原则的修正

医疗责任保险的保险标的是被保险人对第三人的损害赔偿责任，保险人是否及时足额赔付保险金，对第三人有着直接或者间接的影响。医疗责任保险中的第三人，是保险合同之外的，但是对被保险人享有损害赔偿请求权的人，即受害患者。

从民法典的角度而言，此三者之间的关系应该如下：保险人对被保险人的保险责任缘起于二者之间直接签订的保险合同，属于合同关系；第三人对被保险人的损害赔偿请求权肇始于侵权行为，属于侵权责任关系。根据合同的相对性原理，受害第三人被排斥于保险合同之外，与保险人之间并不存在直接的合同关系，无权直接向保险人请求损害赔偿，保险人更没有对应的赔付义务。

但是，随着社会的进步和情势的变迁，人们的观念也在发生着潜移默化的演变，在医疗责任保险领域也不能僵化的履行合同相对性，应顾及公共利益原则和弱者保护原则，对合同的相对性进行适当的突破与修正。因为在医疗科技广泛应用和小部分医务人员道德滑坡的背景下，医疗损害事件频繁发生，医疗纠纷的妥善解决与否直接影响社会稳定，其中的关键就在于医疗受害者的权益是否得到全面的保护。医疗责任保险担负着分散医疗风险、保护受害人权益的美好冀图，只有突破相对性原则的限定，允许受害第三人在法定条件下可以直接向医疗责任保险公司请求损害赔偿，才能实现这一实体目的。

二、医疗责任保险制度的域外考评：保险纠纷处理程序之维度

美国和西欧发达国家是社会保障理论的发祥地，社会保障体系也相对健全，医疗责任保险制度作为社会福利的重要组成，其制度建设包括很多维度，在此选择医疗受害人与医疗责任保险公司的关系为视角，只对医疗责任保险的处理程序做对比分析。

（一）美国模式

医疗责任保险在美国发展的最为成熟，比较学习对我国医疗损害利益的衡平和医疗纠纷的解决也大有裨益。基于美国医疗机构的私有性质，实行的是自保型医疗责任保险。美国涉及医疗责任保险的医疗损害纠纷处理程序分为两级，即医疗评审与监督委员会的先行调解程序和法院的诉讼程序。被保险人因其自身过错对患者造成人身损害而发生医疗纠纷后，由医疗评审与监督委员会先行调解，如果双方或者一方不满调解结果，就会诉至法院；法院需要根据事实判定医疗机构是否存在过错以及过错的程度，进而判定医方责任和赔偿数额。无论哪种程序，最终都是由保险公司负责支付损害赔偿费用。

美国的医疗责任保险也存有很大的危机，由于英美法系下法院审理实行陪审团制度，陪审团出于对患者的同情会产生对患者的过度保护的情况，致使损害赔偿费用畸高，给保险公司造成很大的经济压力，迫使其不断提高保费，甚至是退出保险市场。

（二）英国模式

1885年，第一张职业责任保险单——药剂师过失责任保险单在英国出现，使医疗责任保险成为责任保险合同的独立类型，成为医疗责任保险的始祖，英国也因此被称为医疗责任保险的发源地。[1]经过100多年的发展，医疗责任保险在英国已相当完善，主要是实行互助性医疗责任保险，基于对患者权益的保护和社会稳定的考量，医学委员会一般会强制要求医生必须加入互助性责任保险机构。[2]

英国的医疗责任保险救济程序相对美国也有自己的特色。当发生医疗纠

---

〔1〕 参见贾林青：《保险法》，中国人民大学出版社2006年版，第285页。
〔2〕 参见戴庆康："英国医生互助性责任保险述评"，载《南京医科大学学报》（社会科学版）2003年第1期。

纷时，医生会把收到的患者诉求及时报告互助性责任保险机构，该机构首先审查医生的会员资格，审查合格后该机构会把医患双方纠纷的具体情况交由秘书处备案，秘书处备案过后会把具体的案件资料交给专业秘书，专业秘书再对纠纷的过错存否及比例、因果关系、赔偿金额等具体问题进行总体评估，将评估的结果送交决策机构决定是否承担相应的责任并向医生提供法律帮助。

(三) 美英实践总结

纯粹从医疗损害发生后利益救济的向度分析，美英医疗责任保险实践还是有很多值得我们借鉴的。第一，推行强制医疗责任保险。通过政府强力扩大医疗责任保险的覆盖面，有利于受害患者合法权益的保障，能够稳定社会秩序；推行强制医疗责任保险能够弥补受害患者的利益损失，扩大了赔偿义务人的财源基础，显示出医疗责任保险保护受害人之功能。第二，建立处理医疗纠纷的专门机构，并合理定位医方角色。从美英两国的实践来看，因为一些处理医疗纠纷专门机构的存在，医方与患者之间的对抗有了一定的缓冲，医方只是配合案件事实的调查；处理医疗纠纷的专门机构，拥有专业的纠纷解决人员，在专业知识上拥有其他机构无可比拟的优势，对医患双方的心理状态有比较好的掌握，由其来处理医疗纠纷，可以大大提高医疗纠纷解决的效率，促进医疗纠纷的妥善处理。第三，最终的责任承担者都是医疗责任保险公司，允许受害人在一定条件下可以直接诉讼保险公司。在医疗责任保险制度下，不管受害人选择哪种救济途径，最后的赔偿责任承担者都是保险公司，在法律责任明晰之后，受害人可以直接请求保险公司予以赔偿；允许受害患者在一定条件下可以直接向保险人行使经济赔偿请求权，有助于更好地保护受害患者，使其受损的利益能够得到及时有效的弥补，但是为了平衡医方的利益，应当要求保险人行使医方对受害患者的抗辩权，以防止二者串通损害投保人的利益。

三、医疗受害人直接诉讼医疗责任保险公司的现实驱动和利好环境

在我国目前的医疗责任保险体系中，医疗受害人是不允许直接向医疗责任保险公司提起诉讼的。就必要性而言，随着医疗领域内的侵权事件不断发生，医疗受害人的权益很难得到保障，医疗机构和医务人员的经济责任和负担呈现畸形倾斜；从现实利好环境考虑，完善医疗责任保险的内外部环境也都业已成熟，允许医疗受害人在法定条件下直接诉讼保险公司也是可行的。

(一) 现实驱动

1. 医疗受害人的合法权益遭受损失有损社会稳定

在风险社会的宏观场域下，人类面对的是一个异质化的高风险社会，尤其是当今社会转型期，处于后危机时代的中国各类风险的杂糅并发几率激增。新近医疗科技的广泛应用，使医疗侵权发生的潜在危险系数呈指数增长，超出人类所能预料的范围；市场经济思潮的冲击，使小部分医务人员的道德水准濒于滑坡，甚至为一些非法利益铤而走险；信息上不对称、经济实力低下、维权途径不畅通，使医疗受害人处于明显的弱势地位。诸多原因都使患者就医时面临医疗侵权的高风险境地，而一旦发生医疗侵权，闭塞的维权途径和高昂的维权成本都让其望而却步。由此，患者处于十分不利的环境中，一来患病风险日渐增高，医疗风险的发生概率也居高不下；二来相较于医疗机构，患者处于相对弱势的地位，其利益很容易受到损害。所以，亟需对医疗责任保险制度进行改革，丰富医疗受害人的救济渠道，让其直面保险公司不失为一个理想的选择。

2. 医疗机构和医务人员的责任倾斜阻滞医学发展

医疗侵权不仅对患者来说是一个利益的损害，于医疗机构和医务人员来说也是一种极大的不利益，由此导致的经济负担和诉讼负担必然会阻滞医学的发展。首先，医疗行业本身就是一个高风险行业，加上其关乎人们的生命安全和身心健康，决定了政府在医疗服务中必须扮演重要角色，但是从目前的补偿机制来看，政府财政并没有设立专门的处理医疗纠纷赔偿的基金，一旦发生医疗侵权必须由医方自行承担；其次，医疗纠纷涉及的客体往往是患者的生命健康，赔偿数额巨大、理赔程序复杂，不仅给医方带来巨大的经济负担，还会使其深陷诉讼之累而无法自拔；最后，迫于如此压力，医疗机构和医务人员在从事医疗活动时，出于对自身利益的保护很可能会对患者进行保守治疗，这样不利于患者康复，还阻碍了医学事业的进步。

(二) 利好环境

1. 外部环境的涤清

外部环境的优化为医疗责任保险制度的改革提供了肥沃的土壤。其一，随着经济的发展，居民收入和生活水平不断提高，思维观念也发生变化，逐渐认识到医疗责任保险的社会公益指向，使人们对责任保险的需求不断增加；尤其是社会公众对于保险业观念的转变，更是给其发展创造了良好的外部环境。其二，我国法治日趋健全，特别是民事责任赔偿法律制度不断完善，民众的维权意识和诉讼意识随之提高，维权的途径也呈现出多元化和畅通化的趋向，使得包括医疗机构在内的各类民事主体的责任风险加大，促使其积极寻求转嫁风险的替代机制，医疗责任保险成为不可忽视的选择。[1]

2. 内部环境的优化

内部环境的优化为医疗责任保险制度的改善提供了内生性机理。其一，保险市场主体不断增加，使得市场竞争日益激烈，保险主体需要不断地进行业务创新，不断丰富保险品种，改善服务理念，推出全新的服务形式，来争取更大的保险市场，加之责任保险标的的无形性质，使其发展空间不受物质价值因素的制约，更容易使市场和消费者接受，具有很大的发展潜力；其二，我国保险市场不断净化且呈开放之势，在经验、技术、管理等方面都有长足的进步，经过多年的发展，优秀的保险人才队伍已经初具规模，并且发挥着其应有的作用，保险主体对保险市场的规律也有了较为深入的认识，有助于其科学地展开工作。这些因素都是我国医疗责任保险制度不断优化的环境优势，允许受害患者直接向保险人行使请求权的条件愈发成熟。

四、构建医疗受害人直接诉讼医疗责任保险公司制度的路径探索

对任何制度进行可行性和必要性的分析都只是停留在理论层面，然而最终的落脚点还是要从实践的视角探寻具体的制度建设路径，为制度的完善提出可行性建议。允许医疗受害人直接诉讼医疗责任保险公司的做法是医疗责任保险制度的一部分，应该着重从医疗责任保险的构建层面来加以完善。笔者认为，应该主要从出资主体和保险制度的设计来考虑，具体而言，包括以下两个方面的内容：

（一）建立多元化出资主体的医疗责任保险制度

从医疗服务的性质、风险负担原则、各方利益平衡的角度来讲，较为科学的做法应该是建立政府、医疗机构、医师三方共同出资的医疗保险责任制度。这种三位一体的出资结构，体现了风险的共同参与、共同负担之社会化趋势，不仅体现了政府对医疗事业的支持，还减轻了医疗机构的负担，最大

---

[1] 参见王伟编著：《保险法》，上海格致出版社2010年版，第216页。

限度地保障了患者权益。[1]

首先,我国的医疗服务具有公共服务的性质,医疗机构多带有公益福利色彩,享受政府的财政补贴,在政府的宏观调控下运行,为社会提供高质量的医疗服务是政府不可推卸的责任。按此思路,由政府出资建立全方位的医疗责任保险制度,保障医患双方的权益,是履行政府职能的重要表征。其次,按照风险负担原则,谁受益谁就应该承担相应的成本和风险。归根结底,医疗责任保险是医疗机构为了规避风险而采取的转嫁负担的举措,一旦发生医疗侵权,要由保险机构来替医疗机构承担相应的赔偿责任。因此,医疗机构要承担主要的出资义务。最后,综合衡平各方利益,由医务人员承担一定保费也是必要可行的。因为保费负担的经济压力和医务人员个人责任的承担机制,会促使医务人员谨慎行医,提高医德水准和医疗技术,从而降低医疗侵权的几率和风险,这也是为了防止引发道德风险的必然要求,因为如果不让医务人员承担必要的保险费用,就会使其降低医疗行为时履行注意义务的程度,诱发道德风险。

(二) 医疗责任保险公司细化保险制度设计

在对医疗受害人直接诉讼保险公司的必要性和可行性进行论证之后,本文将讨论医疗责任保险公司要设计一系列的具体制度予以应对,以保障自身的持续盈利、提高保险理赔的效率。

第一,就适用的范围而言,应明确从事医疗行为的主体应该是具有合法执业资格的医务人员和医疗机构,主观方面应该是基于过失而非故意做出的致害行为,时间上应界定为从事诊疗活动的正常工作时间;[2]第二,就险种内容的设计而言,保险公司要根据不同科室医务人员的风险大小和执业特点,制定不同的险种以迎合不同医疗活动领域的多层次要求,保费的厘清也要结合以下因素综合确定:所在当地的经济发展水平、到此医疗机构就医的患者多寡、医疗机构及其医务人员的专业技术水平、医务人员的责任心和医疗品德、赔偿限额的高低等;[3]第三,就保险纠纷的处理而言,应该建立专门的

---

[1] 参见胡汝为:《医患关系:责任政府下的法律规制研究》,北京大学出版社2012年版,第179页。

[2] 参见贾林青:《保险法》,中国人民大学出版社2006年版,第286页。

[3] 参见任自力主编:《保险法学》,清华大学出版社2010年版,第271页。

机构独立负责，收到医疗受害人的理赔请求后，由该机构严格审查医患双方的具体资料，明确二者责任，并快速处理，若不能达成妥善的赔偿意见，可诉至法院，最终按照法院确定的赔偿数额及时赔付。

五、结论

诚然，医疗责任保险对于医患双方利益维护和医疗科技进步的重要意义已经毋庸置疑。但是，如何通过合理的内部设计发挥医疗责任保险的制度效用，是摆在我们面前的重要难题，其中，赋予受害患者对保险人的直接请求权便是我们为此做出的尝试和努力。患者遭受医疗损害后，对损害赔偿有着强烈的心理需求，很多医疗纠纷都是因为经济赔偿的时间拖延而引发的。法律上允许受害患者可以直接请求保险人进行经济赔偿，这就给了受害患者双重的救济渠道，有利于损害的弥补和利益的维护。与之相对应，出于权利义务相对等的原则考虑，我们还应该要求保险人承担投保人对第三人的抗辩权，即要求保险公司行使医疗机构和医务人员对受害患者的抗辩权，这样的制度设计不仅可以使医患双方的利益得以有效保护，还可以使三方保险主体的权利义务得到平衡，是完善医疗责任保险制度内部优化的重要举措。

结 论

一、医疗责任保险的基本认知

在现代社会科学技术迅猛发展的宏观背景下，层出不穷的高新技术不断应用于医疗领域，科学技术固有的不确定性使医疗风险发生的可能性骤然增加；加之医疗风险的发生受很多人为因素的影响，医师职业道德和医疗技术水平是两个很难界定和控制的因素，原因比较复杂多变。此外，医疗风险可能源于医疗技术和医疗设备的落后或不均等分布，医务人员的专业水平、责任心和职业道德状况参差不齐，可能源于患者自身的特殊体质，可能是难以预测与控制的病理机制，亦有可能是既有医疗机制本身的不健全。通过健全医疗法律规范、完善医疗技术规范、制定医疗道德规范是对医疗风险进行控制与管理的常规路径。在社会进步、科技发展、法治完善的宏观场域下，责任保险愈发引起人们的重视，越来越成为分散风险和减轻损失的首选举措，责任保险也已经成为一项具有很大发展潜力的保险业务，随着我国法治环境的不断优化，责任保险制度也会取得巨大发展。

责任风险的客观存在是现如今责任保险方兴未艾的重要条件，责任保险的设计也是以现实中存在的诸多不同种类的责任风险为基础。因此，不同的责任风险产生了不同的责任保险，责任风险具有很多不同的种类。责任保险具有分散社会风险、优化风险管理的重要功能，增强了被保险人的赔付能力，有利于推进法制建设、改善投资环境、促进社会进步。近年来，我国的医患关系不断恶化，医疗纠纷不断发生，由此引发的医患冲突悲剧频频上演，尤其是一些"医闹"事件，损及医疗机构正常的工作秩序和医务人员的人身权益，成为影响社会秩序的一大因素，引起人们的广泛关注。其实，导致医患关系如此局面的原因很复杂，包括了很多层面的因素，既有社会总体的医疗卫生资源供给不足的原因，也有医疗体制滞后导致的医疗服务定价机制不合理的因素。但是，我国目前极不完善的医疗责任保险制度也难辞其咎，也被视为引发医患关系紧张的一大肇因。

二、医疗责任保险的制度需求

医疗责任保险是一种责任的社会化分担机制，一种医疗风险的有效应对方式，它体现了商业保险对医患关系的改造。运用法经济学研究理论，我们可以得知，医疗责任保险具有很强的正外部性，对医疗机构和医务人员、患者和社会都有着非常重要的积极意义；从医疗机构对风险的态度和医疗事业本身来看，医疗责任保险也有着其内在的发展驱动力；从保险费用和保险金额的配置来看，如果二者搭配得当、设计合理，对于医疗责任保险的规模化推广也大有裨益。医疗责任保险是一个系统性工程，需要各方面社会因素的配合。在我国建设"法治中国"的现实环境下，医疗责任保险的法治化不仅是中国社会现代化进程的一部分，而且还承载着实现民生目标和法治目标的双重使命。对于医疗责任保险的法治化需求而言，首先要厘清我国目前医疗责任保险法治实践的困境，然后再结合医疗责任保险的影响因素进行系统整合，以探寻其法治化需求。

按照法律分析的理论，构建医疗责任保险的法律制度框架，首先要明确其法律关系的主客体构造，并对主体之间的权利义务关系进行明晰地界定，包括明确对其权利和义务的归属、设计必要的权利救济机制；同时，还要从多个维度构建医疗责任保险的法律文本体系，涵盖多层次的立法层级、制度的指导理念和原则、制度的内容概要等方面。具体而言，医疗责任保险法律关系的主体包括了投保人、保险人、被保险人以及第三受益人。而从客体的外延看，在主观态度方面，医疗责任保险的保险责任是因医务人员的医疗过失所引发的民事赔偿责任；在损失结果方面，医疗责任保险的保险责任之形成要以受害患者人身损害的事实为要件；在保险范围方面，医疗责任保险的保险责任需要明确保险金的涵盖范围。为了实现医疗风险转移的高效和便捷，有必要加强对医疗责任保险的法律规制，明确基本原则、健全法制体系，使其沿着经济、理性的轨道运行。目前，医疗责任保险主要受《中华人民共和国保险法》和地方性法规及规章来规制，《中华人民共和国保险法》只适用于"商业保险行为"，对医疗责任保险的适用性受到限制；地方性法规及规章的规定不一，内容很难统一，同一地方的立法主体也不尽相同，难免会引起冲突。因此，国内的立法现状很可能成为制约医疗责任保险发展的制度性因素，需要在更高效力层级上进行法律表达，制定"医疗责任基本法"，对医疗责任保险进行统一规范。除此之外，医疗责任保险法律制度的建设原则要坚持与上位法保持一致的原则，实现与法律体系的整体协调；要立足于对公民健康权的保护，将此理念贯穿于医疗责任保险立法的始终；要坚持缓和医患关系，推进医疗卫生事业发展。

三、医疗责任保险法律制度的现实问题

受我国经济发展水平和社会文明程度的制约，大众保险意识匮乏、我国保险法律制度相对落后，我国的医疗责任保险起步较晚。从20世纪80年代末至今，医疗责任保险经历了起起伏伏的坎坷历程，既有全国视域下的整体推进，又有地方视野下的局部探索。其间，在取得一定成就的同时，还存在很多亟需解决的现实问题。

从全国的整体发展而言，《医疗事故处理条例》的施行为医疗责任保险的发展提供了更加合理的法律依据。2010年开始施行的《中华人民共和国侵权责任法》对于医疗责任保险的发展具有里程碑式的意义。2021年生效的《中华人民共和国民法典》侵权责任编对相关内容进一步完善。法制的完善铺筑了医疗责任保险的推行之路。一系列法律制度的实施实现了医疗责任保险的有法可依，为医疗责任保险提供了完善的配套制度；近年来的立法越来越具有权利保护向度，旨在对作为弱势一方的患者进行倾斜保护，法制的人文关怀色彩愈加显著。从地方发展而言，事实上，地方医疗责任保险的法治化探索要早于全国的整体规划。最初的医疗责任保险试点，都是由地方性的规范性文件推动的，而非源自于全国的宏观安排。然而，医疗责任保险在我国20多年的实践效果并不理想，一直面临供求双方观望的尴尬境地：作为需求方的医疗机构认为保费太高、保险金额过低，投保积极性不高；作为供给方的保险公司出台的条款极为谨慎，难以满足医患双方的需求。1999年开始，医疗责任保险业务大规模的开展，云南、上海、北京、深圳等多地制定政府规范性文件，借助于政府强力强制要求行政区域范围内的国有医疗机构必须投保。这些有益的尝试虽然还存在很多弊端，效果可能也不尽如人意，但是"构建了我国医疗责任保险的基本框架，为医疗责任保险在我国的法治化提供了有益指向"。

概而言之，在医疗责任保险的法治化进程中，要着重解决两个层面的问

题：实体性问题和程序性问题。所谓实体性问题，着重解决"有法可依"的问题，不断地完善立法，为医疗责任保险的法治化发展奠定法制基础，使其沿着既定的制度轨道运行；所谓程序性问题，意在促进执法、司法和守法的衔接与统一，旨在提高医疗责任保险的实效，确保其在实践中切实得到执行。我国医疗责任保险的发展乏力，并非意味着医疗责任保险在我国的市场前景黯淡。相反，医疗责任保险在我国具有很强的市场优势，恰恰是受制于人为思想观念和制度性因素，其市场潜力才未被深度挖掘。因此，需要从不同视角对我国医疗责任保险的市场需求进行多维审视，包括"异质性的医疗风险、法律和政策因素、经济发展水平、社会文明程度等"。在发挥市场决定性作用的同时，加强政府对医疗责任保险的引导，使潜在的医疗责任保险需求转化为现实的制度性诱因，切实推进我国医疗卫生事业的进步与发展。医疗责任保险的法治化，是医疗责任保险制度化的必然要求，是减少不确定性因素对医疗责任保险之影响的应然路径，也是充分发挥其积极效应的主要途径。

四、医疗责任保险法律制度的域外发展

目前，世界上很多国家和地区均已建立起较为完善的医疗责任保险法律制度，而这一制度在这些国家或者地区中也发挥了十分积极的作用，比如美国、英国等欧美国家，均通过医疗责任保险法律制度的设立，有效地缓解了医患矛盾，保证了医疗卫生事业的健康发展。与此同时，这些国家也在医疗责任保险法律制度的设立中遭遇了一些问题，有些问题至今没有解决。关注其他国家和地区的医疗责任保险法律制度，将为我国建设良好的医疗责任保险法律制度提供很多有益的思考与借鉴，更有助于我们将一些问题防患于未然，所以需要我们予以重视。

具体而言，美、英等国的医疗责任保险制度在保障能力、医师激励、可持续性以及社会效果方面存在差异。通过对上述国家医疗责任保险制度之运行模式、制度绩效的分析，我国的医疗责任保险法律制度之构建可以构建三位一体的保险费用负担模式，走一条低水平、广覆盖、可持续的发展道路，注重制度实施的经济绩效评估。

五、我国医疗责任保险法律制度的建构

我们在重构医疗责任保险法律制度的时候，首先要明确医疗责任保险法律制度的构建思路，以现实问题为切入点，剖析导致当下困境的原因，从而有针对性地提出构建我国医疗责任保险法律制度的基本原则，并提出明晰的发展方向。具体而言，要从主体和客体两个维度予以解析。主体上，要建立包括多元化主体在内的医疗责任保险制度，最大限度地实现医疗风险的社会化分担；客体上，要明确医疗责任保险的适用对象和范围，尤其是要重视一般诊疗行为和临床试验的医疗责任保险问题。

从制度层面而言，我国医疗责任保险的法律制度建设相对滞后，体现在缺乏统一的上位法规范和相关法律制度的不完善。从主体建设层面而言，医疗责任保险的制度初衷是通过保险的模式设计实现社会风险的分散化，旨在维护受害患者的切身利益，减轻医疗机构和医务人员的经济负担，进而产生促进医疗科技进步、维护社会秩序等诸多正外部性效果。因此，维护相关主体的根本利益是构建医疗责任保险的制度愿景，唯有以主体的利益为核心构建医疗责任保险制度，才能彰显出其制度的现实意义。但是，现有险种设计与条款规定大都漠视主体利益。我国医疗责任保险制度要坚持法治化路径、强制性模式，坚持多种保险渠道并行不悖，最终为解决医疗纠纷、维护医患双方利益提供一套完整的制度体系。法治化是构建医疗责任保险制度的根本所在，强制性是医疗责任保险发展的内在规律，多种保险渠道的并行是从不同主体的角度出发进行有针对性的设计，三者相辅相成、紧密结合，构成医疗责任保险的发展趋向。

医疗责任保险法律制度的发展离不开政府、医方、患方以及社会等主体的大力配合与推进。首先，医疗责任保险对于维护弱势群体利益和社会公共秩序大有裨益，具有明显的公益属性，决定了政府必须在医疗责任保险制度的构建上发挥其积极作用。同时，政府作为执法机构和部分规范性文件的制定机构，是医疗责任保险法治化的推进主体，必须依靠政府来实现医疗责任保险的"有法可依、有法必依、执法必严、违法必究"。其次，以医疗机构和医务人员为代表的医方对于医疗责任保险法律制度的推进具有实质性意义。再次，保险公司一方是推进我国医疗责任保险的核心和关键，尤其需要注意的是，其相关保险技术的进步决定了医疗责任保险能否得以顺利实施。最后，和其他风险一样，医疗风险只能降低和控制，却不能彻底消灭，虽然可以通过医疗机构和医务人员加强注意义务、规范内部管理等措施来很好地控制医疗风险，但是现实中很可能还会因为患者自身的因素引发医疗风险；除了患者是医疗风险可能的制造者之外，患者还是医疗责任保险的直接受益者，因为医疗责任保险的首要任务和目标就是弥补受害患者的损失，所以有必要要求患者一方发挥在医疗责任保险构建中的重要作用。

构建医疗责任保险法律制度，除了明确法律主体及其各向度制度建设的方向之外，还需要对医疗责任保险的客体指向予以阐释。明确医疗责任保险所指向的各个行为客体，是更好地践行制度实践的前提和基础，是医疗责任保险制度中必不可少的组成部分。本书所指称的医疗责任保险之客体，主要是指医疗责任保险实际运用过程中所指向的行为对象，意在划定适用医疗责任保险的行为范围，明确何种行为可以适用医疗责任保险。其意义在于，解决具体医疗行为是否适用以及如何适用医疗责任保险的难题，为医疗责任保险的制度运行奠定基础。从类型上看，医疗责任保险的客体可以分为两大类，即一般性的医疗行为和特殊性的医疗行为。前者是医疗机构和医务人员针对患者的疾病进行的一般性的诊疗处理；后者的情况较为复杂，从医疗实践来看，笔者主要是从医学临床试验和药品临床试验两个方面来加以说明。二者有着相似之处，都是有利于医疗科技的进步，同时"又对人体有着潜在的风险和危害，一旦发生损害，受试者会面临维权困难的境地"。如果要求试验者承担对受试者的医疗损害责任，会加大其经济负担。因此，强制性地要求试验者购买医疗责任保险，将经济赔偿责任转移给保险人，是一条比较合理的路径设计。

六、医疗责任保险法律制度的配套制度

构建我国医疗责任保险制度，既要关注制度层面的完善，也要坚持宏观理念和原则的指引。除了完善医疗意外损害补偿基金制度、医疗损害责任承担机制、医疗纠纷的专业化解决机制等制度性建设以外，更重要的是坚持一定的价值取向和指导原则。这在一定意义上也是我国医疗责任保险制度建设中要着重关注的问题。构建医疗责任保险制度需要秉承生命健康性、成本收益性和公平正义性三大价值理念。医疗责任保险的立法工作要遵守宪法和法律，在平衡医患双方利益的基础上，着重保护受害人利益，通过化解医疗风险、减轻医患双方经济负担，促进医疗卫生事业健康稳定发展。

就具体的配套制度而言。第一，完善医疗损害赔偿责任承担机制。置身于国际视野的宏大场域，我们会发现多元化救济理念已成为主流，个体风险的社会化承担已成为应对各种风险的正解之道。所以，探寻多元化的责任承担机制，尤其是对现有机制的内部责任进行优化配置，是应对医疗损害不断增加的正道。第二，建立特殊体质受害人的救济机制。在传统的因果关系理论和原因力解释效力下，受害患者并不能得到充分的保障和有效的救济。保护因受害人特殊体质而引发的医疗损害，是医疗责任保险的重要补充，是受害患者利益保护机制的重要组成部分。对此，需要对传统的因果关系理论进行适度的突破，引入因果关系程度论，同时，对多种因素进行综合考量。第三，建立医疗意外损害补偿基金。科学技术的进步促使大量新技术和新产品广泛应用于医疗活动，导致医疗意外损害的发生几率激增。根据现行规定，当发生不可归责于双方的损害时，可适用公平原则由双方分担责任，但是这种分担模式又存在其固有的经济和社会流弊。为了克服现有救济模式的弊端，有必要引入多元化救济理念，建立长效的医疗意外损害救济机制，其中不可或缺的就是医疗意外损害补偿基金的设立。第四，建设医疗纠纷专业化解决机制。随着社会分工的细化，整个社会被分割为诸多子领域，纠纷解决机制的专业化是顺应该趋势的必然选择。在诸多纠纷解决途径中，以仲裁和诉讼为代表的公力解决机制，在风险社会的宏观态势下逐渐成为人们的显性选择。医疗活动具有明显的专业性和科学性，事关人们的身心健康和生命安全，一旦发生医疗损害，后果十分严重，纠纷不易解决，在医疗纠纷频发的当下，我国医疗纠纷解决机制不科学是导致医患关系紧张的关键因素之一，建立专业化纠纷解决机制势在必行。第五，建立医疗受害人对于保险人的直接诉讼制度。相较于美国和英国等发达国家的医疗责任保险制度，我国仍有很多缺陷，医疗受害人不能直接诉讼保险公司就是一个很明显的斫伤，这使医疗受害人的合法权益不能得到很好的保障。为此，理论上，应对合同的相对性做适当的突破和修正，使受害人可以直面保险公司；实践中，要建立"三位一体"的医疗责任保险出资结构，还要在险种、费率、适用范围和纠纷处理等方面进行系统地制度设计。

参考文献

一、著作类

1. 谭湘渝：《医疗责任保险研究》，上海财经大学出版社 2008 年版。
2. 曾言、李祖全：《医疗责任强制保险制度研究》，湖南师范大学出版社 2009 年版。
3. 孙祁祥：《保险学》，北京大学出版社 2013 年版。
4. 古津贤主编：《医疗侵权法论》，吉林大学出版社 2008 年版。
5. 刘金章、刘连生、张晔：《责任保险》，西南财经大学出版社 2007 年版。
6. 邹海林：《责任保险论》，法律出版社 1999 年版。
7. ［美］约翰·罗尔斯：《正义论》，何怀宏、何包钢、廖申白译，中国社会科学出版社 2010 年版。
8. 肖柳珍：《中国医疗损害责任制度改革研究》，中国政法大学出版社 2014 年版。
9. 刘新立：《风险管理》（第一版），北京大学出版社 2006 年版。
10. 吴崇其主编：《卫生法学》，法律出版社 2005 年版。
11. 杨静毅：《医疗侵权的经济分析》，法律出版社 2013 年版。
12. 魏华林、林宝清：《保险学》，高等教育出版社 1999 年版。
13. ［德］马克斯·韦伯：《支配社会学》，康乐、简惠美译，广西师范大学出版社 2004 年版。
14. 李玉泉：《保险法》（第二版），法律出版社 2003 年版。
15. 柳经纬、李茂年：《医患关系法论》，中信出版社 2002 年版。
16. 梁宇贤：《保险法新论》，中国人民大学出版社 2004 年版。
17. 付子堂主编：《法理学进阶》（第三版），法律出版社 2010 年版。
18. 中共中央马克思恩格斯列宁斯大林著作编译局编译：《马克思恩格斯选集》（第 2 卷），人民出版社 1995 年版。
19. 龚赛红：《医疗损害赔偿立法研究》，法律出版社 2001 年版。
20. 艾尔肯：《医疗损害赔偿研究》，中国法制出版社 2005 年版。
21. 张洪涛主编：《责任保险理论、实务与案例》，中国人民大学出版社 2005 年版。
22. 李加明：《财产与责任保险》，北京大学出版社 2012 年版。
23. 兰虹主编：《财产与责任保险》，西南财经大学出版社 2010 年版。

24. 孟强：《医疗损害责任：争点与案例》，法律出版社 2010 年版。
25. 覃有土主编：《保险法概论》，北京大学出版社 2001 年版。
26. 姜凤武：《医疗损害责任制度比较研究》，法律出版社 2013 年版。
27. ［日］植木哲：《医疗法律学》，冷罗生等译，法律出版社 2006 年版。
28. 尹田主编：《中国保险市场的法律调控》，社会科学文献出版社 2000 年版。
29. 何颂跃主编：《医疗纠纷与损害赔偿新释解》，人民法院出版社 2002 年版。
30. 江朝国：《保险法基础理论》，中国政法大学出版社 2002 年版。
31. 强美英主编：《医疗损害赔偿责任分担研究》，知识产权出版社 2010 年版。
32. 张文显：《法哲学范畴研究》，中国政法大学出版社 2001 年版。
33. 张新宝：《中国侵权行为法》（第二版），中国社会科学院出版社 1998 年版。
34. 王岳主编：《医疗纠纷法律问题新解》，中国检察出版社 2004 年版。
35. 王岳主编：《医事法》，对外经济贸易大学出版社 2010 年版。
36. 《医疗事故处理条例》起草小组编写：《医疗事故处理条例释义》，中国法制出版社 2002 年版。
37. ［美］E. 博登海默：《法理学：法律哲学与法律方法》，邓正来译，中国政法大学出版社 2004 年版。
38. 林文学：《医疗纠纷解决机制研究》，法律出版社 2008 年版。
39. 宋平：《医患纠纷诉讼程序研究》，厦门大学出版社 2012 年版。
40. 邵诚、刘作翔主编：《法与公平论》，西北大学出版社 1995 年版。
41. 陈聪富：《因果关系与损害赔偿》，北京大学出版社 2006 年版。
42. ［美］H. L. A. 哈特、托尼·奥诺尔：《法律中的因果关系》，张绍谦、孙战国译，中国政法大学出版社 2005 年版。
43. 杨立新：《侵权法论》（第 2 版），人民法院出版社 2004 年版。
44. 付子堂主编：《法理学初阶》，法律出版社 2006 年版。
45. 王泽鉴：《侵权行为》，北京大学出版社 2009 年版。
46. 袁宗蔚：《保险学——危险与保险》（增订三十四版），首都经济贸易大学出版社 2000 年版。
47. 王伟编著：《保险法》，上海格致出版社 2010 年版。
48. 贾林青：《保险法》，中国人民大学出版社 2006 年版。
49. 胡汝为：《医患关系：责任政府下的法律规制研究》，北京大学出版社 2012 年版。
50. 任自力主编：《保险法学》，清华大学出版社 2010 年版。
51. 吴汉东主编：《知识产权法》（第三版），中国政法大学出版社 2004 年版。
52. 徐国栋主编：《绿色民法典草案》，社会科学文献出版社 2004 年版。
53. 李圣隆：《医护法规概论》，华杏出版公司 1993 年版。

54. 王利明等撰稿：《中国民法典学者建议稿及立法理由——侵权行为篇》，法律出版社 2005 年版。

55. 王政勋：《正当行为论》，法律出版社 2000 年版。

56. 中国大百科全书总编辑委员会《现代医学》编辑委员会等编：《中国大百科全书·现代医学》，中国大百科全书出版社 1992 年版。

二、论文期刊类

57. 罗熙、何国强："论医疗责任保险——从法律经济学的角度切入"，载《政法学刊》2010 年第 3 期。

58. 林暖暖："美国无过错医疗责任改革：制度缘起与法理启示"，载《中国社会科学》2010 年第 2 期。

59. 张仲明："加强医疗风险管理，确保医疗质量——参访香港医院管理局专题之二"，载《中华医院管理杂志》1999 年第 9 期。

60. 邵晓莹："医疗风险与医疗纠纷"，载《医学与社会》2001 年第 5 期。

61. 袁晓晶、骆绪刚："医疗责任保险及其法律问题研究"，载《兰州学刊》2004 年第 2 期。

62. 陈玉玲："强制责任保险：我国医疗责任保险发展取向"，载《上海金融》2002 年第 1 期。

63. 郭永松、华淑芳："医疗风险、责任与对策"，载《医学与哲学》2003 年第 4 期。

64. 余艳莉、朱少铭："医疗风险防范与化解新趋向"，载《医学与哲学》2003 年第 4 期。

65. 王琬："商业保险参与多层次医疗风险分担机制的构建"，载《中国人民大学学报》2013 年第 1 期。

66. 王琬："医疗责任保险需求分析"，载《湖北社会科学》2008 年第 11 期。

67. 董兴建："医患关系的法律调整原则研究"，载《法律与医学杂志》2001 年第 2 期。

68. 姜国和："医疗风险与风险转移"，载《中国医院》2002 年第 3 期。

69. 史羊栓："医疗责任保险的法律构筑"，载《中国卫生事业管理》2001 年第 7 期。

70. 张云林等："我国医疗责任保险发展现状"，载《中国医院》2007 年第 9 期。

71. 范贞："医疗责任保险的思考"，载《法律与医学杂志》2007 年第 3 期。

72. 乔世明："我国医疗责任保险模式之探讨"，载《中南民族大学学报》（人文社会科学版）2006 年第 3 期。

73. 彭华："对医疗责任保险的几点思考"，载《中国医院》2005 年第 6 期。

74. 戴庆康："英国医生互助性责任保险述评"，载《南京医科大学学报》（社会科学版）2003 年第 1 期。

75. 刘宇："关于医疗责任保险的探讨"，载《中华医院管理杂志》2005 年第 5 期。

76. 贺海仁："从私力救济到公力救济——权利救济的现代性话语"，载《法商研究》2004年第1期。
77. 范愉："当代中国非诉讼纠纷解决机制的完善与发展"，载《学海》2003年第1期。
78. 文正邦："论主客体统一——法律实践的一个中心问题"，载《华东政法学院学报》2000年第2期。
79. 陈绍辉："医疗责任保险的潜在缺陷及其弥补"，载《法律与医学杂志》2004年第4期。
80. 董文勇："我国医疗责任保险法律制度构建的问题与方案"，载《河北法学》2014年第6期。
81. 田雨、杨永发、施宇箭："医疗责任保险实务之法律研究"，载《保险研究》2000年第5期。
82. 谢青松："《侵权责任法》：开启医疗损害赔偿新纪元"，载《医学与哲学》（人文社会医学版）2010年第7期。
83. 韦松："论医疗责任保险的发展"，载《保险研究》2003年第7期。
84. 张音等："医疗责任保险在医疗损害处理中的作用、局限以及发展方向"，载《中国卫生质量管理》2005年第6期。
85. 苗娣："论医疗责任保险的现状与发展"，载《保险研究》2005年第10期。
86. 芮琳等："国内医疗责任保险统保模式比较分析"，载《中国医院》2006年第1期。
87. 陈玉玲："我国医疗责任保险的现状及其发展的前提条件"，载《中国卫生事业管理》2002年第6期。
88. 罗向明："建立强制医疗责任保险适应医疗体制改革"，载《经济导刊》2005年第10期。
89. 张泽洪："新医疗责任保险的公信力分析"，载《中国卫生经济》2013年第8期。
90. 潘登、郑振佺："完善医疗责任保险运行模式的探讨"，载《中国卫生事业管理》2011年第2期。
91. 强美英："医疗损害赔偿分担机制初探"，载《河北法学》2010年第9期。
92. 陈绍辉、袁杰："医疗责任保险：强制抑或自愿——现实条件下的模式选择"，载《上海保险》2005年第12期。
93. 胡海滨："对医疗责任保险的分析与建议"，载《保险研究》2002年第8期。
94. 廖晨歌："论我国强制医疗责任保险立法的必要性"，载《中国卫生事业管理》2011年第10期。
95. 陈瑶、夏兴林、赵曙："我国医疗责任保险的现状、原因及对策"，载《贵州大学学报》（社会科学版）2009年第2期。
96. 郭丽军："论医疗责任保险的发展"，载《保险研究》2002年第10期。

97. 孙纽云、陈华、金缦:"我国的医疗责任风险及治理研究",载《保险研究》2011 年第 3 期。

98. 肖柳珍、王慧君:"医疗损害司法鉴定特别许可制度的探讨",载《中国司法鉴定》2011 年第 3 期。

99. 尤中华:"当前医疗事故技术鉴定中的问题及建议",载《法律与医学杂志》2004 年第 1 期。

100. 张瑞纲、许谨良:"美国医疗责任保险危机成因剖析及启示",载《南方金融》,2013 年第 6 期。

101. 朱铭来、焦峰:"医疗责任保险制度的国际比较研究",载《保险研究》2008 年第 7 期。

102. 王琬、孙纽云:"医疗风险分担机制的国际比较与经验借鉴",载《湖北大学学报》(哲学社会科学版) 2012 年第 6 期。

103. 张新宝、李倩:"惩罚性赔偿的立法选择",载《清华法学》2009 年第 4 期。

104. 于娟:"论医疗责任强制保险制度的域外经验及立法启示",载《求索》2013 年第 8 期。

105. [日] 我妻学:"德国医疗事故纠纷及裁判外纠纷解决程序",载《东京都立大学法学会杂志》2004 年第 1 期。

106. 徐喜荣:"日本医师会医师责任保险制度及其启示",载《中国卫生事业管理》2013 年第 11 期。

107. 赵敏:"日本医生赔偿责任保险述评",载《中国医院管理》2010 年第 4 期。

108. 郑雪倩等:"国外医疗责任保险的三种模式",载《中国医院》2007 年第 9 期。

109. 王柯厶、万立华:"日本医疗纠纷防范处理措施研究",载《医学与哲学》(人文社会医学版) 2009 年第 12 期。

110. 李国炜:"瑞典病人保险制度介评",载《南京医科大学学报》(社会科学版) 2004 年第 1 期。

111. 刘兰秋:"新西兰医疗伤害无过失补偿制度简介",载《中国全科医学》2009 年第 21 期;

112. 刘乃梁:"基于民生问题的消费者权益保护立法——兼评我国《消费者权益保护》的修改",载《中南大学学报》(社会科学版) 2014 年第 2 期。

113. 吴飞飞:"从权利倾斜到责任倾斜的弱者保护路径转换——基于法经济学视角的解读",载《广东商学院学报》2013 年第 6 期。

114. 申曙光、肖尚福:"对我国实行强制医疗责任保险的思考",载《上海保险》2006 年第 2 期。

115. 麻宝斌:"社会正义何以可能",载《吉林大学社会科学学报》2006 年第 4 期。

116. 谭亭、蒲川:"对我国医疗责任保险发展的分析与思考",载《现代预防医学》2009年第21期。

117. 徐春红、谭中明:"试论我国医疗责任保险责任触发机制的完善",载《金融与经济》2010年第3期。

118. 赵静、耿田军、张雪梅:"论我国医疗责任保险制度的完善",载《现代预防医学》2008年第3期。

119. 吴海波、黄淑云:"强制医疗责任保险实施模式探讨",载《中国卫生资源》2009年第4期。

120. 吴海波、江乐盛:"医疗责任保险实施模式创新研究",载《中国卫生事业管理》2012年第1期。

121. 刘延彤等:"医疗责任保险的可行性分析",载《西北国防医学杂志》2005年第3期。

122. 吕群蓉、蔡川子:"论医疗责任保险保费的承担主体",载《福州大学学报》(哲学社会科学版)2013年第3期。

123. 顾加栋、姜柏生:"论药物临床试验受试者的权益保护",载《中国卫生质量管理》2010年第2期。

124. 郭继志:"论医患冲突与和谐医患关系的重建",载《中国医学伦理学》2006年第3期。

125. 林来梵、季彦敏:"人权保障:作为原则的意义",载《法商研究》2005年第4期。

126. 邵蓉、宋乃锋:"临床研究中受试者权益保护问题探讨",载《南京医科大学学报》(社会科学版)2002年第2期。

127. 林义顺:"临床研究中保护人类受试者——历史与美国现状",载《福建医科大学学报》(社会科学版)2005年第1期。

128. 田冬霞、张金钟:"美国机构伦理审查委员会认证体系的启示",载《中国医学伦理学》2006年第4期。

129. 曹永高:"论完善我国人体药物试验法律制度的几个问题",载《法律与医学杂志》2006年第4期。

130. 王岳:"论我国亟待建立的药品不良反应研发与救济基金制度",载《中国药物应用与监测》2004年第4期。

131. 芦淑萍、郭遐:"对药品临床试验受试者的损害赔偿责任",载《中国医院》2013年第4期。

132. 陈炜:"无过错责任原则在临床试验受试者保护中的适用",载《西北医学教育》2006年第5期。

133. 张泽洪:"论医疗责任保险的强制",载《中国保险》2010年第10期。

134. 路艳娥:"健康权的法理学思考",载《河北法学》2009年第3期。

135. 杜承铭、谢敏贤："论健康权的宪法权利属性及实现"，载《河北法学》2007年第1期。
136. 杨豹："哈耶克论'社会正义'"，载《新疆大学学报》(哲学人文社会科学版) 2007年第1期。
137. 李巍、仲崇盛："论社会正义的基本内涵"，载《理论与现代法》2006年第4期。
138. 武咏、武学林："试论建立医疗意外保险制度——由一起医疗纠纷无过错赔偿案件引发的思考"，载《中国卫生事业管理》2003年第9期。
139. 刘乃梁："政府主导下的企业社会责任的时代进路——基于我国转型期的探索"，载《经济法论坛》2013年第1期。
140. 戴维："国外的医疗纠纷处理"，载《国际医药卫生导报》2002年第9期。
141. Hazel Armstrong："新西兰无过失伤害的预防、康复和赔偿体制介绍"，载《中国安全生产科学技术》2007年第1期。
142. 夏芸："日本医疗诉讼改革及对鉴定结论的评价"，载《证据科学》2009年第3期。
143. 兰岚："审判专业化的逻辑要义分析"，载《知识经济》2012年第8期。
144. 周小锋："特殊体质受害人损害赔偿问题研究"，载《人民司法》2012年第13期。
145. 张新宝、明俊："侵权法上的原因力理论研究"，载《中国法学》2005年第2期。
146. 江勇、陈增宝："指导性案例的效力问题探讨"，载《法治研究》2008年第9期。
147. 姚辉："民事指导性案例的方法论功能"，载《国家检察官学院学报》2012年第1期。
148. 孙鹏："受害人特殊体质对侵权责任之影响"，载《法学》2012年第12期。
149. 高玉玲："病历上的知识产权问题探析"，载《科技与法律》2008年第5期。
150. 周露琼、王勤华："严把病历利用尺度，保护医院知识产权"，载《浙江档案》2006年第4期。
151. 刘殿荣、范贞、卢光明："病历的所有权与著作权"，载《解放军医院管理杂志》2003年第2期。
152. 姚巧玲："加强病历对外复印工作的管理，保护医院知识产权"，载《中国病案》2004年第11期。
153. 王海明："论权利与义务的关系"，载《伦理学研究》2005年第6期。
154. 黄晓："医患双方对病历的权利和义务，病历的问题一直是医学界和社会公众所共同关心的话题"，载《医院管理论坛》2003年第3期。
155. 刘宏渭、柳砚涛："病历档案管理与保护患者隐私权"，载《档案学通讯》2004年第4期。
156. 杨琳、赵军："医患双方权利义务之均衡分析"，载《当代医学》2012年第8期。
157. 李明华："论医疗档案中的民事权利及其归属"，载《法学杂志》2008年第5期。
158. 宋小敏："关于病历档案所有权问题的商讨"，载《档案管理》2009年第4期。

159. 沈毅等:"'举证责任倒置'对临床试验的考验",载《解放军医院管理杂志》2004年第5期。
160. 韩梅、王思成:"法律视角下临床试验受试者权益保护的分析与建议",载《中医杂志》2013年第20期。
161. 刘学民:"临床试验受试者知情同意权的民法意象",载《湖北警官学院学报》2014年第8期。
162. 李大平:"医师注意义务产生的渊源——医师的注意义务系列研究(2)",载《法律与医学杂志》2005年第1期。

三、论文集

163. 王敬毅:"医疗过失责任研究",载梁慧星主编:《民商法论丛》(第9卷),法制出版社1998年版。
164. [日]畔柳达雄:"日本医疗事故诉讼(纠纷)的新趋势",杨丽君译,载任允正主编:《外国法译评》1995年第3期。
165. 陈凌:"环境侵权之替代性损害赔偿研究",载王树义主编:《环境法系列专题研究》(第1辑),科学出版社2005年版,第451页。
166. 许重远等:"当前国内临床试验保险调查分析",载《中国药学会药物临床评价研究专业委员会学术年会会刊》2015年版。

四、学位论文类

167. 张慧姝:"关于我国医方权利的法学研究",北京中医药大学2010年博士学位论文。
168. 梁研:"医疗责任保险法律制度研究",吉林大学2010年博士学位论文。
169. 王毓纶:"医疗责任保险制度的国际比较——兼论我国医疗保险制度的发展进程及对策",中国海洋大学2008年硕士学位论文。
170. 任婷:"中外医疗责任保险法律制度的比较研究",中国海洋大学2007年硕士学位论文。
171. 吴智蕾:"医疗责任保险法律制度研究",贵州民族大学2013年硕士学位论文。
172. 吴春明:"医疗保险制度的国际比较",山东大学2007年硕士学位论文。

五、网址及其他

173. 吴焰:"保险服务业助推国家治理体系现代化",载《东方早报》2014年12月15日。
174. 刘新立:"服务民生:保险业发展的基石",载《中国保险报》2012年3月6日。
175. "北京医疗责任保险初见成效",载http://www.circ.gov.cn/web/site0/tab5267/info27939.htm。

176. "德国医疗保险的管理机构", 载 http://www.cnpension.net/index_lm/2008-08-02/301701.html.
177. "设医事法庭解决医疗纠纷", 载 http://www.cqwb.com.cn/cqwb/html/2009-01/12/content_126964.htm.
178. "医院伪造病历引发医疗纠纷 41 万赔偿重审变 9 万", 载 http://news.163.com/14/0211/05/9KPGVCRV00011229.html.
179. "医院因伪造涂改病人病历被判赔 41 万（图）", 载 http://news.ifeng.com/society/1/detail_2011_04/26/5980059_0.shtml.
180. "近期暴力伤医事件汇总", 载 http://health.takungpao.com/q/2014/0307/2331260.html.
181. "浙江温岭杀医案连恩青被判死刑本人淡定接受结果", 载 http://china.cnr.cn/yaowen/201401/t20140128_514760785.shtml.

六、外文资料

182. Alan Feigenbaum, *Special Juries: Detering Supurious Medical Malpractice Litigation in State Courts*, 1996.
183. *American Tort Reform Association*, Judicial Hellholes, 2006.
184. *Annual Report*. Medical Defence Union. 1907.
185. Bismark M., Paterson R., "No-fault Compensation in New Zealand: Harmonizing Injury Compensation, Provider Accountability, and Patient Safety", *Health Affairs*, Vol. 1, 2006.
186. Christopher Zinn, "Australian Government Forced to Bail out Medical Malpractice Insurer", *BMJ: British Medical Journal*, Vol. 7341, 2002.
187. Clifford Hawkins, "Mishap or Malpractice", *Blackwell Scientific Publications*, 1985.
188. Cohen E. D., Korper S. P., "The Swedish no-fault Patient Compensation Program: Provisions and Preliminary Findings", *International Law Journal*, 1976.
189. Danzon, Patricia M., "The Swedish Patient Compensation System: Myths and Realities", *International, Review of Law and Economics*, Vol. 14, 1994.
190. Danzon, Patricia M., "The Swedish Patient Compensation System: Lessons for the United States", *Journal of Legal Medicine*, Vol. 15, 1994.
191. Davis P., Lay-Yee R., Briant R., et al., "Preventable in-hospital Medical Injury under the "no Fault" System in New Zealand", *Quality and Safety in Health Care*, Vol. 4, 2003.
192. Davis P., Lay-Yee R., Fitzjohn J., et al., "Compensation for Medical Injury in New Zealand: Does "No-Fault" Increase the Level of Claims Making and Reduce Social and Clinical Selectivity?", *Journal of Health Politics, Policy and Law*, Vol. 5, 2002.
193. Dettmeyer R., Egl M., Madea B., "Medical Malpractice Charges in Germany-role of the

Forensic Pathologist in the Preliminary Criminal Proceeding", *J. Forensic Sci*, Vol. 2, 2005.

194. Dr. William P. Gwnnar, "Is There an Acceptable Answer to Rising Medical Malpractice Premium", *Annal of Health Law*, Vol. 13, 2004.

195. Feldman E. A., "Law, Society, and Medical Malpractice Litigation in Japan", *Wash. U. Global Stud. L. Rev*, Vol. 8, 2009.

196. Feng Liu, *Environmental Justice Analysis: Theories, Methods, and Practice*, Lewis Publishers, 2000.

197. Fleming, *The American Tort Process*, Clarendon Press, 1988.

198. Dias, Markensinis, *Tort law*, Clarendon Press, 1989.

199. W. Kip Viscusi, Patricia Born, "Medical Malpractice Insurance in the Wake of Liability Reform", *The Journal of Legal Studies*, No. 2, 1995.

200. Healthcare Providers Service Organization (HPSO) Offers Insurance Solutions to over 90 Healthcare Professions, see http://www.hpso.com/professional-liability-insurance/.

201. ProfessionalLiability Insurance Coverage through HPSO is available for Individual Healthcare Professionals, Healthcare Businesses, Small Groups, and Schools of Allied Health, see http://www.omniglot.com/om/insurance/medical_ professional_ liability_ insurance.html.

202. James C. Mohr, "American Medical Malpractice Litigation in Historical Perspective", *JAMA*, Vol. 283, 2000.

203. Kazue Nakajima et al., "Medical Malpractice and Legal Resolution Systems in Japan", *JAMA*, Vol. 12, 2001.

204. Kinoshita K., "Professional Liability Insurance Program of the Japan Medical Association", *Japan Medical Association Journal*, Vol. 5, 2007.

205. Krobot K. J., Miller W. C., Kaufman J. S. et al., "The Disparity in Access to New Medication by Type of Health Insurance: Lessons from Germany", *Medical Care*, Vol. 5, 2004.

206. Leflar B. R. "The Law of Medical Misadventure in Japan. Symposium on Medical Malpractice and Compensation in Global Perspective: Part Ⅱ. Chicago-Kent College of Law", *Illinois Institute of Technology*, Vol. 87, 2012.

207. Leopold G. K., "Compensate For Mental Suffering Medical Malpractice Reports", *Medical Practice Management*, Vol. 12, 1999.

208. Michelle M. Mello, David M. Studdert, Troyen A. Brennan, "The New Medical Malpractice Crisis", *The New England Journal of Medicine*, Vol. 23, 2003.

209. Nakajima K., Keyes C., Kuroyanagi T., et al., "Medical malpractice and legal resolution systems in Japan", *Jama*, Vol. 12, 2001.

210. Nordman E., Cermak D., McDaniel K., "Medical Malpractice Insurance Report: A Study of

Market Conditions and Potential Solutions to the Recent Crisis", *Kansas City*, *MO*: National Association of Insurance Commissioners, 2004.
211. O'Connell J. "Neo-no-fault remedies for medical injuries: coordinated statutory and contractual alternatives", *Law and Contemporary Problems*, No. 2, 1986.
212. Oldertz. "Security Insurance, Patient Maceutical Insurance in Sweden", *Comparative Law*, Vol. 34, 1986.
213. Paul C. Weiler, "Case for No-Fault Medical Liability", *Maryland Law Review*, Vol. 52, 1993.
214. Paul C. Weiler, *Medical Maipractice on Taial*.
215. Paul C. Weiler, "Reforming Medical Malpractice in a Radically Moderate-and Ethical—Fashion", *DePaul Law Review*, Vol. 54, 2005.
216. "Physicians and Other Medical Professionals Pay Insurance Premiums to Cover Payments for Awards Resulting from Lawsuits", http://www.mpmlc.com/.
217. Randall R. Bovbjerg and Frank A. Solan, "No-fault for Medical Injury: Theory and Evidence", *U. Cin. L. Rev.*, Vol. 67, 1998.
218. Robinson G. O., "The Medical Malpractice Crisis of the 1970's a Retrospective", *Law and Contemporary Problems*, Vol. 2, 1986.
219. Roy N Palmer, Naomi Selvadurai, "The UK Medical Protection and Defence Organisations", in *Clinical Negligence*, Michael Powers, Nigel Harris, 3rd. ed., London: Butterworths, 2000.
220. Sandy Martin, "NICA-Florida Birth-related Neurological Injury Compensation Act: Four Reasons Why this Malpractice Reform Must be Eliminated", *Nova Law Review*, Vol. 26, 2002.
221. Bharat Sarath, "Uncertain Litigation and Liability Insurance", *The RAND Journal of Economics*, Vol. 2, 1991.
222. Smith R., "Compensation for Medical Misadventure and Drug Injury in the New Zealand No-fault System: Feeling the Way", *British Medical Journal (Clinical Research ed.)*, Vol. 6327, 1982.
223. The French Health Care System, See http://www.medicalnewstoday.com/articles/9994.php, Accessed 2015-1-30.
224. Thomas E. Greer, J. D., "Alternative Dispute Resolution in Medical Liability Cases", *AAOS NOW*, July 2009 Issue.
225. Waltz, Jon R., "Rise and Gradual Fall of the Locality Rule in Medical Malpractice Litigation", *DePaul L. Rev.*, Vol. 18, 1969.
226. Weiler P. C., *Medical Malpractice on Trial*, Harvard University Press, 1991.

致 谢

　　时光荏苒，曾几何时，自己尚在感怀于吾之有幸能进入中国政法大学与各位法学大能进行博士后研究学习。转瞬间，自己的博士后研究生涯已经接近尾声，也是时候对这几年的研究学习进行检验了。自己将用本书作为这几年博士后研究学习的成果送交检验。当然，本书并非自己有关医疗责任保险法律制度方面研究的终结，确切而言，这只能是对这方面研究的开端，在将来的工作实践中，我仍会对这方面继续关注，做更加深入全面的研究。

　　对于这几年博士后研究学习能够顺利开展，并撰写完成此篇研究报告，除却自身的不懈努力，我还想对为我提供指导的老师、为我提供无私帮助的亲友们表达最为诚挚的谢意，谢谢你们。

　　这次研究报告的撰写，首先，最为感谢的就是我的导师、我的学术引路者柳经纬教授。无论是从最初研究的可行性论证，还是研究报告整体框架的设计，亦或是文中观点的不断推敲，乃至成文后文章整体的再修饰，我多次与柳老师进行沟通交流并获得老师的耐心指导。柳老师渊博的法学理论知识、严谨的治学态度、务实的人生理念，无不深深地折服了我。在今后的工作、生活中，我必将秉承老师的科研、生活理念，砥砺前行。

　　其次，需要感谢每一位为我提供帮助的医疗、保险行业的兄弟们，通过与他们的沟通交流，他们以自身实践经验不吝指教于我，才使得我的研究能够更加地贴合我国医疗、保险实践，为我国医疗责任保险法律制度的构建提出更加符合我国国情需要的、更具有建设性意义的意见。

　　最后，我想由衷地感谢我的家人，特别是我善良温婉的妻子。是她不惧辛苦地、默默地操持着我们的小家，是她在我研究陷入困顿时一次次选择无条件地支持、鼓励着我，才使得我能够心无旁骛地、坚定地完成此次研究。得妻若此，夫复何求。